JN296231

センスを磨く　ルールをつかむ

| 学 | 習 | 参 | 考 | 書 |

中国語
表現法マニュアル

～用例・解説・練習～

初・中級

蘇　氷
山内 智恵美　著

駿河台出版社

カバーデザイン　小熊未央

はじめに

　皆さんが、外国語を修得しようと考えるとき、参考書を手に取るはずです。参考書と言うと、大方の人は、文法解説を中心とした参考書を考えると思います。確かにここ数年、すばらしい文法参考書が出版されています。しかし中国語の持つ特殊性から、中国語を修得するには、文法を中心とした学習以外に、「表現法」を学び、理解する必要があると考え、この参考書を編集しました。

　中国語は他言語に比べ文法的体系が脆弱な言語ですが、逆に豊かな表現方法を持ち、言語上の習慣を重視する言語です。「表現法」を体系的に勉強することは、語学センスを磨く一方で、表現上の一定のルールをつかむ事につながり、理にかなった学習法であり、中国語修得に役に立つと考えます。

　文法の「法」は法律の「法」です。表現法の「法」は「方法」の「法」です。つまり、「表現法」は、「表現の仕方」であり、「表現の仕方」には、一定の意味と結びついた一定のパターンが存在しています。この特徴をふまえ、本書は、中国語の基本的な表現パターン（文型）と意味パターンを結びつけ、まとめたものです。61の表現パターンは、特に初・中級レベルの学習者を対象に、常用される表現パターンを絞り込んだものです。公式としてまとめ、さらに各表現パターンに多数の例文を付加し、一定の変化や言語習慣の変化にも対応できるように考えました。頭で理解したものを実践化するために、練習問題を付加しています。さらに、初級の学習者の「文法的知識」を補い、「表現法」修得を助けるために、「コラム」欄を作りました。

　ただし、表現パターンを重視したため、公式には、文法用語の配列に反する「主語＋動詞＋名詞」のような公式が存在します。文法用語としては当然「主語＋述語＋目的語」表現が適切ですが、目的語が名詞に限られるような場合、学習者の理解を促進するために、あえて「変な」書き方を選択しました。

　表現パターンごとにまとめる試みは、内容についてまだまだ至らない点もあるかと思いますが、本書が中国語の自学自習者はもとより、中国語を教える方々、中国語に興味を持たれている方々に広く利用して頂き、ご批判、ご意見などをお寄せ頂くことを願っております。

　末筆になりましたが、本書の出版にあたり、駿河台出版社社長井田洋二様には、当初より貴重なアドバイスを頂戴いたしました。また編集を担当して頂いた浅見忠仁様には、大変お世話になりました。心より感謝いたします。

2005年1月　北海道恵庭にて
著者

目次

- はじめに ... 3
- 本書の使い方 ... 6
- 01 判断（〜です） ... 10
- 02 所有（〜を持つ） ... 14
- 03 程度（程合い、度合を表す） ... 18
- 04 比較（〜より…） ... 22
- 05 異同（同じだ、異なる） ... 30
- 06 類比（〜のような、〜のように） ... 34
- 07 習慣的な行為（〜する） ... 38
- 08 変化（〜になった） ... 40
- 09 行為の完了（〜した、〜し終えた） ... 46
- 10 過去の行為・変化（〜した、〜になった） ... 49
- 11 経験（〜したことがある） ... 54
- 12 未来（〜する、〜する予定だ） ... 57
- 13 行為の進行（〜している） ... 62
- 14 同時行為（〜しながら…する） ... 66
- 15 状況の持続（〜している） ... 68
- 16 時間的な量（〜間） ... 72
- 17 回数・頻度（〜回、〜度、また〜） ... 77
- 18 連続する行為（〜して…する） ... 85
- 19 動作の方向（〜へ、〜に） ... 88
- 20 行為の結果（〜の結果になる） ... 95
- 21 対象を処置（〜を） ... 100
- 22 感情（好きだ、嫌いだ） ... 106
- 23 興味・嗜好（〜を好む、〜が好きだ） ... 109
- 24 予定・計画（〜するつもりだ） ... 113
- 25 希望・意欲（〜したい、〜ほしい） ... 117
- 26 能力・可能（〜できる） ... 122
- 27 許可・禁止（〜してもよい、〜を禁じる） ... 128
- 28 必要・義務（〜が必要だ、〜するべきだ、〜しなければならない） ... 133
- 29 感覚（〜と感じる） ... 141
- 30 意見・主張（〜と思う、〜という気がする） ... 144
- 31 推量・推察（〜かもしれない、たぶん、だいたい、きっと） ... 148
- 32 伝聞（聞くところによると〜） ... 153
- 33 決意（必ず〜、絶対） ... 158

34	無念（仕方がない）	161
35	使役・派遣（〜させる）	164
36	受身（〜される）	167
37	授受（〜受ける、〜される）	173
38	贈与・借貸（あげる、くれる、贈る、借りる、貸す）	175
39	依頼・要求・命令（〜して下さい、〜しなさい）	180
40	勧誘・提案（〜しましょう、〜した方がよい）	182
41	難易（〜しやすい、〜しにくい）	186
42	限界・最上級（最も〜、少なくとも〜、多くとも〜）	188
43	対象（〜に、〜のため、〜対して）	193
44	手段・方法・条件（〜で）	197
45	存在（ある、いる、おく）	202
46	空間（〜から、〜まで）	205
47	順番（〜の前、〜の後、〜の時）	209
48	疑問（〜か、だれ、いつ、どこ、どれ、いくつ、どのように、どうやって）	214
49	蓋然（〜かそれとも…、あるいは〜）	219
50	任意・限定・指定（自由意志を表す）	222
51	強調・誇張（〜も、〜でも、〜でさえも）	226
52	逆接（しかし、〜なのに）	233
53	仮定（もしも〜、〜したら、〜の場合、万一〜）	238
54	並列（〜し…する）	243
55	累加（〜だけではなくさらに…）	247
56	原因・理由（〜なので、〜だから）	251
57	条件（〜すれば…だ、〜してはじめて…だ）	257
58	目的（〜のために）	261
59	譲歩・妥協（〜したからには）	263
60	範囲（〜だけ、すべての〜、〜以外、その他の〜）	267
61	取捨（〜のほうが…、むしろ〜しても）	272

コラム

文の種類 29 ／ 文の構成 (1) 45 ／ 文の構成 (2) 60 ／ 動詞の種類 76 ／ 離合動詞 99 ／ 能願動詞 116 ／ 心理様態動詞 140 ／ 動詞の重ね型 157 ／ 補語 172 ／ ダブル主語 184 ／ フレーズ 201 ／ 程度語句の比較 231 ／ 複文 237

訳文一覧 ……275
キーワード索引 ……308
索引 ……312

本書の使い方

1　全体の構成

　本書は、61の表現パターン、13のコラム、25の練習問題という主要3セクションより構成する。

　61の表現パターンを8群に分類し、各表現パターンの冒頭に示す番号による群配列は以下の通りである。

　　　　群1：表現1〜2、名詞述語文、関係動詞文
　　　　群2：表現3〜6、形容詞述語文、比較文など
　　　　群3：表現7〜21、行為動詞述語文、動詞の時間態、進行態、経験など
　　　　群4：表現22〜34、心理様態動詞述語文、能願動詞など
　　　　群5：表現35〜44、受身文、使役文など、フレーズ
　　　　群6：表現45〜47、対象、空間など、フレーズ
　　　　群7：表現48〜51、疑問詞疑問文
　　　　群8：表現52〜61、複文、接続詞

　また本書は、表現パターン、コラム、練習問題の他に、例文の訳文一覧、キーワード索引、単語・語句索引の副次的部分を持つ。

2　各表現の構成と記号

　各表現パターンの冒頭には、01、02、03…45…61で始まる番号の後に、表現上の分類を示す言葉とキーワードを示した。「文型一覧」では①、②、③…で示す文型番号の後に、代表的な例文を加えた。「文型一覧」で使用した①、②、③…の文型番号は、その後の「用例と説明」で使用する番号と一致する。例文で使用した赤文字は、例文ごとのキーワードを示す。「文型一覧」内の例文には、直後に日本語による訳文を付した。「文型一覧」に続く「用例と説明」では、「文型一覧」で示した文型を公式としてまとめ、用例を紹介

---

45 存在（ある、いる、おく）

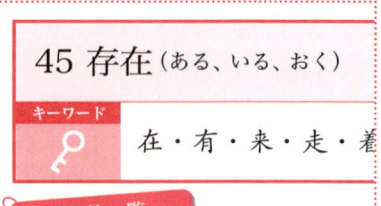

キーワード🔑　在・有・来・走・着

文型一覧

① 花猫不在家，出去了。三毛ネコは
② 你们学校有体育馆吗？　　　あ
③ 桌子上摆着一张照片。
④ 教室里坐着十个学生，站着一
　　　　　　　　教室には学生が十人座
⑤ 东边开来一辆红色的汽车。

し、その用法を説明した。

用例と説明

① …(不)在…
- 意味：ある、いる。
- 公式：名詞［物／人／動物］+ "(不)在" + 名詞［場所］

---

① …(不) *自動詞*
- 意味：〜する／〜しない。習慣的行為を表現する基本文型。
- 公式：主語 +（"不"+）自動詞

丸数字（①、②…）後の 標準体：中国語によるキーワードであることを示す
丸数字（①、②…）後の *斜体*：文法用語であることを示す
意味：キーワードの意味と文型に関する基礎的知識
公式：文型をより簡潔にまとめた公式
／：「或いは」を意味する
＋：プラスを意味する
" "：中に書かれている文字が中国語であることを示す
( )：文の種類により付加することが流動的なものを指す。( ) 内が否定の副詞の場合は、( ) 内を用いることによって否定文となる
［ ］：その前に示すものに属し、さらに特定のものに限られることを示す

---

① 不但／不仅…, 而且还…
- 意味：〜だけではなくさらに…。
- 公式："不仅"／"不但" + 動詞①（+ 目的），"而且" + 動詞②（+ 目的）
  "不仅"／"不但" + 動詞①（+ 目的），"还" + 動詞②（+ 目的）
  "不仅"／"不但" + 動詞①（+ 目的），"而且" + "还" + 動詞②（+ 目的）

△△①（上付け丸数字）：同一文型内で何番目に現われるかを示す

公式は一読後に理解できるように簡潔さを追求し、通常１公式でまとめたが、多数のキーワードが存在するような場合は、並列する形で公式を示した。

> 🔖 **公式**：以下の1〜4は、同じ公式・文型の変化形である。
> 1　主語 + 動詞① + 目的語 + 動詞 + "得" + 副詞 + 形容詞
> 2　主語 + 動詞① + 目的語 + 動詞① + "得" + 形容詞 + "得很／极了"
> 3　主語 + 目的語 + 動詞 + "得" + 形容詞 + "得很／极了"
> 4　主語 + 目的語 + 動詞 + "得" + 副詞 + 形容詞

並列した公式の文頭に1、2…などの番号を付したものは、同類の公式、文型に属するが、一つの公式でまとめることが難しいような変化がある場合を示す。

> 1) 学生学习, 农民劳动。
>   Xuésheng xuéxí, nóngmín láodòng.　劳动=労働する
> 2) 鸟飞, 狗叫。Niǎo fēi, gǒu jiào.　鸟=鳥　狗=犬　飞=飛ぶ　叫=吠える
> 3) 老师说, 学生听。Lǎoshī shuō, xuésheng tīng.　说=話す　听=聞く

文型ごとに、少なくとも3例以上の例文を加えた。例文は文頭に1)、2)、3)…の番号を付した。基本文型とは異なる形が多数存在する場合や言語上の習慣による変化が見られる場合は、さらに多くの例文を加えた。例文内の赤文字は、「文型一覧」同様、キーワードを示す。ピンインは、基本的に「漢語拼音正詞法基本規則」（1989年公布施行）に基づいて付加した。また、例文の右サイドに初級レベル者のために、難解であると思われる単語を拾いあげ、その意味を加えた。

> 鸟=鳥：=を挟んで左側は中国語の単語、右側は日本語の意味
> △△=(量詞)：中国語の単語が日本語の助数詞に相当することを示す

例文の下には必要に応じてより詳しい説明を加えた。説明に伴い、理解を助けるために各種の記号を用いた。

> 注意：表現上間違いを起こしやすい事項や注意すべき事項
> 対比：他文型や他の表現上の差異が及ぼす微妙な対比
> 禁止：使用できないものを示す
> ○：例文が使用可能である場合、通常は何もつけない形で示したが、特に比較をするために正しい形であることを強調した

×：例文が使用不可能であることを意味する

◎：例文が○印の通常例文より、より推奨できる形であることを意味する

△：例文が使用可能ではあるが、ある条件下においてのみ使用可能であることを意味する

関連：他の表現文型やコラムなどの関連情報

(　　)：あっても無くても特に問題が無いものを示す。その他詳しい説明を加えた場合にも使用した

> ❗注意：中国語の受動態は基本的に"让""叫""给"はいずれもマイ立性を残しているが、"让""叫い。"叫"は最も消極的表現で用
>
> ❌対比：蛋糕被他们吃完了。　　ケーキ
> 蛋糕给吃完了。　　　　ケーキ
> 蛋糕让他们吃完了。　　ケーキ
> 蛋糕叫他们吃完了。　　ケーキ
> 今天的报纸我看完了。　今日の
> 早饭我吃完了。　　　　朝ご飯
>
> 🚫禁止："让""叫"は後ろの名詞は一般
> ×钱包让偷了。　　　×自í
> ○钱包被偷了。　　　○钱{

3　コラムと練習問題

「コラム」欄は、文法上の基礎知識に属するものをまとめた。本書は文法を中心とした参考書ではないため、文法知識を羅列することは避け、表現パターンを修得するために関連深い、または文法知識が欠ける場合に、初級レベルの学習者が理解に支障をきたすような場合にのみ、文法知識を「コラム」として取り上げ、説明を加えた。よって、各コラムは数種の表現パターンに関連している。

練習問題は、通常 2 表現パターンごとに 1 練習問題を加えたが、表現の共通性を考慮したものはこの限りではない。

4　サイトの利用について

インターネット上の以下の Web サイトにおいて、「例文一覧」と「訳文一覧」の利用を可能にしている。ネット上では本書でとりあげたすべての中国語例文を左側に、各例文の日本語による訳文を右側にまとめ対比している。「例文一覧」「訳文一覧」をそれぞれ個別に利用することもできる。「例文一覧」を見ながら各自で日本語訳を確認したり、「訳文一覧」を見ながら中国語を作文するなど、中国語の基礎力、応用力を養うための様々な利用を可能にしている。

駿河台出版社：www.e-surugadai.com
著者：www.do-bunkyodai.ac.jp/~sb2k/answer.html

01 判断 (〜です)

キーワード: 是・不是・是…的・不是…而是

文型一覧

① 秋天**是**一个美丽的季节。　　　　　秋は美しい季節だ。
② 今天**星期几**?　　　　　　　　　　今日は何曜日ですか。
③ 我**不是**香港人。　　　　　　　　　私は香港出身ではない。
④ 她的毛衣**是**白色**的**。　　　　　　彼女のセーターは白い色のだ。
⑤ 我**不是**不喜欢旅游，**而是**没有时间去旅游。
　　　　　私は旅行を好まないのではなく、旅行に行く暇がないのだ。

用例と説明

① …是…

🐄 **意味**: "是"は「〜です」、名詞を目的語にとる。
"是"と目的語となる名詞の間に他の成分を挿入することができる。挿入成分は、形容詞や量詞などで構成される"的"を伴う連体修飾語。

📖 **公式**: 主語 ＋ "是" ＋ ("一" ＋ 量詞 ＋) 名詞

1) 我**是**医生，我妹妹**是**学生。Wǒ shì yīshēng, wǒ mèimei shì xuésheng.

2) 她**是**丁丽。Tā shì Dīng Lì.

3) 他**是**一位有名的政治家。Tā shì yí wèi yǒumíng de zhèngzhìjiā.

4) 秋天**是**一个美丽的季节。Qiūtiān shì yí ge měilì de jìjié.　　季节=季節

5) 那**是**丁丽的手机。Nà shì Dīng Lì de shǒujī.

- ❗ 注意： 名詞の前の"一+量詞"は、通常その部分を日本語に訳さない。
  　　他是一位有名的政治家。　○ 彼は有名な政治家だ。
  　　　　　　　　　　　　　× 彼は1人の有名な政治家だ。
- 🚫 禁止： × 他中国人是。
  　　○ 他是中国人。　　　　彼は中国人だ。

② …名詞

- 📖 意味： 判断文。動詞"是"は使わない。名詞が述語の役目をする判断文。「名詞述語文」という。時間、曜日、月日、出身、年齢、天気、値段などの特定の名詞に限り可能。
- 📘 公式： **主語 + 名詞**

1) 今天十月三十一号。Jīntiān shíyuè sānshiyī hào.
2) 现在五点三十七。Xiànzài wǔ diǎn sānshiqī.
3) 今天星期几？ Jīntiān xīngqījǐ?
4) 今天阴天。Jīntiān yīntiān.　阴天=曇り
5) 他上海人，我北京人。Tā shànghǎirén, wǒ Běijīngrén.
6) 我今年二十三岁。Wǒ jīnnián èrshisān suì.
7) 这本词典五十元。Zhè běn cídiǎn wǔshí yuán.　元=（人民元の単位）

- ❗ 注意： 例1)～5)の主語の後ろに"是"を挿入することも可能だが、多少煩雑な感じを与える。通常、例6)・7)の年齢・金額の前には、"是"は使わない。
- 🚫 禁止： × 小李是二十三岁。
  　　○ 小李二十三岁。　　李さんは23才だ。
  　　× 这本词典是五十元。
  　　○ 这本词典五十元。　この辞書（の値段）は50元だ。
- 🔗 関連： コラム「文の種類」（29ページ）を参照。

③ …不是…

🐑 意味： 文型①と文型②の否定形はどちらも"不是"を使う。
📖 公式： 主語 + "不是" + 名詞

1) 他不是医生，是护士。Tā bú shì yīshēng, shì hùshi.　护士=看護士
2) 我不是香港人。Wǒ bú shì Xiānggǎngrén.
3) 今天星期五，不是星期六。Jīntiān xīngqīwǔ, bú shì xīngqīliù.
4) 今天三月七号，不是三月八号。Jīntiān sānyuè qī hào, bú shì sānyuè bā hào.

④ …(不)是…的

🐑 意味： 属性の判断と説明を表す。
📖 公式： 主語 + "(不)是" + 名詞・形容詞・動詞など + "的"

1) 我的帽子是毛的。Wǒ de màozi shì máo de.　毛=（動物の）毛
2) 地球是圆的。Dìqiú shì yuán de.　圆=円、丸い
3) 她的毛衣是白色的，不是黄色的。
　　Tā de máoyī shì báisè de, bú shì huángsè de.　毛衣=セーター
4) 包子是蒸的。Bāozi shì zhēng de.　包子=中華饅頭　蒸=蒸す

❗ 注意： "是…的"の文型は使い方が多数。要注意。
✖ 对比： 她的毛衣是白色的。彼女のセーターは白い色のだ。　*判断を表現*
　　　　 那件毛衣是丁丽的。あのセーターは丁麗さんのものだ。*所有を表現*
　　　　 那件毛衣是我买的。あのセーターは私が買ったものだ。*過去を表現*

🔗 関連： 「02 所有」「10 過去の行為・変化」を参照。

⑤ …不是…，而是…

🐑 意味： 〜ではなく…だ。
　　　　　識別的判断。"不是"を用いて否定した事柄について"而是"で導いた他の側面を肯定する。
　　　　　Aが名詞のときは、Bも名詞、Aが動詞のときは、Bも動詞となる。つまり"不是"の成分Aと"而是"の後ろの成分Bは同じ成分となる。

🔶 **公式**：主語 + "不是" + A, "而是" + B

1) 林胜男不是男生，而是女生。Lín Shèngnán bú shì nánshēng, ér shì nǚshēng.

2) 丁丽的汽车不是国产的，而是进口的。
    Dīng Lì de qìchē bú shì guóchǎn de, ér shì jìnkǒu de.　　进口=輸入する

3) 包子不是煮的，而是蒸的。Bāozi bú shì zhǔ de, érshì zhēng de.　　煮=煮る

4) 我不是不喜欢旅游，而是没有时间旅游。
    Wǒ bú shì bù xǐhuan lǚyóu, érshì méiyǒu shíjiān lǚyóu.

02 所有（〜を持つ）

キーワード　有・没有・拥有・属于・是…的

文型一覧

① 我**有**一辆自行车。　　　　　　　　私は自転車を持っている。
② 那个时代，军人政府**拥有**很大的权利。
　　　　　　　　　　　　　　　あの時代、軍事政府が膨大な権利を持っていた。
③ 北方四岛**属于**日本。　　　　　　　北方四島は日本に属する。
④ 那家商店**是**第一公司**的**。　　　　あの商店は第一会社のものだ。

用例と説明

① …(没)有…

　🐷 意味：〜を持っている。所有を表す。
　📖 公式：**主語 +"(没)有"+ (数詞 + 量詞 +) 名詞**

1) 我**有**一辆自行车。Wǒ yǒu yí liàng zìxíngchē.　辆=（量詞）

2) 她**没有**电脑。Tā méiyǒu diànnǎo.

3) 丁丽**有**五个钱包，**没有**六个。
　　Dīng Lì yǒu wǔ ge qiánbāo, méiyǒu liù ge.　钱包=財布

4) 日本**有**很多岛屿。Rìběn yǒu hěn duō dǎoyǔ.　岛屿=島

　❗ 注意：肯定形は、習慣的に数詞や量詞を伴うことが多い。この場合、数量詞は特別な意味を持たないことが多い。特に"一"の数詞は、数自体も意味を持たない。否定形は一般的に数量詞を伴わない。否定文に数量詞を用いるときは、話し手が数量について、特に説明を加える場合である。

　　　　　　日本有很多岛屿。　　　日本はたくさんの島を所有している。
　　　　　　　　　　　　　　　　日本にはたくさんの島が存在する。

　　　　　　第一大学有五个学院。　第一大学は五つの学部を持っている。
　　　　　　　　　　　　　　　　第一大学は五つの学部がある。

　　　　　　　　　　　　　　　　　　　所有と存在の意味も合わせ持つ

🐄 関連：「**45 存在**」を参照。

② …拥有…

　　🐄 意味：　大きな○○○を持っている。
　　　　　　　財産、権利、土地などにのみ使う。文章語。
　　　　　　　否定形がない。"不拥有〜"とは言わない。

　　📖 公式：　**主語＋"拥有"＋名詞**

1) 那个时代，军人政府拥有很大的权利。
　　Nàge shídài, jūnrén zhèngfǔ yōngyǒu hěn dà de quánlì.　　拥有＝持つ

2) 她家拥有三家工厂，两家商店。　家＝(量詞)　　工厂＝工場
　　Tājiā yōngyǒu sān jiā gōngchǎng, liǎng jiā shāngdiàn.

3) 第三银行拥有第一公司的一半的股票。
　　Dì-sān Yínháng yōngyǒu Dì-yī Gōngsī de yíbàn de gǔpiào.
　　一半＝半分　股票＝株券　公司＝会社

③ …(不)属于…

　　🐄 意味：　○○が〜に属する。
　　　　　　　主語は目的語より規模が小さく、後者に所有される。文章語。
　　　　　　　否定形は"不"で否定。

　　📖 公式：　**主語＋"(不)属于"＋名詞**

1) 北方四岛属于日本。Běifāng-sìdǎo shǔyú Rìběn.　　属于＝属する

2) 阿拉斯加原来属于俄罗斯，现在属于美国。阿拉斯加＝アラスカ　俄罗斯＝ロシア
　　Ālāsījiā yuánlái shǔyú Éluósī, xiànzài shǔyú Měiguó.

3) 英国文学系属于外语学院，不属于文学院。　　系＝学科　学院＝学部
　　Yīngguó Wénxuéxì shǔyú Wàiyǔ Xuéyuàn, bù shǔyú Wénxuéyuàn.

④ …(不)是…的

> 🐂 意味： ○○は〜のものだ。
> 　　　　文型的には判断文だが、所有の意味を表す。
>
> 📙 公式： 主語 + "(不)是" + 人・団体・国など + "的"

1) 那辆自行车是我的。Nà liàng zìxíngchē shì wǒ de.

2) 那家商店是第一公司的。Nà jiā shāngdiàn shì Dì-yī Gōngsī de.

3) 这本词典是谁的？Zhè běn cídiǎn shì shéi de?

4) 阿拉斯加不是加拿大的。Ālāsījiā bú shì Jiānádà de.　加拿大＝カナダ

> 🔗 関連： "是…的" の文型は使い方が多数。要注意。
> 　　　　「01 判断」「10 過去の行為・変化」を参照。

次頁答：① 1) C 2) D 3) A 4) G 5) B 6) F 7) E 8) H
　　　　② 1) A 2) B 3) A 4) A

練習 01・02

① ☐ の選択肢から最も適当なものを選び空欄をうめましょう（それぞれ1度しか使えません）。

> A 是　B 不是　C 有　D 日本人　E 不　F 星期五　G 没有　H 属于

1) 小王_____五本词典。

2) 他_____，我中国人。

3) 这_____我买的毛衣。

4) 我不会开车，也_____汽车。　开车 kāichē　運転する

5) 林东海_____第一大学的学生，是第三大学的。

6) 明天_____，今天星期四。

7) 数学系_____属于工学院。　工学院 gōngxuéyuàn　工学部

8) 香港_____中国。

② 正しい文をマークしましょう。

1) A 她今年二十五岁。
   B 她今年是二十五岁。

2) A 水饺不蒸的。
   B 水饺不是蒸的。

3) A 俄罗斯拥有世界上最大的国土。　国土 guótǔ　国土
   B 中国不拥有世界上最大的国土。

4) A 丁丽有两辆自行车，没有三辆。
   B 丁丽不有两辆自行车，有三辆。

⬅ 練習の解答は前頁にあります。

03 程度（程合い、度合を表す）

キーワード: 有点儿・很・非常・太・得…・得很・…极了

文型一覧

① 新茶**好喝**。　　　　　　　　　　新茶は美味しい。
② 你的帽子**有点儿**小。　　　　　　あなたの帽子はすこし小さい。
③ 那本词典**太**贵**了**。　　　　　　その辞書は高すぎる。
④ 夜里的风大**极了**。　　　　　　　夜中の風はすごく強かった。
⑤ 飞机飞**得**真快。　　　　　　　　飛行機は（飛行するのが）本当に速い。
⑥ 小李说日语说**得**流利**得很**。　　李さんは日本語を話すのがとても流暢だ。

用例と説明

① …(不) *形容詞*

🐂 **意味**：名詞や名詞フレーズが主語となる場合が多いが、動詞フレーズが主語となることもある。

📖 **公式**：**主語 +（"不"+）形容詞**

1) 他个子**高**，我个子**低**。Tā gèzi gāo, wǒ gèzi dī.　个子=背丈

2) 新茶**好喝**。Xīnchá hǎohē.　好喝=（飲み物が）美味しい

3) 吸烟**不好**。Xīyān bù hǎo.

❗ **注意**：形容詞は単独で述語になる。"是"はいらない。

🚫 **禁止**：× 美国是很大。
　　　　　　○ 美国很大。　　アメリカは大きい。

18

🐟 関連： 例1)～3)は程度を表現し、主語が持つ特性に対する判断を示す。
コラム「文の種類」(29ページ)を参照。

② …程度副詞 + 形容詞

🐖 意味： 文型②は文型①の発展形。程度や否定を表す副詞は、述語である形容詞の程度を表す。
名詞やフレーズが主語となる。"不"は否定の副詞。

📘 公式： **主語 + 程度副詞 + 形容詞**

1) 西湖非常美丽。Xīhú fēicháng měilì.　美丽=美しい
2) 看电影很有意思。Kàn diànyǐng hěn yǒuyìsi.
3) 每年一月最冷。Měi nián yīyuè zuì lěng.
4) 你的帽子有点儿小。Nǐ de màozi yǒudiǎnr xiǎo　有点儿=少し
5) 那本小说不太好看。Nà běn xiǎoshuō bú tài hǎokàn.　好看=面白い

❗ 注意： "有(一)点儿"はマイナス的な意味を表現する。
"不太"は「あまり～でない」。文型③の"太…了"と異なるので要注意。

❌ 対比： "相当, 十分, 真, 确实, 有(一)点儿, 不太"は程度を示す。
"最""更"は他者との比較後の程度を表す。

🐟 関連： 「**42** 限界・最上級」コラム「程度語句の比較」(231ページ)を参照。

③ …太…(了)

🐖 意味： マイナス面での使用は「あまりにも～すぎる」。
プラス面での使用は「とても～だ」。

📘 公式： **主語 + "太" + 形容詞 (+ "了")**

1) 这条裙子太长。Zhè tiáo qúnzi tài cháng.　裙子=スカート
2) 那本词典太贵了。Nà běn cídiǎn tài guì le.
3) 你的房间太脏了。Nǐ de fángjiān tài zāng le.　脏=汚い
4) 今天吃饺子。太好了！Jīntiān chī jiǎozi.　Tài hǎo le!

5) 西瓜太好吃了。Xīguā tài hǎochī le.

> ⚠️ 注意：" 太… " だけの使用は、不満、不愉快などのマイナス的な要素に使われる。
> " 太…了 " はマイナス面に使われることが多いが、プラス、マイナス両面での使用が可能である。
> プラス面での使用は、驚きを表現することが多い。一般的な程度を表現する場合は、文型②を使う方が安全である。

> ✖ 対比： 太长。　　　　長すぎる。　　　　　　　　マイナス
> 　　　　　 太冷了。　　　とても寒い。（いやだ！）　マイナス
> 　　　　　 太漂亮了。　　とてもきれい。（びっくり！）プラス
> 　　　　　 太好了。　　　やった！　　　　　　　　　プラス

④ …得很／…极了／…坏了／…死了

> 🐂 意味：非常に〜だ。補語を使い形容詞の程度を表す。形容詞の後ろの成分が形容詞の程度を表す。

> 📖 公式：**主語＋形容詞＋ " 得很／极了／坏了／死了 "**

1) 夜里的风大极了。Yèlǐ de fēng dàjí le.　　〜极了＝程度が甚だしいことを表す

2) 札幌的夏天凉快得很。
   Zháhuǎng de xiàtiān liángkuài de hěn.　〜得很＝程度が甚だしいことを表す

3) 今天真热，渴死了。Jīntiān zhēn rè, kěsǐ le.　〜死了＝程度が甚だしいことを表す

4) 这个星期我每天加班，累坏了。Zhège xīngqī wǒ měi tiān jiābān, lèihuài le.
   加班＝残業する　累＝疲れる　〜坏了＝程度が甚だしいことを表す

5) 饺子好吃极了。Jiǎozi hǎochījí le.

> ⚠️ 注意：" 坏了 "" 死了 " は通常、感覚形容詞の後ろにおく。マイナス的感覚の程度を表す。

> 🔗 関連：コラム「補語」（172ページ）を参照。

⑤ …得…

🐄 意味： 補語を使い動詞の程度を表す。
📖 公式： 主語 + 動詞 + "得"（+ 副詞）+ 形容詞

1) 小田跑得快, 跳得高。Xiǎo Tián pǎo de kuài, tiào de gāo.　跳=跳ぶ
2) 他吃得很多, 我吃得很少。Tā chī de hěn duō, wǒ chī de hěn shǎo.
3) 飞机飞得真快。Fēijī fēi de zhēn kuài.

👣 関連： コラム「補語」（172ページ）を参照。

⑥ …得…

🐄 意味： 〜するのが…だ。
この文型は⑤の発展形、動詞の後ろに目的語をとる形である。
📖 公式： 以下の1〜4は、同じ公式・文型の変化形である。

1　主語 + 動詞① + 目的語 + 動詞① + "得" + 副詞 + 形容詞
2　主語 + 動詞① + 目的語 + 動詞① + "得" + 形容詞 + "得很／极了"
3　主語 + 目的語 + 動詞 + "得" + 形容詞 + "得很／极了"
4　主語 + 目的語 + 動詞 + "得" + 副詞 + 形容詞

1) 小李说日语说得很流利。Xiǎo Lǐ shuō Rìyǔ shuō de hěn liúlì.　流利=流暢だ
2) 小李说日语说得流利得很。Xiǎo Lǐ shuō Rìyǔ shuō de liúlì de hěn.
3) 小李日语说得流利极了。Xiǎo Lǐ Rìyǔ shuō de liúlìjí le.
4) 小李日语说得非常流利。Xiǎo Lǐ Rìyǔ shuō de fēicháng liúlì.

❗ 注意： 形容詞の前の程度副詞と程度補語は併用することはできない。
🚫 禁止： × 小李日语说得非常流利得很。
　　　　〇 小李日语说得非常流利。李さんは日本語を話すのがとても流暢だ。
　　　　〇 小李日语说得流利得很。李さんは日本語を話すのがとても流暢だ。

👣 関連： コラム「補語」（172ページ）を参照。

04 比較 (～より…)

キーワード: 比・更・还・…得多・…多了・没有・不如・不比

文型一覧

① 美国**比**日本大。　　　　　　　　　アメリカは日本より大きい。
② 喝茶**比**喝水**更**解渴。　　　　　　お茶は水よりさらにのどの渇きをいやす。
③ 李东**比**王南大**三岁**。　　　　　　李東さんは王南さんより三歳年上だ。
④ 夏天，札幌**比**京都凉快**得多**。　　夏、札幌は京都よりずっと涼しい。
⑤ 兔子**比**乌龟跑**得**快。　　　　　　兎は亀より速く走る。
⑥ 丁丽写字写**得比**他漂亮。　　　　　丁麗さんは字を書くのが彼よりうまい。
⑦ 我**没有**她聪明。　　　　　　　　　私は彼女より聡明ではない。
⑧ 坐飞机去东京**不比**坐船贵。
　　　　　　　　　　　　　　　　　　飛行機で東京へ行くのは船より高いわけではない。
⑨ 狗跑**得没有**兔子快。　　　　　　　犬が走る速度は兎より速くない。
⑩ 哥哥跳得**不比**弟弟高。　　　　　　兄は弟より高く跳ぶわけではない。

用例と説明

① …比…

🐷 **意味**：～より…だ。"比"は程度などの比較に用いる。
A、Bに比較する対象をおく。比較する対象が同じ成分であれば、A、Bにくるものは名詞に限らない。フレーズ、短文なども使われる。

📂 **公式**：A +"比"+ B + 形容詞

1) 他比我聪明。Tā bǐ wǒ cōngming.　聪明=賢い

2) 美国比日本大。Měiguó bǐ Rìběn dà.

3) 下雪时, 坐地铁比开车轻松。
　　　Xiàxuě shí, zuò dìtiě bǐ kāichē qīngsōng.　轻松=気楽だ

② …比…更／还…

　🐄 意味：〜よりもっと…だ。
　　　　　"还"は話し手の驚き、誇張などを表現する。
　🎁 公式：A +"比"+ B +"更／还"+ 形容詞

1) 妹妹比哥哥还高。Mèimei bǐ gēge hái gāo.

2) 冬天, 旭川比札幌更冷。Dōngtiān, Xùchuān bǐ Zháhuǎng gèng lěng.

3) 喝茶比喝水更解渴。Hē chá bǐ hē shuǐ gèng jiěkě.　解渴=渇きをいやす

③ …比…*数量詞*

　🐄 意味：形容詞の後ろに、比較後の差を表す数量などがくる。数量は具体的な数値、あいまいな程度や量ともに可能。
　🎁 公式：A +"比"+ B + 形容詞 + 数量詞（差を表す数値）

1) 今天比昨天冷三度。Jīntiān bǐ zuótiān lěng sān dù.

2) 杉树比松树高一点儿。
　　　Shānshù bǐ sōngshù gāo yìdiǎnr.　杉树=杉　松树=松

3) 李东比王南大三岁。Lǐ Dōng bǐ Wáng Nán dà sān suì.

④ …比…得多／多了

　🐄 意味：〜よりずっと…だ。
　　　　　A、Bを比較した後の差が大きいことを表す。通常、否定文には使わない。
　🎁 公式：A +"比"+ B + 形容詞 +"得多"／"多了"

1) 中国比英国大得多。Zhōngguó bǐ Yīngguó dà de duō.　英国＝イギリス
2) 夜里下了大雪，今天比昨天冷得多。
　　　Yèlǐ xiàle dàxuě, jīntiān bǐ zuótiān lěng de duō.
3) 夏天，札幌比京都凉快得多。Xiàtiān, Zháhuǎng bǐ Jīngdū liángkuài de duō.
4) 飞机比火车快多了。Fēijī bǐ huǒchē kuài duō le.

　　⚠️注意：日本人が誤りを犯しやすい文型である。比較した後の差が大きいことを表現するには、"〜得多"か"〜多了"を使う。安易に"很"や"非常"を形容詞の前におくことはできない。"〜得多"と"〜多了"はほぼ同じ意味を表すが、"〜多了"の方がより話しことばに近い。

　　🚫禁止：× 中国比英国很大。
　　　　　　○ 中国比英国大得多。　　中国はイギリスよりずっと大きい。
　　　　　　○ 中国比英国大多了。　　ほぼ同じ意味を表す
　　　　　　× 中国比美国不大得多。
　　　　　　△ 中国不比美国大得多。　(否定を強調するときのみに限る)

　　🔗関連：コラム「補語」(172ページ)を参照。

⑤ …比…得…

　　📖意味：Aが△△するのはBより〜だ。
　　　　　　文型④の類型。動詞の程度差を表現する点が④と異なる。

　　📕公式：**A＋"比"＋B＋動詞＋"得"＋補語**

1) 鹰比麻雀飞得高。Yīng bǐ máquè fēi de gāo.　麻雀＝スズメ
2) 兔子比乌龟跑得快。Tùzi bǐ wūguī pǎo de kuài.　乌龟＝亀
3) 今天她比平时吃得多。Jīntiān tā bǐ píngshí chī de duō.　平时＝通常、普段

　　🚫禁止：× 兔子比乌龟跑很快。
　　　　　　× 兔子比乌龟很快跑。
　　　　　　○ 兔子比乌龟跑得快。　　兎は亀よりずっと速く走る。
　　　　　　　　　　　　　　　　　　動作を比較するときの唯一の表現法

　　🔗関連：コラム「補語」(172ページ)を参照。

⑥ …得…比…

🐷 意味： AがΔΔするのはBより〜だ／AがΔΔするのはBよりずっと〜だ。
文型⑤の発展形。動詞が目的語をともなう形。

🔶 公式： 以下の1〜4は、同じ公式・文型の変化形である。
以下の5〜7は、同じ公式・文型の変化形である。

> 1　A ＋ 動詞①＋ 目的語 ＋ 動詞①＋"得"＋"比"＋ B ＋ 形容詞
> 2　A ＋ 動詞①＋ 目的語 ＋"比"＋ B ＋ 動詞①＋"得"＋ 形容詞
> 3　A ＋"比"＋ B ＋ 動詞①＋ 目的語 ＋ 動詞①＋"得"＋ 形容詞
> 4　A ＋ 目的語 ＋ 動詞①＋"得"＋"比"＋ B ＋ 形容詞
> 5　A ＋ 動詞①＋ 目的語 ＋ 動詞①＋"得"＋"比"＋ B ＋ 形容詞 ＋"得多"／"多了"
> 6　A ＋ 動詞①＋ 目的語 ＋"比"＋ B ＋ 動詞①＋"得"＋ 形容詞 ＋"得多"／"多了"
> 7　A ＋ 目的語 ＋ 動詞①＋"得"＋"比"＋ B ＋ 形容詞 ＋"得多"／"多了"

1) 丁丽写字写得比他漂亮。Dīng Lì xiě zì xiě de bǐ tā piàoliang.

2) 丁丽写字比他写得漂亮。Dīng Lì xiě zì bǐ tā xiě de piàoliang.

3) 丁丽比他写字写得漂亮。Dīng Lì bǐ tā xiě zì xiě de piàoliang.

4) 丁丽字写得比他漂亮。Dīng Lì zì xiě de bǐ tā piàoliang.

5) 丁丽写字写得比他漂亮得多。Dīng Lì xiě zì xiě de bǐ tā piàoliang de duō.

6) 丁丽写字比他写得漂亮得多。Dīng Lì xiě zì bǐ tā xiě de piàoliang de duō.

7) 丁丽字写得比他漂亮多了。Dīng Lì zì xiě de bǐ tā piàoliang duō le.

🚫 禁止： × 他比我说英语说得很好。
○ 他比我说英语说得好得多。彼は私より英語を話すのがずっと上手だ。

🔗 関連： コラム「補語」（172ページ）を参照。

⑦ …没有／不如…

🐷 意味： "A没B大"、"A不如B大"、"B比A大"は、ほぼ同じ意味を表す。

🔶 公式： A ＋"没有／不如"＋ B ＋ 形容詞

1）我没有她聪明。Wǒ méiyǒu tā cōngming.

2）羊没有马高。Yáng méiyǒu mǎ gāo.

3）北京不如上海大。Běijīng bùrú Shànghǎi dà.

4）妹妹不如姐姐好看。Mèimei bùrú jiějie hǎokàn.

> ⚠️ 注意："没有""不如"はほぼ同じ意味を表す。"不如"の後ろの形容詞は省略可、"没有"の後ろの形容詞は省略不可。

> ✖ 対比：○ 你不如她聪明。　あなたは彼女ほど聪明ではない。
> ○ 你不如她。　あなたは彼女ほどではない。
> **どの様な点が及ばないのか具体的に表現していないが、会話に参加している人は理解している。**
> ○ 你没有她聪明。　あなたは彼女より聪明ではない。
> × 你没有她。

⑧ …不比…

> 🐂 意味：文型⑦と⑧には表現に微妙な差が存在する。

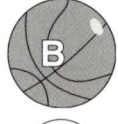

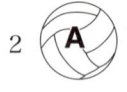

1　Ⓐ　　A不比B大。　Ⓑ

2　Ⓐ　　A不比B大。　Ⓑ

"A不比B大"は"A比B小"と"A和B一样大"の2つの意味を含む。上の図のように、1も2も"A不比B大"を使い表現する。
"A不比B大"と"B比A大"は同じ意味ではない。
"A不比B大"は、通常、相手の誤解を正すときに使う表現法。

> 📙 公式：**A＋"不比"＋B＋形容詞**

1）梨不比苹果贵。Lí bù bǐ píngguǒ guì.

2）美国不比中国大。Měiguó bù bǐ Zhōngguó dà.

3）坐飞机去东京不比坐船贵。
　　Zuò fēijī qù Dōngjīng bù bǐ zuò chuán guì.　坐=乗る

⑨ …得…没有／不如…

🐷 意味： 文型⑤と⑥の否定形。

📖 公式： 以下の1〜3は、同じ公式・文型の変化である。

> 1　A ＋ 動詞① ＋ "得" ＋ "没有／不如" ＋ B ＋ 形容詞
> 2　A ＋ "没有／不如" ＋ B ＋ 動詞① ＋ "得" ＋ 形容詞
> 3　A ＋ 動詞① ＋ 目的 ＋ 動詞① ＋ "得" ＋ "没有／不如" ＋ B ＋ 形容詞

1) 狗跑得没有兔子快。Gǒu pǎo de méiyǒu tùzi kuài.

2) 狗不如兔子跑得快。Gǒu bùrú tùzi pǎo de kuài.

3) 他踢足球踢得不如你好。
　　　Tā tī zúqiú tī de bùrú nǐ hǎo.　踢足球＝サッカーをする

⑩ …得…不比…

🐷 意味： "不比"の用法は文型⑧と同じ。文型⑨と⑩には表現に微妙な差が存在する。

📖 公式： 以下の1〜3は、同じ公式・文型の変化形である。

> 1　A ＋ 動詞① ＋ "得" ＋ "不比" ＋ B ＋ 形容詞
> 2　A ＋ "不比" ＋ B ＋ 動詞① ＋ "得" ＋ 形容詞
> 3　A ＋ 動詞① ＋ 目的 ＋ 動詞① ＋ "得" ＋ "不比" ＋ B ＋ 形容詞

1) 哥哥跳得不比弟弟高。Gēge tiào de bù bǐ dìdi gāo.

2) 哥哥不比弟弟跳得高。Gēge bù bǐ dìdi tiào de gāo.

3) 小李打字打得不比老王快。
　　　Xiǎo Lǐ dǎzì dǎ de bù bǐ Lǎo Wáng kuài.

次頁答：①1）D 2）B 3）C 4）A 5）E 6）G 7）F
　　　　②1）E 2）B 3）C 4）A 5）F 6）G 7）D

練習　03・04

① ⬜ の選択肢から最も適当なものを選び空欄をうめましょう（それぞれ1度しか使えません）。

> A 高　B 非常　C 很　D 得　E 不错　F 太　G 死了

1) 小李跑_____很快。
2) 飞机_____快。
3) 丁丽漂亮得_____。
4) 富士山_____极了。
5) 小张身体真_____。
6) 今天气温42度。热_____。
7) 妈妈，今天的饺子_____咸了。　咸 xián 塩辛い

② ⬜ の選択肢から最も適当なものを選び空欄をうめましょう（それぞれ1度しか使えません）。

> A 比　B 还　C 低　D 得多　E 多　F 得　G 没有

1) 美国比日本大得_____。
2) 小学生比中学生_____高。
3) 小树比大树_____三米。　米 mǐ メートル
4) 他汉语说得_____你流利得多。
5) 他足球踢_____没有小赵踢得好。
6) 汽车_____火车快。
7) 你去那家商店吗？那家商店比这家贵_____。

⬅ 練習の解答は前頁にあります。

Column　　　　文の種類

一、述語となる成分による分類

1　名詞述語文　　　他二十五岁。　　名詞が述語になるセンテンス
2　形容詞述語文　　今天很热。　　　形容詞が述語になるセンテンス
3　動詞述語文　　　我喝茶。　　　　動詞が述語になるセンテンス

二、文型による分類

1　肯定文　　　　　他是日本人。
2　疑問文　　　　　今天星期几?
3　否定文　　　　　这不是我的。
4　請求・命令文　　请坐。

三、構成による分類

1　単文　　　　　　星期六我去散步。
2　複文　　　　　　如果星期六天气好, 我去散步。

05 異同（同じだ、異なる）

キーワード 🔑 一样・和…一样・和…差不多一样・有…那么

文型一覧

① 她们的性格**不一样**。　　　　　彼女たちの性格は同じではない。
② 两本书**一样**厚。　　　　　　　二冊の本は同じ厚さだ。
③ 丁丽的血型**和**你的**一样**。丁麗さんの血液型はあなたの（血液型）と同じだ。
④ 这个包子**和**那个**不一样**大。
　　　　　　　　　　　この中華まんじゅうの大きさはあれと同じではない。
⑤ 东京**和**上海**差不多一样**大。　東京の大きさは上海の大きさと大体同じだ。
⑥ 她**没有**丁丽**那么**漂亮。　　　彼女は丁麗さんほど綺麗ではない。

用例と説明

① …(不) 一样…

　🐂 意味：〜は同じだ／〜は異なる。
　　　　　主語は複数形の名詞をあてる。"两"を多用する。

　📖 公式：**主語 + "(不) 一样"**

1) 她们的性格不一样。Tāmen de xìnggé bù yíyàng.
2) 两件大衣的颜色一样。Liǎng jiàn dàyī de yánsè yíyàng.　件＝(量詞)
3) 两本书的价钱不一样。Liǎng běn shū de jiàqián bù yíyàng.　价钱＝値段

② …(不) 一样…

　🐂 意味：同じ〜だ／異なる〜だ。
　　　　　主語は複数形の名詞をあてる。"两"を多用する。

📘 **公式：** 主語 +"（不）一样"+ 形容詞

1) 她们三个人年龄一样大。Tāmen sān ge rén niánlíng yíyàng dà.

2) 两本书一样厚。Liǎng běn shū yíyàng hòu.

3) 两棵树不一样高。Liǎng kē shù bù yíyàng gāo.　　棵=（量詞）

4) 两个人一样漂亮。Liǎng ge rén yíyàng piàoliang.

❗**注意：** 中国語では形容詞を「主観的形容詞」と「客観的形容詞」の二種類に区分する。客観的形容詞は、客観的事実を述べることにその意味の中心を持つ。例1）～3）は客観的形容詞の用例である。つまり、例1）は、三人の年齢が同じである、同じ歳である事実を客観的に述べるもので、その年齢が高いかどうかを話題としていない。例2）は、二冊の本が同じ厚さである事実を述べ、厚いかどうかは話題にしていない。例3）は、木の高さが同じでない事実を述べ、木の高さが高いかどうかは話題にしていない。これに比べ、例4）は主観的形容詞の用例であり、話者は二人とも同様に綺麗であると述べている。

③ …和／跟…(不)一样…

🔴 **意味：** ～と同じだ／～と異なる。
　　　　　A、Bはともに具体的な事物がくる。話題として具体的に同じ名詞を指すとき、Bの名詞は省略してもよい。AとBの指すものがはっきりしない場合もある、例3）では、彼女は女優だから有名であり、あなたは学生だから無名であるとか、彼女は女優だからお金があり、あなたは学生だからお金がないなど具体的な話題に余地が残る。

📘 **公式：** A +"和／跟"+ B +"（不）一样"

1) 丁丽的发型和你的发型一样，和我的发型不一样。　　发型=髪型
　　Dīng Lì de fàxíng hé nǐ de fàxíng yíyàng, hé wǒ de fàxíng bù yíyàng.

2) 丁丽的血型和你的一样。Dīng Lì de xuèxíng hé nǐ de yíyàng.　　血型=血液型

3) 你跟她不一样！她是演员，你是学生。
　　Nǐ gēn tā bù yíyàng! Tā shì yǎnyuán, nǐ shì xuésheng.　　演员=俳優

4) 我和李东的专业不一样, 他学政治, 我学经济。　　专业＝専攻
　　Wǒ hé Lǐ Dōng de zhuānyè bù yíyàng, tā xué zhèngzhì, wǒ xué jīngjì.

④ …和／跟…(不)一样

　🐷 意味：〜と同じように…だ／〜と異なる…だ。
　　　　　公式②と同様、主観的形容詞、客観的形容詞のどちらにも使うことができる。例1)は主観的形容詞の用例であり、北京も東京もともに有名であると述べている。例2)・3)は客観的形容詞の用例であり、例2)は、二つの大きさが同じでない事実を述べるもので、それぞれが大きいか小さいかは話題にしていない。例3)は、年齢が同じという事実を述べるものである。

　📖 公式：A ＋ "和／跟" ＋ B ＋ "(不)一样" (＋ 形容詞)

1) 北京和东京一样有名。Běijīng hé Dōngjīng yíyàng yǒumíng.
2) 这个包子和那个不一样大。Zhège bāozi hé nàge bù yíyàng dà.
3) 她年龄跟我一样大。Tā niánlíng gēn wǒ yíyàng dà.

　❗ 注意："一样"は省略することはできない。
　　　　　"A 像 B 一样"と"A 和／跟 B 一样"は同様の特徴を持つ。"像"は類似を表現し、"和""跟"は同一を表現する。形容詞を省略することも可能。通常、"像"の後ろは象徴となる対象、"和""跟"の後ろは具体的対象をおく。

　🚫 禁止：× 林美和电影演员一样漂亮。
　　　　　〇 林美和丁丽一样漂亮。　　林美さんは丁麗さんのように綺麗だ。
　　　　　〇 林美像演员一样漂亮。　　林美さんは俳優のように綺麗だ。

　🔗 関連：「04 比較」「06 類比」を参照。

⑤ …和／跟…差不多一样…

　🐷 意味：〜と大体同じように…だ。
　　　　　例1)〜3)は客観的形容詞の用例であり、例4)は主観的形容詞の用例である。A、Bはともに具体的な事物、文の構成上同じ成分となるものがくる。

🔷 公式： A +"和／跟"+ B +"差不多"+"一样"+（形容詞）

1) 小李和小王差不多一样高。Xiǎo Lǐ hé Xiǎo Wáng chàbuduō yíyàng gāo.

2) 坐电车去跟开车去差不多一样快。
　　Zuò diànchē qù gēn kāichē qù chàbuduō yíyàng kuài.

3) 东京和上海差不多一样大。Dōngjīng hé Shànghǎi chàbuduō yíyàng dà.

4) 他和你差不多一样聪明。Tā hé nǐ chàbuduō yíyàng cōngmíng.

⑥ …（没）有…那么…

　🐖 意味：〜ほど…だ／〜ほど…ではない。
　　　　　　この文型は、Bがある一定のレベルに達していることを話し手が肯定し、その上で、AもBと大きな違いがないこと、または同様に、あるレベルに達していることを表現する。

🔷 公式： A +"（没）有"+ B +"那么"+ 形容詞

1) A　家常豆腐有麻婆豆腐那么好吃吗？　家常豆腐=家常豆腐（中華料理名）
　　　Jiācháng dòufu yǒu mápó dòufu nàme hǎochī ma?
　 B　家常豆腐有麻婆豆腐那么好吃。
　　　Jiācháng dòufu yǒu mápó dòufu nàme hǎochī.

2) 孩子有妈妈那么高了。Háizi yǒu māma nàme gāo le.

3) 苹果长得有网球那么大了。
　　Píngguǒ zhǎng de yǒu wǎngqiú nàme dà le.　长=成長する　网球=テニス（のボール）

4) 她没有丁丽那么漂亮。Tā méiyǒu Dīng Lì nàme piàoliang.

5) 今年没有去年那么忙。Jīnnián méiyǒu qùnián nàme máng.

6) 学英语没有学德语那么难。
　　Xué Yīngyǔ méiyǒu xué Déyǔ nàme nán.　德语=ドイツ語

　❗ 注意：A、Bはともに具体的な事物、同じ成分となるものがくる。

06 類比（〜のような、〜のように）

キーワード: 像…一样

文型一覧

① 丁丽**像**电影演员**一样**漂亮。　　丁麗さんは映画俳優のように綺麗だ。

② 她**像**英国人**一样**每天喝红茶。
　　　　　　　　　　　　彼女はイギリス人のように毎日紅茶を飲む。

③ 他跑**得像**兔子**一样**快。　　　　彼は兎のように走るのが速い。

④ 丁丽说英语说**得像**英国人**一样**流利。
　　　　　　　　　　　丁麗さんの話す英語はイギリス人のように流暢だ。

用例と説明

① …像…一样…

🐄 **意味**：〜のようだ、〜みたいだ。

AとBは事物として同じ特徴を持ち、名詞または名詞句同様の性質を持つものであることが多い。Aは具体的事物、BはAをシンボル化するものがくる。

二者の類似性を聞き手が理解できるとき、形容詞は省略してもよい。例えば、例3）、「彼は教授のようだ（知識が豊富だ）。」

「異同」では主観的形容詞と客観的形容詞を同じような割合で使用するが、「類比」では主観的形容詞の用例の方が使用頻度が高い。例1）・2）は主観的形容詞の用例である。

📖 **公式**：A +"像"+ B +"一样"（+ 形容詞）

1) 丁丽**像**演员**一样**漂亮。Dīng Lì xiàng yǎnyuán yíyàng piàoliang.

2) 今天**像**冬天**一样**冷。Jīntiān xiàng dōngtiān yíyàng lěng.

3) 他像教授一样。Tā xiàng jiàoshòu yíyàng.

② …像…一样…

> 意味： ～と同じように…だ。
> 文型①と同様、Aは具体的事物、BはAをシンボル化するものがくる。

> 公式： A ＋ "像" ＋ B ＋ "一样" ＋ 動詞（＋ 目的語）

1) 他像和尚一样不吃肉, 不吃鱼。
   Tā xiàng héshang yíyàng bù chī ròu, bù chī yú.

2) 老李像孩子一样喜欢看连环画。
   Lǎo Lǐ xiàng háizi yíyàng xǐhuān kàn liánhuánhuà.　　连环画＝漫画

3) 她像英国人一样每天喝红茶。
   Tā xiàng Yīngguórén yíyàng měi tiān hē hóngchá.

③ …得像…一样…

> 意味：～と同じように…。
> A、Bはともに具体的な事物で、同じ特徴、類似点を持つものに限る。文型②との相違は動詞の後ろに補語をおく点である。
> 例2)は客観的形容詞の用例、例3)は主観的形容詞の用例である。

> 公式： A ＋ 動詞 ＋ "得" ＋ "像" ＋ B ＋ "一样"（＋ 形容詞）

1) 女儿长得像妈妈一样。Nǚér zhǎng de xiàng māma yíyàng.　　女儿＝娘

2) 小燕子飞得像大燕子一样高了
   Xiǎo yànzi fēi de xiàng dà yànzi yíyàng gāo le.　　燕子＝ツバメ

3) 他跑得像兔子一样快。Tā pǎo de xiàng tùzi yíyàng kuài.

> 注意： 例3)は比喩的表現。話し手の意図は、走る速度が速いことを表現したいのであり、人が兎と同じように速く走ることを表現したいのではない。

> 対比： 女儿像妈妈, 不像爸爸。　娘は母似で、父似ではない。
> 　　　　　　　　　　　　　　　"像"は動詞、意味は「～に似ている」

女儿像妈妈一样漂亮。　　娘は母と同じように美しい。

"像"は介詞（前置詞）

④ …得像…一样…

🐂 意味：〜と同じように…。文型③の発展形、目的語をとる。
　　例1)・3)は主観的形容詞の用例である。

📕 公式： A＋動詞①＋目的＋動詞①＋"得"＋"像"＋B＋"一样"（＋形容詞）

1) 她唱歌唱得像歌手一样好。
　　Tā chànggē chàng de xiàng gēshǒu yíyàng hǎo.

2) 你游泳游得像鱼一样。
　　Nǐ yóuyǒng yóu de xiàng yú yíyàng.

3) 丁丽说英语说得像英国人一样流利。
　　Dīng Lì shuō Yīngyǔ shuō de xiàng Yīngguórén yíyàng liúlì.

次頁答：① 1) B 2) D 3) F 4) A 5) E 6) G 7) C
　　　　② 1) B 2) A 3) A

練習　05・06

① ☐ の選択肢から最も適当なものを選び空欄をうめましょう（それぞれ1度しか使えません）。

> A 像　B 差不多　C 跟　D 美国人　E 一样　F 不一样　G 没有

1) 南山和东山_____一样高。

2) 李小海像_____一样喜欢喝可乐。　　可乐 kělè　コーラ

3) 我的学校跟她的_____，她在第一中学，我在第十一中学。

4) 小王跑得_____兔子一样快。

5) 大阪和名古屋差不多_____大。

6) 昨天夜里下了雨，今天_____昨天那么热了。

7) 你_____他一样。

② 正しい文をマークしましょう。

1) A 小丁像老林一样高。
   B 小丁跟老林一样高。

2) A 田中像中国人一样喜欢喝白酒。　　白酒 báijiǔ　蒸留酒
   B 田中和中国人一样喜欢喝白酒。

3) A 野村跟你不一样。
   B 野村比你不一样。

🔴 練習の解答は前頁にあります。

07 習慣的な行為 (～する)

キーワード 不・经常・从不

文型一覧

① 学生学习，农民劳动。　　学生は勉強し、農民は働く。
② 我喝酒，但不喝白酒。　　私はお酒を飲むが、蒸留酒は飲まない。
③ 她游泳，我不游泳。　　　彼女は泳ぐが、私は泳がない。
④ 老林经常在图书馆看杂志。
　　　　　　　　　　　　　林さんは絶えず図書館で雑誌を読む。

用例と説明

① …(不)*自動詞*

　🐂 意味：～する／～しない。習慣的行為を表現する基本文型。
　📖 公式：主語 +（"不"+）自動詞

1) 学生学习，农民劳动。
　　Xuésheng xuéxí, nóngmín láodòng.　劳动=労働する
2) 鸟飞，狗叫。Niǎo fēi, gǒu jiào.　鸟=鳥　狗=犬　飞=飛ぶ　叫=吠える
3) 老师说，学生听。Lǎoshī shuō, xuésheng tīng.　说=話す　听=聞く
4) 今天休息，明天不休息。Jīntiān xiūxi, míngtiān bù xiūxi.　休息=休む

② …(不)*他動詞*…

　🐂 意味：～する／～しない。
　📖 公式：主語 +（"不"+）他動詞 + 目的語

1) 我看报纸，不看杂志。Wǒ kàn bàozhǐ, bú kàn zázhì.

2) 她吸烟, 不喝酒。Tā xīyān, bù hē jiǔ.

3) 我喝酒, 但不喝白酒。Wǒ hē jiǔ, dàn bù hē báijiǔ.

> ❗注意： 動詞述語文中の述語となる動詞は、目的語の前に置く。日本語の文型と異なるため注意が必要である。初級学習者が犯しやすい間違いの一つである。

> 🚫禁止： × 小李啤酒喝, 鱼不吃。
> ○ 小李喝啤酒, 不吃鱼。　李さんはビールを飲むが、魚は食べない。

③ …(不) 離合動詞

> 🐮意味： ～ (を) する／～ (を) しない。
> 📙公式： **主語＋（"不"＋）離合動詞**

1) 老李散步, 不跑步。Lǎo Lǐ sànbù, bù pǎobù.　跑步＝ランニングをする

2) 我打工, 他不打工。Wǒ dǎgōng, tā bù dǎgōng.　打工＝アルバイトをする

3) 她游泳, 我不游泳。Tā yóuyǒng, wǒ bù yóuyǒng.

> 🔗関連： コラム「離合動詞」（99ページ）を参照。

④ …(不)…場所・頻度など…動詞

> 🐮意味： どこか・いつか…～する／～しない。
> 📙公式： **主語＋（"不"＋）場所・頻度など＋動詞（＋目的語）**

1) 你每天看电视吗？ Nǐ měi tiān kàn diànshì ma?

2) 我早上七点起床。Wǒ zǎoshang qī diǎn qǐchuáng.

3) 我们学英语, 但不每天上英语课。
　　Wǒmen xué Yīngyǔ, dàn bù měi tiān shàng yīngyǔ kè.

4) 我从不在河里游泳。Wǒ cóngbù zài hé li yóuyǒng.　从不＝一度も～していない

5) 老林经常在图书馆看杂志。Lǎo Lín jīngcháng zài túshūguǎn kàn zázhì.

> ❗注意： 否定の"不"の位置に注意。"不"のおかれる位置によって、否定するものが異なる。動詞の前の"不"は、動詞の意味を否定する。時間や場所を表す語の前の"不"は、時間、場所などを否定する。

08 変化（〜になった）

キーワード 了・変・変得・越来越

文型一覧

① 十二点半**了**。　　　　　　　　　　十二時半になった。
② 苹果红**了**。　　　　　　　　　　　リンゴが赤くなった。
③ 吃了药，头**不**疼**了**。　　　　　　薬を飲んだら、頭が痛くなくなった。
④ 比赛开始**了**。　　　　　　　　　　試合が始まった。
⑤ 风**不**刮**了**，雪还没停。
　　　　　　　　　　　　　　　　　　風は吹かなくなったが、雪はまだやんでいない。
⑥ 月亮**变**圆**了**。　　　　　　　　　月が丸くなった。
⑦ 天气**越来越**热。　　　　　　　　　ますます暑くなってきた。

用例と説明

① ···名詞／数量詞···了

　🐷 **意味**："了"は「〜になった」。時間、年齢、季節などの変化を表す。
　　　　　「そのようになった」ために、「どうか」という内容は、会話の相手が理解しているため、省略することが多い。例えば、"她十八岁了。"（十八になったなら、もうすぐ社会人だ。大人になったものだ。）"十二点半了。"（それじゃ、ご飯を食べよう。）"秋天了。"（時間が過ぎるのは早いね。日一日と紅葉が美しくなり、涼しくなってきた。）などの内容が省略されている。

　📖 **公式**：主語 + 名詞・数量詞 + "了"

1) 她十八岁**了**。　　Tā shíbā suì le.

2) 十二点半了。Shí'èr diǎn bàn le.

3) 秋天了。Qiūtiān le.　秋天=秋

> ⚠️ 注意：" 了 " は変化を表す。口語で多用する。
> 🚫 禁止：× 是春天了。
> 　　　　○ 春天了。　春になった。　　*"是"は不要*

② …形容詞…了

> 🐄 意味：～になってきた、～になった。形容詞が表す事物の状態・性質などの変化を表す。文型①と同じ。形容詞が述語にあたる点が文型①と異なる。
> 📘 公式：**主語 ＋ 形容詞 ＋ "了"**

1) 天气暖和了。Tiānqì nuǎnhuo le.　暖和=暖かい

2) 苹果红了。Píngguǒ hóng le.

3) 西瓜便宜了。Xīguā piányi le.

4) 爷爷年纪大了, 睡觉少了。　年纪=年齢　睡觉=眠る、睡眠
　　Yéye niánjì dà le, shuìjiào shǎo le.

> ⚠️ 注意：口語で用いることが多い。
> 🚫 禁止：× 天气是冷了。
> 　　　　○ 天气冷了。　寒くなってきた。　　*"是"は不要*
> 🔗 関連：コラム「文の種類」（29ページ）を参照。

③ …不…了

> 🐄 意味：～でなくなってきた、～でなくなった。
> 📘 公式：**主語 ＋ "不" ＋ 形容詞 ＋ "了"**

1) 天气不冷了。Tiānqì bù lěng le.

2) 吃了药, 头不疼了。Chīle yào, tóu bù téng le.　头疼=頭が痛い

3) 茶不烫了, 喝吧。
　　Chá bú tàng le, hē ba.　烫=（やけどしそうに）熱い

④ …動詞…了

> 意味： 〜になった、〜の変化があった。
> 動詞の状況に変化のあることを表す。具体的事態では、変化の程度がわずかしか存在しないことや、日本語的表現から考えるとまったく変化がないような場合もある。しかし、中国語ではこれらの微妙な変化も変化と捉える。
> 例："比赛开始了。"

> 公式： **主語 + 動詞 +（目的語 +）"了"**

1) 比赛开始了。Bǐsài kāishǐ le.　比赛＝試合

2) 飞机起飞了。Fēijī qǐfēi le.　起飞＝離陸する

3) 下雨了。Xiàyǔ le.

4) 你儿子上大学了吗? Nǐ érzi shàng dàxué le ma?　上大学＝大学に入る

⑤ …不…了

> 意味： 〜しないことにした、〜の変化があった。

> 公式： **主語 +"不"+ 動詞 +（目的語 +）"了"**

1) 奶奶年纪大了, 不能开车了。Nǎinai niánjì dà le, bù néng kāichē le.

2) 她明天不来了。Tā míngtiān bù lái le.

3) 风不刮了, 雪还没停。Fēng bù guā le, xuě hái méi tíng.　刮＝吹く　停＝止まる

⑥ …变／变得…了

> 意味： 〜に変わった、〜に変化した。
> "变"の使用で、変化の発生をより明確にする。

> 公式： **主語 +"变"／"变得"+ 形容詞 +"了"**

1) 月亮变圆了。Yuèliang biàn yuán le.

2) 她变得谨慎了。Tā biànde jǐnshèn le.　谨慎＝慎重である

3) 秋天了, 树叶变黄了。Qiūtiān le, shùyè biàn huáng le.　树叶=木の葉

> ✖ 対比：　月亮圆了　　　月が丸くなった。
> 　　　　　月亮变圆了。*ほぼ同じ意味を表すが、"変"の挿入によって、変化の発生をより明確に強調する。*

⑦ …越来越…(了)

> 🐮 意味：ますます〜だ。
> 📦 公式：**主語 + "越来越" + 形容詞 (+ "了")**

1) 天气越来越热。Tiānqì yuèláiyuè rè.　越来越=ますます〜

2) 人越来越少了。Rén yuèláiyuè shǎo le.

3) 弟弟越来越高。Dìdi yuèláiyuè gāo.

> ❗ 注意：「"越来越"+形容詞」と「"越"+形容詞①, "越"+形容詞②」は異なる文型。
>
> ✖ 対比：　天气越来越热。　　　（気候が）ますます暑くなってきた。
> 　　　　　生鱼片越新鲜越好吃。　刺身は新鮮なら新鮮なほど美味しい。

次頁答：① 1) F 2) C 3) B 4) A 5) E 6) D 7) H 8) G
　　　　② 1) A 2) B 3) A 4) B

練習 07・08

① ☐ の選択肢から最も適当なものを選び空欄をうめましょう（それぞれ1度しか使えません）。

> A 多大　B 下雪　C 六点　D 变　E 越来越　F 去　G 了　H 从不

1) 我今天有事，不能 _____ 了。　有事 yǒushì 用事がある

2) _____ 了，咱们去吃饭吧。

3) _____ 了，真漂亮。

4) 你儿子_____ 了？

5) 十一月了，天气 _____ 冷了。

6) 李文信_____ 成熟了。　成熟 chéngshú 成熟する

7) 我_____ 在早上喝啤酒。　早上 zǎoshang 朝

8) 汽车停_____。

② 正しい文をマークしましょう。

1) A 雪停了，但风大了。
   B 雪停了，但风是大了。

2) A 老田是六十岁了。
   B 老田六十岁了。

3) A 小王十八岁了，变得漂亮了。
   B 小王十八岁了，变得漂亮。

4) A 我吸烟不，喝酒不。
   B 我不吸烟，不喝酒。

⬅ 練習の解答は前頁にあります。

Column 文の構成 (1)　名詞述語文　形容詞述語文

　動詞述語文以外、コラム「文の種類 (29ページ)」の通り、名詞述語文、形容詞述語文が存在する。赤い部分は文の主幹部分、黒い部分は副次的部分を示す。主部の中心語は主語、述部の中心語は述語である。動詞述語文と異なり、名詞述語文、形容詞述語文は目的語をとらない。形容詞述語文では、程度を表す状態語と程度補語を同時に使うことはできない。

名詞述語文　　(状態語 +) 限定語 + **主語** + 状態語 + **述語**
　　　　　　　　　　　　　　主部　　　　　　　　　述部

　　　　　　　　　我 妹妹 今年 二十一岁。
　　　　　　　　限定語 主語 状態語 　述語
　　　　　　　　　　　私の妹は今年21才です。

形容詞述語文　(状態語 +) 限定語 + **主語** + 状態語 + **述語** + 補語
　　　　　　　　　　　　　　　主部　　　　　　　　　　述部

　　　　　　　　去年夏天, 香港的 天气 确实 热 得很。
　　　　　　　　 状態語　　限定語　主語 状態語 述語 補語
　　　　　　　　　　　去年の夏、香港は確かにとても暑かった。

　　　　　　　　去年冬天, 北京的 天气 非常 冷。
　　　　　　　　 状態語　 限定語　主語 状態語 述語
　　　　　　　　　　　去年の冬、北京はとても寒かった。

09 行為の完了 (〜した、〜し終えた)

キーワード: 了・完了・过了

文型一覧

① 暑假时，她**去了**香港和广州。
　　　　　　　　　夏休みを利用して、彼女は香港と広州に行った。

② 我已经**写完了**作业。　　　　　私はもう宿題を書き終えた。

③ 那本小说我还**没有看完**。　　あの小説を私はまだ読み終えていない。

④ 中午的药已经**吃过了**。　　　　昼の薬はもう飲んだ。

用例と説明

① …了…

　🐷 **意味**：〜(実現・完了)した。"動詞+了"は「完了」を表す。
　📖 **公式**：主語 + 他動詞 + "了" + 目的語

1) 昨天,我在图书馆**看了**一个电影。
　　Zuótiān, wǒ zài túshūguǎn kànle yí ge diànyǐng.

2) 暑假时，她**去了**香港和广州。Shǔjià shí, tā qùle Xiānggǎng hé Guǎngzhōu.

3) 今天上午，我**洗了**衣服，**打扫了**房间，**买了**东西。　打扫=掃除する
　　Jīntiān shàngwǔ, wǒ xǐle yīfu, dǎsǎo le fángjiān, mǎile dōngxi.

4) 你等一下，我**吃了**饭就去你家。Nǐ děng yíxià, wǒ chīle fàn jiù qù nǐjiā.

5) 丁丽去商店**买了**衣服和钱包。Dīng Lì qù shāngdiàn mǎile yīfu hé qiánbāo.

> ❗ **注意**：［主語＋動詞＋了＋はだかの目的語］の用法は、不自然さを残すため、あまり使わない。①動詞の前に状態語をつける。②目的語の前に限定語をつける。③「主語＋動詞＋了＋目的語」の更に後ろに他文型の文を続ける。④「主語＋動詞＋了＋目的語」の後ろに「動詞＋了＋目的語」の文を続ける。一般的に①〜④の方法で不自然さを回避する。

> ✖ **対比**：文末の"了"は、過去の事実の陳述を表現する。動詞の後ろの"了"は行為の完了を表現する。
> 　　　　動詞のすぐ後ろの"了"と文末の"了"の相違に注意。
>
> 　　　"去了上海。"　上海へ行った。　（**すでにもどった**）
> 　　　"去上海了。"　上海へ行った。　（**多分まだもどっていない**）
> 　　　"去买了衣服。"　服を買いに行った。　（**服を手にいれた**）
> 　　　"去买衣服了。"　服を買いに行った。　（**服を手に入れたかはわからない**）

> 🔗 **関連**：「10 過去の行為・変化」を参照。

② …完(了)…

> 🐂 **意味**：〜を実現・完了した。文型①より「完了」を強調する表現。
> 　　　　"已经""完"との併用は、更にはっきり行為の実現を表現する。

> 📖 **公式**：　**主語 ＋ ("已经"＋) 動詞 ＋ "完(了)" ＋ 目的語**

1) 我已经**写完了**作业。Wǒ yǐjīng xiěwán le zuòyè.　作业＝宿題
2) 老林**看完了**《日本近代史》。Lǎo Lín kànwán le ‹Rìběn jìndài shǐ›.
3) 昨天买的啤酒你**喝完了**吗？ Zuótiān mǎi de píjiǔ nǐ hēwán le ma?

> 🔗 **関連**：「動詞＋"完"」の形は、補語表現の一つ。
> 　　　　コラム「補語」（172ページ）を参照。

③ …没(有)…完…

> 🐂 **意味**：〜していない、まだ実現していない。
> 　　　　否定形"没(有)"の前に"还"を多用する。

> 📖 **公式**：　**主語 ＋ "没(有)" ＋ 動詞 (＋ "完") ＋ 目的語**

1) 我还没写完今天的日记。Wǒ hái méi xiěwán jīntiān de rìjì.

2) 那本小说我还没有看完。Nà běn xiǎoshuō wǒ hái méiyǒu kànwán.

> ⚠️ 注意：“没”“没有”はすぐ後ろにくる動詞の行為を否定する。否定形に"了"や"已经"は使用できない。

> 🚫 禁止：× 今天的日记没有写完了。
> × 今天的日记没有已经写完。
> ○ 今天的日记还没有写完。　今日の日記はまだ書き終えていない。

> 🔗 関連：例2) はダブル主語の形。コラム「ダブル主語」(184ページ) を参照。

④ …过了…

> 🐂 意味：(なすべきことを) した。
> 📕 公式：主語+("已经"+) 動詞+"过了"+目的語

1) 中午的药已经吃过了。Zhōngwǔ de yào yǐjīng chīguò le.　药=薬

2) A 今天的报纸看了吗？Jīntiān de bàozhǐ kànle ma?
   B 看过了。Kànguò le.

3) A 小丽，刷牙了吗？Xiǎo Lì, shuāyá le ma?
   B 刷过了。Shuāguò le.

> ⚡ 対比：この形の"过"は、「経験」ではない。"已经+过了"は具体的なこと、時間内になすべきこと、あらかじめ予定していたことを成しとげたということを表現する。
>
> 　　　我吃过这种药。　　　この薬を飲んだことがある。　　*経験*
> 　　　我吃过了今天的药。　今日飲むべき薬を飲んだ。　　*するべきことをした*

> ⚠️ 注意：この文型での否定形は存在しない。否定文は文型③の形を使う。

> 🚫 禁止：× 今天的药没吃过。
> ○ 今天的药还没吃。　　今日飲むべき薬をまだ飲んでいない。

10 過去の行為・変化（～した、～になった）

キーワード 了・没・是…的

文型一覧

① 刚才, 小王**来了**, 又**走了**。　先ほど、王さんは来たが、また行ってしまった。

② 今天, 丁丽**没上街**, 她在家里写了几封信。
　　　今日丁麗さんは町に出かけなかった。彼女は家で何通かの手紙を書いた。

③ **年轻的时候**, 我**经常**在河里**游泳**。　若い時、私はよく川で泳いだ。

④ **小时候**, 我**不吃**鸡蛋。　子供の時、私はたまごを食べなかった。

⑤ 我**是**上个月去法国旅游**的**。　私は先月フランスへ旅行に行った。

⑥ 他昨天**病了**。　彼は昨日病気になった。

⑦ 上午暖气**没热**。　午前中、ヒーターは熱くなっていない。

用例と説明

① …動詞了

🐄 **意味**：具体的な過去の行為に対して、"了"を使う。"了"は「～した」。

📖 **公式**：主語 + 過去を表す語句 + 動詞 + (目的語+)"了"

1) 昨天, 丁丽**上街看**电影**了**。　　上街=街（の中心部）へ行く
　　Zuótiān, Dīng Lì shàngjiē kàn diànyǐng le.

2) 小李去年**去**美国**留学了**。Xiǎo Lǐ qùnián qù Měiguó liúxué le.

3) 刚才, 小王**来了**, 又**走了**。Gāngcái, Xiǎo Wáng lái le, yòu zǒu le.
　　　　　　　　　　　　　刚才=先ほど　走=行く、離れる

❗**注意**：具体的な事柄「映画をみる行為」、「留学する行為」が既に発生
　　　　したことを話し手が認識したことを表す。動詞のすぐ後ろの"了"

49

と文末の"了"の相違に注意。

❌ 対比： 丁丽昨天上街看电影了。 丁麗さんは昨日街へ行って映画を見た。
　　　　　　　　　　　　　　　　　　　　　　　　　　映画を見た事実の発生を認識

　　　　　丁丽昨天上街看了电影。 丁麗さんは昨日街へ行って映画を見た。
　　　　　　　　　　　　　　　　　　　　　　　　　　映画を見た行為の完了を表現

🔖 関連：「**09** 行為の完了」を参照。

② …(没)*動詞*

　🐂 意味： 〜していない／していなかった。

　📖 公式： **主語 + 過去を表す語句 + ("没"+) 動詞 + (目的語)**

1) 今天, 丁丽没上街, 她在家里写了几封信。　 封=（量詞）
　　Jīntiān, Dīng Lì méi shàngjiē, tā zài jiā li xiěle jǐ fēng xìn.

2) 我昨天没喝牛奶。Wǒ zuótiān méi hē niúnǎi.

3) 小王上午没来。下午来不来, 不知道。
　　Xiǎo Wáng shàngwǔ méi lái. Xiàwǔ lái bu lái, bù zhīdao.

　❗ 注意："没"と"不"の相違点に注意。
　❌ 対比： 今天, 丁丽没上街。 今日丁麗さんは町へ行っていない。 **事実の否定**
　　　　　 今天, 丁丽不上街。 今日丁麗さんは町に行かない。　 **意志の否定**

③ *過去を表す語句…動詞…*

　🐂 意味： 習慣的な過去の行為に対して"了"は使わない。
　　　　　 過去を表す語句を主語の後ろにおくこともできるが、前におく事
　　　　　 が多い。文型④、⑥、⑦についても同様のことがいえる。

　📖 公式： **過去を表す語句 + 主語 + 過去の行為（習慣的な）を表す動詞**

1) 年轻的时候, 我经常在河里游泳。　 年轻=若い
　　Niánqīng de shíhou, wǒ jīngcháng zài hé li yóuyǒng.

2) 上高中时, 我每天骑车上学。Shàng gāozhōng shí, wǒ měi tiān qíchē shàngxué.

3) 去年, 老林每个星期去南京出差。　 出差=出張する
　　Qùnián, Lǎo Lín měi ge xīngqī qù Nánjīng chūchāi.

🚫 禁止：　"了"は使えない。日本人は過去の習慣的な行為に対して"了"を用いやすいので、要注意。
　　　　　×　上中学时，我每天学英语了。
　　　　　○　上中学时，我每天学英语。　　中学生の時、私は毎日英語を勉強した。

④ *過去を表す語句…不 動詞…*

　🐄 意味：　過去の習慣的な行為であり、否定形のため、"了"は使えない。
　📗 公式：　**過去を表す語句 + 主語 + "不" + 動詞 (+ 目的語)**

1) 在京都时, 我走路上学, 不坐公共汽车。
　　　Zài Jīngdū shí, wǒ zǒulù shàngxué, bú zuò gōnggòng qìchē.

2) 小时候, 我不吃鸡蛋。Xiǎo shíhou, wǒ bù chī jīdàn.　鸡蛋=卵

3) 年轻时, 他不喝酒, 不吸烟。Niánqīng shí, tā bù hējiǔ, bù xīyān.

　❗ 注意：　過去の習慣的行為に対する否定は"不"を使い、否定する事柄を表す動詞の前に"不"をおく。習慣的行為の否定には、"没""没有"は使えない。

　✖ 対比：　小时侯, 我不吃鸡蛋。　子供のとき、私は卵を（食べたくなかったため、食べる習慣がないため）食べなかった。　*過去の習慣・意志的な行為の否定*
　　　　　昨天, 我没吃鸡蛋。　昨日、私は卵を食べなかった。
　　　　　　　　　　　　　　　　　　　　　　　　過去の具体的な行為の否定

⑤ …(不)是…的

　🐄 意味：　発生済みの行為の時間、場所、理由、方法、目的、行為者、対象者などを具体的に説明する。"是"は説明する事項の前におく。
　📗 公式：　**主語 + "(不)是" + 過去の行為の時間・場所・行為者・方法など + "的"**

1) A 你是怎么来的？　Nǐ shì zěnme lái de?
　 B 我是坐公共汽车来的。Wǒ shì zuò gōnggòng qìchē lái de.

2) 丁丽是在图书馆看了那本杂志的。
　　　Dīng Lì shì zài túshūguǎn kàn le nà běn zázhì de.

3) 我是上个月去法国旅游的。Wǒ shì shàng ge yuè qù Fǎguó lǚyóu de.

4) 他在北京上大学的，不是在上海上大学的。
　　Tā zài Běijīng shàng dàxué de, bú shì zài Shànghǎi shàng dàxué de.

> ❗注意：肯定文の場合は、"是"の省略は可能。否定文の場合"是"は、省略することはできない。"没"で否定することはできない。必ず"不是"となる。

⑥ …形容詞了…

> 🐂 意味：具体的な過去の現象の変化に対して"了"を使う。意味は「～になった」。過去を表す語句は主語の後ろにおくこともできるが、長い語句は前におく方が一般的である。

📦 公式： **主語 ＋ 過去を表す語句 ＋ 形容詞＋"了"**

1) 他昨天病了。Tā zuótiān bìng le.

2) 上个月，我的自行车坏了。Shàng ge yuè, wǒ de zìxíngchē huài le. 坏=壊れる

3) 刚才，他的房间的灯亮了。
　　Gāngcái, tā de fángjiān de dēng liàng le.

⑦ …没形容詞…

> 🐂 意味：～になっていない。
> 主語の後ろに「過去を表す語句」をおくこともできる。

📦 公式： **主語 ＋ 過去を表す語句 ＋ "没" ＋ 形容詞**

1) 上午暖气没热。Shàngwǔ nuǎnqì méi rè. 暖气＝ヒーター、暖房

2) 最近我的自行车没坏。Zuìjìn wǒ de zìxíngchē méi huài.

3) A （医生:) 今天怎么样，头疼了吗？ Jīntiān zěnmeyàng, tóu téng le ma?
　　B　今天头没疼。Jīntiān tóu méi téng.

次頁答：① 1) E 2) F 3) B 4) D 5) A 6) H 7) G 8) C
　　　　② 1) B 2) B 3) A 4) B

練習 09・10

① ☐ の選択肢から最も適当なものを選び空欄をうめましょう（それぞれ1度しか使えません）。

> A 完　B 了　C 洗澡　D 已经　E 完了　F 不　G 没　H 过了

1) 小王看_____昨天买的杂志。

2) 上中学的时候，我_____喝咖啡。

3) 昨天，她去书店买_____几本书。

4) 李中山_____吃完了晚饭，正在喝啤酒。

5) 小林看_____了电影，然后去买东西。　然后 ránhòu その後

6) 我已经喝_____今天的牛奶。

7) 昨天，我_____在食堂吃饭。

8) 今天我还没_____。

② 正しい文をマークしましょう。

1) A 我没有吃完了午饭。
   B 我还没有吃完午饭。

2) A 田小静买了报纸。
   B 田小静买了一份报纸、两本杂志。　份 fèn（量詞）

3) A 今天的药我还没吃。
   B 今天的药我还不吃。

4) A 我是在图书馆看了那本杂志。
   B 我是在图书馆看了那本杂志的。

◀ 練習の解答は前頁にあります。

11 経験（〜したことがある）

キーワード: 过・没…过

文型一覧

① 丁丽**来过**日本。　　　　　　　丁麗さんは日本に来たことがある。
② 那儿从来**没有地震过**。　あそこではこれまで地震が起きたことがない。
③ 我在海里**游过**泳。　　　　　　私は海で泳いだことがある。
④ 不知道为什么，最近他**没高兴过**。
　　　　　　　原因はわからないが、最近彼はずっと機嫌がよかったことがない。

用例と説明

① …（没／没有）…过…

🐂 意味：〜をしたことがある／〜をしたことがない。
"过"は過去における経験を表す。例4)・5) はほぼ同じ意味を表すが、例5) は目的語を文の先頭において、経験の対象を明確に表現する。例5) はダブル主語の文型。

📘 公式：主語 +（"没"／"没有"+）他動詞 + "过" + 目的語

1) 丁丽**来过**日本。Dīng Lì láiguo Rìběn.

2) 我**喝过**白酒，味道不错。Wǒ hēguo báijiǔ, wèidào búcuò.

3) 你**登过**富士山吗？　Nǐ dēngguo Fùshìshān ma?

4) 我**没有吃过**北京烤鸭。
　　　Wǒ méiyǒu chīguo Běijīng kǎoyā.　北京烤鸭＝北京ダック

5) 北京烤鸭我**没吃过**。Běijīng kǎoyā wǒ méi chīguo.

6) 我坐飞机去过东京，没坐船去过。
　　　Wǒ zuò fēijī qùguo Dōngjīng, méi zuò chuán qùguo.　船＝汽船、フェリー

7) 那本小说很有意思，我读过两遍。
　　　Nà běn xiǎoshuō hěn yǒuyìsi, wǒ dúguo liǎng biàn.　遍＝回（量詞）

　❗注意：　"没"は否定される部分の前に置く。例5）。
　🔗関連：　「ダブル主語」はコラム「ダブル主語」（184ページ）を参照。
　　　　　　例7）は「17 回数・頻度」を参照。

② …（没／没有）…过…

　🐄意味：　〜したことがある／〜したことがない。
　　　　　　目的語をとらない動詞はあまり多くない。
　📦公式：　**主語 ＋（"没"／"没有"＋）自動詞 ＋ "过"**

1) 这样的事以前发生过。Zhèyàng de shì yǐqián fāshēngguo.　发生＝発生する

2) 这个月我休息过一次。Zhè ge yuè wǒ xiūxiguo yí cì.　休息＝休む

3) 那儿从来没有地震过。Nàr cónglái méiyǒu dìzhènguo.　从来＝これまで

　🔗関連：例2）は「17 回数・頻度」を参照。

③ …（没／没有）…过…

　🐄意味：　〜したことがある／〜したことがない。
　📦公式：　**主語 ＋（"没"／"没有"＋）離合動詞前半 ＋ "过" ＋ 離合動詞後半**

1) 她没滑过雪，我滑过雪。
　　　Tā méi huáguo xuě, wǒ huáguo xuě.　滑雪＝スキーをする

2) 丁丽出过国。Dīng Lì chūguo guó.

3) 我在海里游过泳。Wǒ zài hǎi li yóuguo yǒng.

　❗注意：　離合動詞と"过"を併用する時、"过"は2字で構成する離合動詞の間におく。非離合動詞と"过"の併用時は、2字で構成する動詞の後ろにおく。

🚫 禁止： ✕ 这个星期, 我休过息。
　　　　 ○ 这个星期, 我休息过。　　今週私は休んだことがある。

🔗 関連： コラム「離合動詞」(99ページ) を参照。

④ …(没／没有)…过

　🐄 意味： 〜であったことがある／〜であったことがない。
　　　　　 形容詞と"过"を併用する形はあまり多くない。

　📖 公式： 主語＋("没"／"没有"＋)形容詞＋"过"

1) 今天, 他的房间的灯亮过。Jīntiān, tā de fángjiān de dēng liàngguo.

2) 今年冬天还没有冷过。Jīnnián dōngtiān hái méiyǒu lěngguo.

3) 不知道为什么, 最近他没高兴过。
　　Bù zhīdao wèishénme, zuìjìn tā méi gāoxìngguo.

4) 上午暖气热过一次。Shàngwǔ nuǎnqì règuo yí cì.

　🔗 関連：例4) は「17 回数・頻度」を参照。

12 未来（〜する、〜する予定だ）

キーワード: 将・要・就要・快要・正要・快…了

文型一覧

① 小林下个星期去北京。　　　　　林さんは来週北京に行く。

② 飞机将准时起飞。　　　　　　　飛行機は予定通り離陸する。

③ 2008年，北京将举办世界奥林匹克运动会。
　　　　　　　　　　　　2008年、北京はオリンピックを開催する予定だ。

④ 我们后天不上课。　　　　　　　私達はあさって授業がない。

⑤ 春天快要到了。　　　　　　　　春がまもなく到来する。

用例と説明

① …名詞…動詞…

　🐄 意味：〜する、する予定だ。

　📘 公式：主語 + 未来を表す名詞 + 動詞（+ 目的語）

1) 小林下个星期去北京。Xiǎo Lín xià ge xīngqī qù Běijīng.

2) 我十点半睡觉。Wǒ shí diǎn bàn shuìjiào.

3) 我明天给你打电话。Wǒ míngtiān gěi nǐ dǎ diànhuà.

4) 老王希望孩子将来成为科学家。
　　Lǎo Wáng xīwàng háizi jiānglái chéngwéi kēxuéjiā.　　成为＝〜になる

5) 他们明年十月结婚。Tāmen míngnián shíyuè jiéhūn.

　❗ 注意：未来を表す名詞（時間詞）は主語の前後、どちらにもおくことができる。語句が長くなる場合は前におく方が一般的である。

② *…要／将／正要…動詞*

　🐄 意味： 〜する、する予定だ。
　　　　　　"将""正要"は未来を表す副詞。"要"は未来・意志を表す助動詞。

　📘 公式： 主語＋"要"／"将"／"正要"＋動詞（＋目的語）

1) 飞机将准时起飞。Fēijī jiāng zhǔnshí qǐfēi.　准时＝予定通り
2) 张小文要去京都出差。Zhāng Xiǎowén yào qù Jīngdū chūchāi.
3) A 你洗澡了吗？ Nǐ xǐzǎo le ma?
　　B 还没洗, 我正要去浴室。Hái méi xǐ, wǒ zhèng yào qù yùshì.　浴室＝お風呂

　❋ 対比： 将　　〜しようとする。実現する確実性が高い。
　　　　　　要　　〜するつもりだ。
　　　　　　正要　ちょうど〜するところだ。

③ *…名詞 ＋ 副詞／助動詞…動詞…*

　🐄 意味： 〜する、する予定だ。
　📘 公式： 主語＋未来を表す名詞＋副詞／助動詞＋動詞（＋目的語）

1) 小王明天要来我家。Xiǎo Wáng míngtiān yào lái wǒjiā.
2) 下个星期我要去上海旅游。Xiàge xīngqī wǒ yào qù Shànghǎi lǚyóu.
3) 2008年, 北京将举办世界奥林匹克运动会。
　　Èr líng líng bā nián, Běijīng jiāng jǔbàn Shìjiè Àolínpǐkè Yùndònghuì.
　　举办＝開催する　　奥林匹克＝オリンピック　　运动会＝運動会

　❗ 注意： 未来を表す名詞（時間詞）は主語の前後どちらにもおくことができる。語句が長くなる場合は前におく方が一般的である。

④ *…名詞…不…動詞…*

　🐄 意味： 〜しない、しない予定だ。
　📘 公式： 主語＋未来を表す名詞＋"不"＋動詞（＋目的語）

1) 明年, 我不去留学。Míngnián, wǒ bú qù liúxué.

2) 今天晚上你不喝啤酒吗? Jīntiān wǎnshàng nǐ bù hē píjiǔ ma?

3) 我们后天不上课。Wǒmen hòutiān bú shàngkè.　后天=明後日

> ❗注意：未来を表す名詞（時間詞）は主語の前後どちらにもおくことができる。語句が長くなる場合は前におく方が一般的である。
> 否定文に"要"は使えない。"将"は否定文でも使用可能、否定文では必ず"不"の前に"将"をおく。

> 🚫禁止：× 明年我不要去留学。
> × 明年我要不去留学。
> ○ 明年我不去留学。　来年私は留学しない。
> 　　　　　　　　　　　　　　　予定がない、意志がない
> ○ 明年我将不去留学。来年私は留学しないようになった。
> 　　　　　　　　　　　　　　　将来の状況への変更

⑤ …就要／快要／要／快…了

> 🐄意味：間もなく〜になる。
> 文末の"了"は「未来変化」、未来に対する判断を表す。否定形がない。

> 📖公式：**主語＋"就要"／"快要"／"要"／"快"＋動詞／形容詞＋"了"**

1) 春天快要到了。Chūntiān kuàiyào dào le.

2) 天要亮了。Tiān yào liàng le.

3) 图书馆要关门了。Túshūguǎn yào guānmén le.　关门=営業が終了する

4) 水就要开了。Shuǐ jiù yào kāi le.　开=沸騰する

5) 快下雨了。Kuài xiàyǔ le.

> ❎対比：要…了、快…了　　もうすぐ〜になる
> 　　　　快要…了　　　　間もなく〜になる
> 　　　　就要…了　　　　いますぐ〜になる

🚫 禁止： × 秋天正要到了。
　　　　 × 我快要去上课。
　　　　 ○ 秋天**快要**到了。　秋は間もなくやってくる。
　　　　 ○ 我**正要**去上课。　私はちょうど授業にでていくところだ。

🔗 関連：「08 変化」を参考。

Column　　文の構成 (2)　動詞述語文

(状態語＋) 限定語 ＋ **主語** ＋ 状態語 ＋ **述語** ＋ 補語 ＋ 限定語 ＋ **目的語**
　　　　　　主部　　　　　　　　　　　　　　　　述部

名詞+量詞+名詞　代詞+助詞　名詞　　副詞　　他動詞　動詞+助詞　数+量+形容詞+助詞　名詞
① 上个星期三，　我的　　**朋友**　终于　　**买**　　**到了**　　一件漂亮的　　**大衣**。
　 状態語　　　 限定語　 主語　 状態語　 述語　　補語　　　　限定語　　　　目的語
　　　　　　　先週の水曜日、私の友達はやっときれいなコートを買えた。

　 名詞　　代詞　　名詞　　代詞+副詞　自動詞　副詞　動詞
② 昨天，　我　　**爸爸**　怎么也　　　**睡**　　　不着　。
　 状態語　限定語　主語　　状態語　　　述語　　　補語
　　　　　　昨日私のお父さんはなかなか寝つけなかった。

　赤い部分は文の主幹部分、黒い部分は副次的部分である。一般的な文は、主部と述部より成り立つ。主部の中心語は主語、述部の中心語は述語である。例にあげた図は、一般的な語順をしめす。文によっては、主語や述語を持たないものもある。自動詞は目的語を併わないため②の文型が使われる。

　ことばは「生き物」であり、様々に変化することがあるが、これがことばのおもしろい所である。

次頁答：① 1) C　2) D　3) A　4) B　5) F　6) E　7) G　8) H
　　　　② 1) B　2) B　3) A　4) A

練習 11・12

① ☐ の選択肢から最も適当なものを選び空欄をうめましょう（それぞれ1度しか使えません）。

> A 过　B 明年　C 没有　D 要　E 没　F 坐　G 哭　H 快要

1) 我_____登过富士山。

2) 我下个月_____去北京旅游。

3) 你没看_____中国的杂志吗？

4) 小丽_____结婚。

5) 新干线你_____过吗？　新干线 Xīngànxiàn 新幹線

6) 他_____有来过东京。

7) 孩子今天没有_____过。

8) 新年_____到了。

② 正しい文をマークしましょう。

1) A 明天我没看电影。
   B 明天我不看电影。

2) A 小王在第一大学学过习英语。
   B 小王在第一大学学习过英语。

3) A 我还没吃饭，正要去食堂。
   B 我还没吃饭，快要去食堂。

4) A 她看过那个电影。
   B 她看那个电影过。

⬅ 練習の解答は前頁にあります。

13 行為の進行（〜している）

キーワード　在・正・正在・呢

文型一覧

① 你正在找什么? あなたは何を探しているの。

② 小王在游泳。 王さんは泳いでいるところだ。

③ 你听，有人敲门呢。 聞いて、誰かがドアを叩いているよ。

④ 最近她没在打工。在干什么，我不清楚。
最近彼女はアルバイトをしていない。何をしているのか、私はよく知らない。

⑤ 她在看杂志，不是在看小说。
彼女は雑誌を読んでいるので、小説を読んでいるのではない。

用例と説明

① …正／在／正在…呢

- 意味：〜しているところ。
  以下の6文型はいずれも進行を表す。話し手の注意の対象や強調する個所に若干の相違がある。"正"は時間に"在"はその状態に、"正在"はその両方に話し手の注意が向けられる。"呢"の併用は口語的表現になる。
- 公式：以下の1〜6は、同じ公式・文型の変化形である。
  文型2の"…正…"については条件として提示する場合を除き、ほとんど使用しない。以下同じ。

  | 1 主語＋"在"＋他動詞＋目的語 |
  | 2 主語＋"正"＋他動詞＋目的語 |

> 3 主語 +"正在"+ 他動詞 + 目的語
> 4 主語 +"在"+ 他動詞 + 目的語 +"呢"
> 5 主語 +"正"+ 他動詞 + 目的語 +"呢"
> 6 主語 +"正在"+ 他動詞 + 目的語 +"呢"

1) 他在穿上衣。Tā zài chuān shàngyī.　上衣=上着

2) 这几天, 我正准备考试, 忙得很。
　　Zhè jǐ tiān, wǒ zhèng zhǔnbèi kǎoshì, máng de hěn.　考试=試験

3) 你正在找什么? Nǐ zhèngzài zhǎo shénme?　找=探す

4) 小王在看电视呢。Xiǎo Wáng zài kàn diànshì ne.

5) 我正写作业呢, 你别开收音机。
　　Wǒ zhèng xiě zuòyè ne, nǐ bié kāi shōuyīnjī.　开=つける　收音机=ラジオ

6) 王老师正在上课呢。Wáng Lǎoshī zhèngzài shàngkè ne.

　　对比：他在扎领带。　　彼はネクタイをしている。
　　　　　　　　　　　　　　　　　ネクタイをしめる動作をしている
　　　　　他扎着领带。　　彼はネクタイをしている。
　　　　　　　　　　　　　　　　　ネクタイをしている (状態が続いている)

　　関連：「15 状態の持続」を参照。

② …正／在／正在…呢

　　意味：〜しているところ。
　　公式：主語+"正"／"在"／"正在"+ 自動詞／離合動詞 (+"呢")
　　文型①と同様 6 文型が存在する。

1) 她正在休息呢。Tā zhèngzài xiūxi ne.

2) 丁丽正散步, 手机响了。Dīng Lì zhèng sànbù, shǒujī xiǎng le.　响=鳴る

3) 小王在游泳。Xiǎo Wáng zài yóuyǒng.

③ …呢

　　意味：〜しているところ。
　　　　　"呢"の使用は口語的ニュアンスになる。
　　公式：主語 + 動詞 (+ 目的語) +"呢"

1) 孩子们在外边玩儿呢。Háizimen zài wàibian wánr ne.　玩儿=遊ぶ

2) 你看什么呢？Nǐ kàn shénme ne?

3) 你听,有人敲门呢。Nǐ tīng, yǒu rén qiāomén ne.　敲门=ドアを叩く

④ 没在…

🐄 **意味**：〜していない。

📙 **公式**：**主語＋"没在"＋動詞（＋目的語）**

1) 我没在看新闻,在看电视剧呢。
   Wǒ méi zài kàn xīnwén, zài kàn diànshìjù ne.　电视剧=ドラマ

2) 小李没在睡觉,在写日记。
   Xiǎo Lǐ méi zài shuìjiào, zài xiě rìjì.

3) 最近她没在打工。在干什么,我不清楚。
   Zuìjìn tā méi zài dǎgōng. Zài gàn shénme, wǒ bù qīngchu.　清楚=知っている

❗ **注意**：進行を表現する肯定形は多数存在するが、否定形は多くない。否定形は「"没在"＋動詞」のカタチになる。否定形では"正在""正""呢"は残らない。"不在""没正"の誤用に注意。

🚫 **禁止**：
×丁丽不在洗衣服,在做饭。
×丁丽没正洗衣服,在做饭。
×丁丽没在洗衣服呢,在做饭。
×丁丽没正在洗衣服,在做饭。
×丁丽没正洗衣服呢,在做饭。
○丁丽没在洗衣服,在做饭。

　　　　　　丁麗さんは洗濯をしていない、ご飯を作っている。

⑤ 不是在…

🐄 **意味**：〜しているのではない／〜していたのではない。

「進行していない」ことを表現するには、文型④の"没在"を用いるが「進行している事柄」すべてを否定する場合は、文型⑤の"不是在"を用いる。識別や弁別の意味を含み、対比する肯定文を併用する形が多用される。

📖 公式：**主語＋"不是在"＋動詞（＋目的語）**

1) 小林在洗澡，不是在洗衣服。Xiǎo Lín zài xǐzǎo, bú shì zài xǐ yīfu.

2) 她是在玩电子游戏，不是在用电脑写报告。
   Tā shì zài wán diànzǐ yóuxì, bú shì zài yòng diànnǎo xiě bàogào.
   电子游戏＝テレビゲーム、電子ゲーム

3) 她在看杂志，不是在看小说。Tā zài kàn zázhì, bú shì zài kàn xiǎoshuō.

14 同時行為（〜しながら…する）

キーワード 🔑 边…边… ・ 一边…一边… ・ …着…着

文型一覧

① 她**边**看电视，**边**打毛衣。
　　　　　　　　　　　　　彼女はテレビを見ながら、セーターを編む。

② 孩子们唱**着**跳**着**。　　　　　　　子供たちは歌って踊る。

用例と説明

① （一）边…，（一）边…

🐄 意味：〜しながら…する。例1)〜3)。
　　　　〜する一方で…もする。例4)〜6)。
　　　　否定形はない。

📖 公式：主語＋"(一)边"＋動詞(＋目的語),"(一)边"＋動詞(＋目的語)

1) 她**边**看电视，**边**打毛衣。Tā biān kàn diànshì, biān dǎ máoyī.　　打=編む

2) 孩子们**一边**唱歌，**一边**跳舞。Háizimen yìbiān chànggē, yìbiān tiàowǔ.

3) 老林**边**喝咖啡，**边**看报纸。Lǎo Lín biān hē kāfēi, biān kàn bàozhǐ.

4) 我**一边**打工，**一边**上研究生。　研究生＝大学院生
　　Wǒ yìbiān dǎgōng, yìbiān shàng yánjiūshēng.

5) 小丁**边**学英语，**边**学德语。Xiǎo Dīng biān xué Yīngyǔ, biān xué Déyǔ.

6) 小美**边**和小力谈恋爱，**边**和丈夫打官司离婚。　打官司＝訴訟をおこす
　　Xiǎo Měi biān hé Xiǎo Lì tán liàn'ài, biān hé zhàngfu dǎ guānsī líhūn.

　❗注意：二つ以上の動作が時間の長短に関係なく、同時に行われることを表す。但し、二つ以上の動作が行われる時間の長さは必ず一致す

る。一方が長い時間内に行われ、もう一方がそれよりも短い時間に行われるようなことはない。

🔗 関連：「15 状態の持続」「13 行為の進行」を参照。文型②も同じ。

② …着…着

　　💡 意味： 〜して…する。
　　　　　　身体動作に関係の深い動詞に多用される。否定形はない。

　　📖 公式： 主語 ＋ 動詞① ＋ "着" ＋ 動詞② ＋ "着"

1) 她们说着笑着，开心极了。
　　Tāmen shuōzhe xiàozhe, kāixīnjí le.　　开心＝うれしい

2) 林老师在纸上写着画着。Lín Lǎoshī zài zhǐ shang xiězhe huàzhe.

3) 孩子们唱着跳着。Háizimen chàngzhe tiàozhe.

15 状況の持続（〜している）

キーワード 着・没…着・呢

文型一覧

① 电视开着, 收音机没开着。
　　　　　　　テレビはついているが、ラジオはついていない。

② 他戴着眼镜, 没戴手表。
　　　　　　　彼は眼鏡をかけているが、腕時計はしていない。

③ 她脸红着, 不说话。　　　彼女は顔を赤くして、何も言わなかった。

用例と説明

① （没／没有）…着…（呢）

🐂 **意味**：〜している、〜ている。

目的語を伴わない形。"着"の前の動詞は、一般的な行為を表す動詞ではなく、身体動作を表す動詞で多用する。一般的な行為動詞は「行為の進行」を表すが、"着"は状態を描写することに基本的意味を持つ。否定形は多くない。

"呢"を文末におくこともできるが、否定文では"呢"は消える。"呢"を使用すると口語的表現になる。

📖 **公式**：主語 ＋ 自動詞 ＋ "着" ＋ (呢)
　　　　　主語 ＋ "没"／"没有" ＋ 自動詞 ＋ "着"

1) 电视开着, 收音机没开着。Diànshì kāizhe, shōuyīnjī méi kāizhe.

2) A　雪下着吗? Xuě xiàzhe ma?　下＝ふる
　 B　雪下着呢。Xuě xiàzhe ne.

3) 吴云慢慢地走着。Wú Yún mànman de zǒuzhe.　慢慢=ゆっくり

4) 老王站着做饭。小王坐着喝啤酒。
　　　Lǎo Wáng zhànzhe zuòfàn. Xiǎo Wáng zuòzhe hē píjiǔ.

5) 游乐园里，一个孩子哭着找妈妈。
　　　Yóulèyuán li, yí ge háizi kūzhe zhǎo māma.　游乐园=遊園地

6) 他躺着看电视呢。Tā tǎngzhe kàn diànshì ne.　躺=横になる

　　🎵 関連：例4)・5)・6)は、「**14** 同時行為」を参照。

② (没／没有)…"着"…(呢)

　　🐄 意味：　～している、～ている。
　　　　　　　目的語を伴う形。

　　📘 公式：　主語 + 他動詞 + "着" + 目的語 (+ "呢")
　　　　　　　主語 + "没"／"没有" + 他動詞 + "着" + 目的語

1) 老林穿着黑色的大衣，戴着白色的帽子。
　　　Lǎo Lín chuānzhe hēisè de dàyī, dàizhe báisè de màozi.

2) 丁丽拿着几本杂志。Dīng Lì názhe jǐ běn zázhì.

3) 你带着钱包呢吗？Nǐ dàizhe qiánbāo ne ma?

4) 他戴着眼镜，没有戴手表。Tā dàizhe yǎnjìng, méiyǒu dài shǒubiǎo.

5) 墙上挂着一张画儿，没挂着地图。　张=(量詞)　墙=壁　画儿=絵
　　　Qiáng shang guàzhe yì zhāng huàr, méi guàzhe dìtú.

　　❗ 注意：　目的語が長いフレーズとなる場合は、"呢"との併用は避ける方がよい。
　　　　　　　持続を表す"着"は否定文では消すことができる場合もあるが、初心者は「消さない」と覚える方が妥当である。

　　❌ 対比：　持続と進行は日本語訳からでは判断しにくいが、目的語を伴う形や状況から相違を判断できる。例えば、
　　　　　　　穿着上衣。　　　　　　　(裸でなく)上着を着ている状態が持続
　　　　　　　在穿上衣。　　　　　　　(袖を通し、ボタンをはめるなどの)上着を着る動作が進行

　　🎵 関連：「**13** 行為の進行」を参照。例5)は「**46** 存在」を参照。

③ （没／没有）…着…（呢）

> 意味： 〜の状態が続いている。
> 形容詞の後ろに"着"を伴い、その形容詞が表す状態の持続を表す。自然現象や人の心理状態などの持続を表現する。
> 否定形はあまり多くない。残存状態を示す否定文の"着"は残るが、否定文では"呢"が消える。

> 公式： 主語 + 形容詞 + "着"（+ "呢"）
> 主語 + "没"／"没有" + 形容詞 + "着"

1) 天黑着呢。你再睡一会儿吧。
   Tiān hēizhe ne. Nǐ zài shuì yíhuìr ba.　黑＝暗い

2) 她脸红着, 不说话。Tā liǎn hóngzhe, bù shuōhuà.　脸＝顔

3) A　小方的房间的灯亮着呢吗?
   　　Xiǎo Fāng de fángjiān de dēng liàngzhe ne ma?
   B　灯没亮着。Dēng méi liàngzhe.　亮＝光る、つく

4) A　小丁最近忙着干什么呢? Xiǎo Dīng zuìjìn mángzhe gàn shénme ne?
   B　她想去美国留学, 忙着打工攒钱。
   　　Tā xiǎng qù Měiguó liúxué, mángzhe dǎgōng zǎnqián.　攒钱＝貯金する

次頁答： ① 1) B 2) D 3) F 4) E 5) A 6) H 7) C 8) G
　　　　② 1) B 2) A 3) B 4) B

練習 13・14・15

① ☐の選択肢から最も適当なものを選び空欄をうめましょう（それぞれ1度しか使えません）。

> A 正在　B 着　C 坐　D 正　E 呢　F 没　G 着,着　H 边,边

1) 躺_____看书对眼睛不好。　眼睛 yǎnjing 目

2) 丁丽_____在读新买的小说呢。

3) 他_____在写信，在写文章呢。

4) 今天星期天，大家都在家休息_____。

5) 田中教授_____研究中国哲学。

6) 小田_____打工，_____上大学。

7) 李文东静静地_____着，不说话。

8) 他们说_____唱_____，很开心。

② 正しいものをマークしましょう。

1) A 林东海散步着。
   B 林东海在散步。
2) A 老田没笑着。
   B 老田没笑着呢。
3) A 我边喝茶,一边看电视。
   B 我一边喝茶,一边看电视。
4) A 王明今天在穿大衣,在戴帽子。
   B 王明今天穿着大衣,戴着帽子。

⬅ 練習の解答は前頁にあります。

16 時間的な量（〜間）

キーワード 分钟・小时・天・星期・月・年

文型一覧

① 运动会开了**三天**。　　　　運動会が三日間開催された。

② 我上了**三年**初中，**三年**高中。
　　　　　　　　　　　　　私は中学に三年、高校に三年通った。

③ 丁丽学法语学了**两年多**了。
　　　　　　　　　　丁麗さんはフランス語を勉強して二年あまりになった。

④ 春节放假放**五天**。　　　　旧正月は五日間休みになる。

⑤ 去年我休了**一个月**的假。　去年私は一ヶ月間の休みをとった。

用例と説明

① …時間量…

意味： どのくらいの時間〜する、した。
時間量は過去、現在、未来の制限をうけない。"了"を伴うものは、完了や実現を表す。

公式： 主語 ＋ 自動詞 ＋（"了"＋）時間の量

1) 运动会开了**三天**。Yùndònghuì kāile sān tiān.　　开＝開催する

2) 孩子们在那儿玩了**一个多小时**了。
　　Háizimen zài nàr wánle yí ge duō xiǎoshí le.

3) 她每天跑**三十分钟**。Tā měi tiān pǎo sānshí fēnzhōng.　　跑＝ランニングをする

4) 雨下了**一个小时**，不是**两个小时**。
　　Yǔ xiàle yí ge xiǎoshí, bú shì liǎng ge xiǎoshí.

> ⚠️ **注意**：否定文は時間量にあえて訂正を加える場合にのみ使われる。例4）がその形。
> 動詞の後ろと文末に"了"が二回使われるとき、表記された時間で終了することなく継続されていくニュアンスを表現する。

> ❎ **対比**：运动会开了三天了。　　運動会は三日間開催された。
> 　　　　　　　　　　　　　　　　*運動会が三日で閉幕せず、さらに続く様子を表現*
>
> 　　　　　运动会开了三天。　　　運動会は三日間開催された。
> 　　　　　　　　　　　　　　　　*運動会がすでに終了した状態を表現*
>
> 　　　　　运动会开三天。　　　　運動会を三日間開催する。
> 　　　　　　　　　　　　　　　　*予定を表現*

> 🚫 **禁止**：× 我每天半个小时跑。
> 　　　　　 ○ 我每天跑半个小时。　　私は毎日三十分間ランニングをする。

② …時間量…

> 💡 **意味**：どのくらいの時間〜をする、した。
> 📘 **公式**：**主語 ＋ 他動詞 ＋（"了"＋）時間の量（＋"的"）＋目的語**

1) 昨天, 我看了两个小时的小说。
　　Zuótiān, wǒ kànle liǎng ge xiǎoshí de xiǎoshuō.

2) 我上了三年初中、三年高中。
　　Wǒ shàngle sān nián chūzhōng, sān nián gāozhōng.

3) 丁丽学了两年多的法语了。Dīng Lì xuéle liǎng nián duō de Fǎyǔ le.

4) 你每天学多长时间日语？Nǐ měi tiān xué duō cháng shíjiān Rìyǔ.

5) 我想明年学半年书法。Wǒ xiǎng míngnián xué bànnián shūfǎ.　　书法＝書道

> ⚠️ **注意**：目的語が人称代名詞でない場合は、時間量は動詞と目的語の間におくことができる。この場合、時間量と目的語の間に"的"をおくこともできる。目的語、動詞、時間量の位置関係はミスを犯しやすいので要注意。

> ❎ **対比**：她学了两年的法语了。　　彼女はフランス語を二年間学んだ。
> 　　　　　　　　　　　　　　　　　*これからさらに続ける予定*
>
> 　　　　　她学了两年的法语。　　　彼女はフランス語を二年間学んだ。
> 　　　　　　　　　　　　　　　　　*二年間で終了*

🚫 **禁止：** ✗ 我每天两个小时看电视。
　　　　　○ 我每天看两个小时电视。　私は毎日二時間テレビを見る。

③ …*時間量*…

　🐮 **意味：** どのくらいの時間～をする、した。
　　　　　文型②と同じ内容を表現、動詞を二回使用する形。

　📖 **公式：** 主語 ＋ 他動詞① ＋ 目的語 ＋ 他動詞① ＋（"了"＋）時間の量

1) 老林每天看报纸看半个小时。
　Lǎo Lín měi tiān kàn bàozhǐ kàn bàn ge xiǎoshí.

2) 王小明写作业写了四十分钟了。
　Wáng Xiǎomíng xiě zuòyè xiěle sìshí fēnzhōng le.

3) 丁丽学法语学了三年多了。Dīng Lì xué Fǎyǔ xuéle sān nián duō le.

4) 我们等她等了半个小时了。Wǒmen děng tā děngle bàn ge xiǎoshí le.

5) 我找你找了一个多小时。你去哪儿了？
　Wǒ zhǎo nǐ zhǎole yí ge duō xiǎoshí. Nǐ qù nǎr le?

6) 我找钥匙找了一个小时。Wǒ zhǎo yàoshi zhǎole yí ge xiǎoshí.

　❗ **注意：** 目的語が人称代名詞でないときは、文型②の言い方も可能。
　　　　　目的語が人称代名詞のときにも、動詞を一度だけ使用する方法はあるが、文型②は使えない。以下に対比するが、作文などでは、動詞を二回使用する表現法を勧める。

　❈ **対比：** ○ 我找钥匙找了一个小时。　私はカギを一時間探した。
　　　　　○ 我找了一个小时的钥匙。　*ほぼ同じ意味を表す*
　　　　　✗ 我找了钥匙一个小时。
　　　　　○ 我找你找了一个小时。　私はあなたを一時間探した。
　　　　　○ 我找了你一个小时。　*ほぼ同じ意味を表す*
　　　　　✗ 我找了一个小时的你。

④ …*時間量*…

　🐮 **意味：** どのくらいの時間～をする、した。

離合動詞を使用した形。離合動詞の二文字が「V＋O」構造をとるため、「離合動詞＋離合動詞前半」は「V＋O＋V」となり公式③と同じ形になる。

📕 公式： **主語 ＋ 離合動詞 ＋ 離合動詞前半 ＋（"了"＋）時間の量**

1) A　昨天, 你上网上了多长时间?
　　　Zuótiān, nǐ shàngwǎng shàngle duō cháng shíjiān?
　 B　上了四个小时。Shàngle sì ge xiǎoshí.

2) 她每天游泳游一个小时。Tā měi tiān yóuyǒng yóu yí ge xiǎoshí.

3) 春节放假放五天。Chūnjié fàngjià fàng wǔ tiān.

　🚫 禁止：　× 她每天一个小时游泳。
　　　　　　× 她每天游泳一个小时。
　　　　　　○ 她每天游泳游一个小时。　　彼女は毎日一時間泳ぐ。

　🔗 関連：　コラム「離合動詞」（99ページ）を参照。以下同じ。

⑤ …時間量…

　🐷 意味：　どのくらいの時間〜する、した。
　　　　　　文型②の離合動詞を使用した形。離合動詞の二文字が「V＋O」構造をとるため、離合動詞の前半を動詞、後半を目的語とみなし、その間に時間量を挿入した形。

　📕 公式：　**主語 ＋ 離合動詞前半 ＋（"了"＋）時間の量（＋"的"）**
　　　　　　＋ 離合動詞後半

1) 去年我休了一个月的假。Qùnián wǒ xiūle yí ge yuè de jià.

2) 每星期我打三天工。Měi xīngqī wǒ dǎ sān tiān gōng.

3) 今天上午, 我上了三个小时的网。
　　Jīntiān shàngwǔ, wǒ shàngle sān ge xiǎoshí de wǎng.

　✳️ 対比：　她每天游泳游一个小时。　　彼女は毎日一時間泳ぐ。
　　　　　　她每天游一个小时泳。　　　　ほぼ同じ意味を表す

　🚫 禁止：　× 每星期我打工三天。
　　　　　　× 每星期我三天打工。

○毎星期我打三天工。　　　　　毎週私は三日アルバイトをする。
○毎星期我打工打三天。　　*ほぼ同じ意味を表す*
○毎星期我三天打工，三天上课，一天休息。
　　　　　毎週私は三日アルバイトをし、三日学校に行き、一日休みをとる。

Column　　　　動詞の種類

中国語の動詞を分類することは難しい課題であるが、基本的にいくつかの基準が存在する。

一、目的語の有無、目的語との関係
1　他動詞（目的語を伴う）　　吃，看，打，收拾，批判，访问…
2　自動詞（目的語を伴わない）　站，躺，毕业，休息，送行…
3　離合動詞（動詞内部の後ろの一文字が目的語の役目を果たすため、動詞の後ろにさらなる目的語をとれない。詳しくはコラム「離合動詞」（99ページ）を参照）
　　游泳，打工，上街，下课，说话，做饭…

二、動詞の内容と意味
1　行為動詞　　　　说，写，唱，学习，研究，整理…
2　心理様態動詞　　爱，喜欢，恨，讨厌…
3　関係動詞　　　　是，有，叫，当，成为…
4　能願動詞　　　　要，想，打算，能，可以，愿意…

三、センテンス内の位置関係
1　述語動詞（動詞が述語の位置におかれ、述語の役目を果たす）
　　我们学习数学。他们研究哲学。
2　主語・目的語動詞、あるいは名詞性動詞（本来の動詞としての役割を失い、名詞的機能をもち、主語、目的語としての役目を果たす）
　　我的爱好是学习。研究是张教授的工作。

17 回数・頻度（〜回、〜度、また〜）

キーワード　次・遍・再・又

文型一覧

① 暖气每天热**三次**。　　　　　　　ヒーターは毎日三回熱くなる。
② 邮递员每天来**一次**。　　　　　　郵便配達人は毎日一度来る。
③ 今天上午我给朋友打了**三次**电话。
　　　　　　　　　今日の午前中、私は友達に三回電話をかけた。
④ 我去过奈良**三次**。　　　私は奈良に三度行ったことがある。
⑤ 丁丽看那本小说看过**五遍**。
　　　　　　　　　丁麗さんはあの小説を五回読んだことがある。
⑥ 他结过**两次**婚。　　　　彼は二度結婚したことがある。
⑦ 我在海里游泳游过**一次**。　私は海で一度泳いだことがある。
⑧ 昨天我刷了两次牙，**不是**刷了**三次**。
　　　　　　　　私は昨日二回歯を磨いたので、三回磨いたのではない。
⑨ 我去过**一次**美国，**没**去过**两次**。
　　　　　　私はアメリカに一度行ったことがあるだけで、二度行ってはいない。
⑩ 我没有听懂，请**再**说**一遍**。
　　　　　　　　聞き取れなかったので、もう一度話して下さい。

用例と説明

① …（过／了）…次

　🐷 意味：　〜回…なる、なった、なったことがある。
　📖 公式：　主語 ＋ 形容詞 ＋（"过"／"了"＋）数詞 ＋ "次"

1) 暖气每天热三次, 但昨天热了一次。
   Nuǎnqì měi tiān rè sān cì, dàn zuótiān rèle yí cì.

2) 暖气今天热过两次了。Nuǎnqì jīntiān règuo liǎng cì le.

3) 树叶每年秋天红一次。Shùyè měi nián qiūtiān hóng yí cì.

② …(过／了)…次

- 意味： 〜回…する、した、したことがある。
- 公式： 主語 + 自動詞 +（"过"／"了"+）数詞 + "次"

1) 邮递员每天来一次。Yóudìyuán měi tiān lái yí cì.　邮递员＝郵便配達人

2) 你失败过几次？Nǐ shībàiguo jǐ cì?　失败＝失敗する

3) 今天, 孩子哭了三次了。Jīntiān, háizi kūle sān cì le.　哭＝泣く

4) 樱花每年开一次。Yīnghuā měi nián kāi yí cì.　樱花＝桜　开＝咲く

- 対比： 孩子哭了三次了。　　あの子は三回泣いた。
  この後また泣く可能性が高い

　　　　　孩子哭了三次。　　あの子は三回泣いた。
  三回泣いた事実の確認であり、また泣くかどうかは不明

- 関連：「16 時間的な量」の文型③の説明を参照。

③ …(过／了)…次／遍…

- 意味： 〜回…する、した、したことがある。
  例4) は目的語を文の先頭においた形、目的語を強調。
  目的語が物、場所、人のとき、動量詞の後ろにおくことも可能である。但し、人、場所は固有名詞にかぎる。代名詞（"他""我""那儿"など）は動量詞の後ろにおくことはできない。代名詞のときは文型④を使い、動量詞の前におく。
- 公式： 主語 + 他動詞 +（"过"／"了"+）数詞 + "次"／"遍" + 目的語

1) 我去过三次奈良。Wǒ qùguo sān cì Nàiliáng.

2) 今天上午我给朋友打了三次电话。
   Jīntiān shàngwǔ wǒ gěi péngyou dǎ le sān cì diànhuà.

3) 那部电影很好看，我看过两遍。
   Nà bù diànyǐng hěn hǎokàn, wǒ kànguo liǎng biàn.　部＝(量詞)

4) 这种药一天吃四次。Zhè zhǒng yào yì tiān chī sì cì.

5) 昨天，我找了三次王老师，她都不在。
   Zuótiān, wǒ zhǎole sān cì Wáng Lǎoshī, tā dōu bú zài.

6) 老李住院了。我去医院看过两次老李了。　住院＝入院する　看＝見舞う
   Lǎo Lǐ zhùyuàn le. Wǒ qù yīyuàn kànguo liǎng cì Lǎo Lǐ le.

> ❗ 注意：　"次"と"遍"の意味の相違に注意。"次"などの動作量の位置は、ミスを犯しやすいので要注意。

> ✖ 対比：　"次"は動作の回数を表す。
> 　　　　"遍"も回数を表すが、動作の始めから終わりまでの過程に注意がむけられる。

> 🚫 禁止：　× 我三次喝过啤酒。
> 　　　　× 我喝过啤酒三次。
> 　　　　○ 我喝过三次啤酒。　　私はビールを三回飲んだことがある。
> 　　　　△ 那本小说我看了两次。
> 　　　　○ 那本小说我看了两遍。　私はあの小説を二回読んだことがある。

> 🔗 関連：「11 経験」「09 行為の完了」を参照。

④ …(过／了)…次／遍

> 📖 意味：　〜回…する、した、したことがある。
> 　　　　目的語は人か場所に限る。一般的なものは動量詞の後ろにくる文型③を使う。人か場所であれば、固有名詞、代名詞ともに可能。

> 📐 公式：　**主語＋他動詞＋("过"／"了"＋)数詞＋目的語＋"次"／"遍"**

1) 我去过奈良三次。Wǒ qùguo Nàiliáng sān cì.

2) 我儿子在北京工作，我每年去北京两次。
   Wǒ érzi zài Běijīng gōngzuò, wǒ měi nián qù Běijīng liǎng cì.　儿子＝息子

3) 昨天，我找了你三次，你都不在。
   Zuótiān, wǒ zhǎole nǐ sān cì, nǐ dōu bú zài.

4) 我去医院看过老李两次了。Wǒ qù yīyuàn kànguo Lǎo Lǐ liǎng cì le.

- ❗ 注意： 目的語が人名、地名のとき、動量詞の前後どちらでも可能。名詞、代名詞のときは、動量詞の前におく。
  - ○ 我去过奈良三次。 　　　私は奈良に三回行ったことがある。
  - ○ 我去过三次奈良。 　　　*ほぼ同じ意味を表す*
  - ○ 我找过两次王老师。 　　私は王先生を二回探した。
  - ○ 我找过王老师两次。 　　*ほぼ同じ意味を表す*
  - × 小王喝过啤酒两次。
  - ○ 小王喝过两次啤酒。 　　王さんはビールを二回飲んだことがある。
  - × 我找过两次他。
  - ○ 我找过他两次。 　　　　私は彼を二回探した。

⑤ …(过／了)…次／遍

- 🐷 意味： ～回…をする、～をした、～をしたことがある。
  文型③、④と同じ内容を表現し、動詞を二回使用する形。動詞を二回使用する形は目的語の種類による制限を受けないため、初心者には理解が容易である。

- 📖 公式： **主語 ＋ 他動詞① ＋ 目的語 ＋ 他動詞① ＋ ("过"／"了"＋) 数詞 ＋ "次"／"遍"**

1) 我去奈良去过三次。 Wǒ qù Nàiliáng qùguo sān cì.
2) 丁丽看那本小说看过五遍。 Dīng Lì kàn nà běn xiǎoshuō kànguo wǔ biàn.
3) 我吃烤鸭吃过两次。 Wǒ chī kǎoyā chīguo liǎng cì.
4) 我一个星期买东西买三次。 Wǒ yí ge xīngqī mǎi dōngxi mǎi sān cì.
5) 昨天，我找你找了三次，你都不在。
   Zuótiān, wǒ zhǎo nǐ zhǎole sān cì, nǐ dōu bú zài.

- 🚫 禁止： × 我去上海过一次。
  - ○ 我去上海去过一次。 　　私は上海へ一度行ったことがある。
- ❌ 対比： 我吃烤鸭吃过两次。 　　私は北京ダックを二度食べたことがある。
  - 我吃过两次烤鸭。 　　　*ほぼ同じ意味を表す*

⑥ …(过／了)…次…

- 🐷 意味： ～回…をする、した、したことがある。

🔶 公式： 主語＋離合動詞前半＋("过"／"了"＋)数詞＋"次"＋離合動詞後半

1）A 你每天上几次网？
　　Nǐ měi tiān shàng jǐ cì wǎng?　上网＝インターネットを利用する
　B 我每天上三次网。Wǒ měi tiān shàng sān cì wǎng.

2）去年我休了两次假。Qùnián wǒ xiūle liǎng cì jià.

3）他结过两次婚。Tā jiéguo liǎng cì hūn.

4）我在海里游过三次泳。Wǒ zài hǎi li yóuguo sān cì yǒng.

🚫 禁止：× 他两次结婚过。
　　　　 ○ 他结过两次婚。　彼は二度結婚したことがある。

🔗 関連：コラム「離合動詞」(99ページ) を参照。⑦も同じ。

⑦ …(过／了)…次

🐖 意味：〜回…をする、した、したことがある。
　　　　文型⑥と同じ内容を表現、動詞を二回使用する形。

🔶 公式：主語＋離合動詞＋離合動詞前半＋("过"／"了"＋)数詞＋"次"

1）今天我刷牙刷了一次。Jīntiān wǒ shuāyá shuāle yí cì.　刷牙＝歯を磨く

2）第一大学一年放假放两次。Dì-yī Dàxué yì nián fàngjià fàng liǎng cì.

3）每个星期我打工打三次。Měi ge xīngqī wǒ dǎgōng dǎ sān cì.

4）我在海里游泳游过一次。Wǒ zài hǎi li yóuyǒng yóuguo yí cì.

❌ 対比：昨天她刷牙刷了三次。　　昨日彼女は歯を三回磨いた。
　　　　昨天她刷了三次牙。　　　ほぼ同じ意味を表す

⑧ …不是…次／遍

🐖 意味：〜X回するではない、〜X回したのではない、〜X回したことがあるのではない。
　　　　動作行為そのものを否定する否定形はない。否定形は回数に訂正を加える場合に限られる。

🔶 公式：…,"不是"＋数詞＋"次"／"遍"

1) 今天上午他去了两次洗手间，不是一次。
   Jīntiān shàngwǔ tā qùle liǎng cì xǐshǒujiān, bú shì yí cì.　洗手间=トイレ

2) 去年下过四次大雪，不是三次。
   Qùnián xiàguo sì cì dà xuě, bú shì sān cì.

3) 他每个月看三次电影，不是两次。
   Tā měi ge yuè kàn sān cì diànyǐng, bú shì liǎng cì.

4) 暖气一天热三次，不是四次。Nuǎnqì yì tiān rè sān cì, bú shì sì cì.

5) 那本小说我看过两遍，不是三遍。
   Nà běn xiǎoshuō wǒ kànguo liǎng biàn, bú shì sān biàn.

6) 上午我吸了五次烟，不是六次。Shàngwǔ wǒ xī le wǔ cì yān, bú shì liù cì.

> **対比**：我没去过东京。　　　　私は東京に行ったことがない。　　**普通**
>   　　　东京我一次也没去过。東京に私は一度も行ったことがない。**強調**
>   　　　东京我一次都没去过。東京に私は一度も行ったことがない。**強調**
>
> **関連**：「51 強調・誇張」の"也""都"の使い方を参照。

⑨ …没…次／遍

> **意味**：〜X回したことがあるのではない。
>   動作行為そのものを否定する否定形はない。否定形は回数に訂正を加える場合に限られる。
>   前半フレーズで話題となる回数は後半の回数より数が少ない。
>
> **公式**：…，"没" + 動詞 + "过" + 数詞 + "次"／"遍"

1) 我去过一次美国，没去过两次。Wǒ qùguo yí cì Měiguó, méi qùguo liǎng cì.

2) 我见过王校长两次，没见过三次。
   Wǒ jiànguo Wáng Xiàozhǎng liǎng cì, méi jiànguo sān cì.　校长=校長、学長

3) 那个电影我看过三遍，没看过四遍。
   Nàge diànyǐng wǒ kànguo sān biàn, méi kànguo sì biàn.

> **注意**：文型⑧より、文型⑨はより多くの制限をうける。文型⑨は経験の"过"を伴う形において使る。文型⑧は現在、過去、習慣的行為などにおいて使用が可能。

⑩ …再／又…次／遍…

> 🐷 意味： …また、もう一度。
> "又""再"はともに副詞であるが、動作の発生する時間によって使いわける。"又"はすでに実現した動作を表すが、"再"はこれから発生する動作を表す。
> "又""再"は副詞であるため、動詞の前におく。回数を表す語句や目的語の位置は既に記したため省く。

> 📖 公式： **主語＋"再"＋動詞（＋数詞＋"次"／"遍"）**
> **主語＋"又"＋動詞＋"了"（＋数詞＋"次"／"遍"）**

1) 寿司我吃过一次,很好吃,想再吃一次。
   Shòusī wǒ chīguo yí cì, hěn hǎochī, xiǎng zài chī yí cì.　想＝したい

2) 我没有听懂,请再说一遍。
   Wǒ méiyǒu tīngdǒng, qǐng zài shuō yí biàn.　听懂＝聞き取る

3) （老师说:）这个字再写三遍。
   (Lǎoshī shuō:) Zhège zì zài xiě sān biàn.　字＝字、漢字

4) 上个星期我看了那个电影,昨天又看了一遍。
   Shàngge xīngqī wǒ kànle nàge diànyǐng, zuótiān yòu kànle yí biàn.

5) 又下雨了。Yòu xià yǔ le.

6) 老李上午来过,下午又来了。Lǎo Lǐ shàngwǔ láiguo, xiàwǔ yòu lái le.

7) 那张纸小丁看了一遍,老丁又看了一遍。
   Nà zhāng zhǐ Xiǎo Dīng kànle yí biàn, Lǎo Dīng yòu kànle yí biàn.

8) 我又上了一次网。Wǒ yòu shàngle yí cì wǎng.

> 🚫 禁止： ✗ 他再上了一次网。
> 　　　　○ 他又上了一次网。　　彼はまた一回インターネットに接続した。
> 　　　　✗ 这个字又写三遍。
> 　　　　○ 这个字再写三遍。　　この漢字をもう三回書きなさい。

次頁答：① 1) D 2) B 3) H 4) F 5) E 6) C 7) G 8) A
　　　　② 1) B 2) A 3) B 4) B

練習 16・17

① ☐ の選択肢から最も適当なものを選び空欄をうめましょう（それぞれ1度しか使えません）。

> A 一个小时　B 一次　C 三天　D 了　E 过　F 的　G 几次　H 遍

1) 我学日语学了一年半_____。

2) 他在那个电影院看过_____电影。　　电影院 diànyǐngyuàn 映画館

3) 这本小说很有意思，我看过三_____。

4) 老王每天看三个小时_____电视。

5) 林小文去_____两次京都。

6) 这个星期我打了_____工。

7) 你昨天打了_____电话？

8) 我学习物理，每天学习_____。

② 正しい文をマークしましょう。

1) A 我三次去过美国。
   B 我去过三次美国。
2) A 我每个月休息八天。
   B 我每个月八天休息。
3) A 我一个星期买东西两次。
   B 我一个星期买东西买两次。
4) A 上午吃了一次药，下午再吃了一次。
   B 上午吃了一次药，下午又吃了一次。

⬅ 練習の解答は前頁にあります。

18 連続する行為（〜して…する）

キーワード　然后・接着・一…就

文型一覧

① 老吴去汽车站坐汽车到公司上班。
　　　　　　呉さんはバス停に行き、バスに乗り、会社へ出勤する。

② 丁丽吃了一个面包，接着喝了一杯茶。
　　　　　　丁麗さんはパンを食べ、続けてお茶を飲んだ。

③ 老林一起床，马上就去跑步。
　　　　　　林さんは起きるとすぐランニングに行く。

用例と説明

① …動詞①…動詞②…動詞③…

🐮 **意味**：〜して〜して…する。

　　動詞、動詞フレーズの語順は動作の行われる順に並べる。動詞、動詞フレーズの間に接続詞は入らない。

📖 **公式**：主語＋動詞①＋（目的語①＋）動詞②＋（目的語②＋）動詞③＋（目的語③）…

1) 小吴开车去郊外兜风。
　　Xiǎo Wú kāichē qù jiāowài dōufēng.　　兜风＝ドライブをする

2) A　林东来京都干什么? Lín Dōng lái Jīngdū gàn shénme?
　　B　他来京都看展览。Tā lái Jīngdū kàn zhǎnlǎn.　　展览＝展覧会、展覧する

3) 我去商店买一点儿水果来。Wǒ qù shāngdiàn mǎi yìdiǎnr shuǐguǒ lái.

4) 老吴去汽车站坐汽车到公司上班。
　　Lǎo Wú qù qìchēzhàn zuò qìchē dào gōngsī shàngbān.

🔆 対比： 我去商店买一点儿水果来。
　　　　　私はちょっと果物を買いに店へ行ってくる。
　　　　老王去汽车站坐汽车到公司上班。
　　　　　王さんはバス停に行き、バスに乗り、会社へ出勤する。
　　　　　　　　　　連動文:動詞、動詞フレーズの語順の交換は不可
　　　　星期天，我买买东西，洗洗衣服，散散步。
　　　　　日曜日、私は買い物をしたり、洗濯をしたり、散歩をしたりする。
　　　　星期天，我散散步，洗洗衣服，买买东西。
　　　　　日曜日、私は散歩したり、洗濯をしたり、買い物をしたりする。
　　　　　　　　　　並列文:動詞、動詞フレーズの語順の交換は可

🔖 関連：「54 並列」を参照。

② …接着／然后…

　　🐂 意味： 続いて〜する、〜してから…する。
　　　　　　動詞、動詞フレーズの語順は動作の行われる順に並べる。動詞、動詞フレーズの間に接続詞が入る。
　　　　　　"接着"をはさんで、前フレーズ、後フレーズともに数量詞を伴う形で多用する。

　　📖 公式： **主語 + 動詞① +（目的語①+）"接着"／"然后" + 動詞②（+目的語②）…**

1) 丁丽吃了一个面包，接着喝了一杯茶。
　　Dīng Lì chīle yí ge miànbāo, jiēzhe hēle yì bēi chá.

2) 学生们听了半个小时录音，接着，读了一个小时课文。
　　Xuéshengmen tīngle bàn ge xiǎoshí lùyīn, jiēzhe, dúle yí ge xiǎoshí kèwén.
　　录音=録音　课文=本文

3) 小林去学校上课，然后去打工，然后回家。
　　Xiǎo Lín qù xuéxiào shàngkè, ránhòu qù dǎgōng, ránhòu huíjiā.

　　🔆 対比： 然后　その後　*（時間的な前後関係を表す）*
　　　　　　接着　続けて　*（前後に来る行為の時間的な差が小さく、接近していることを表す）*

🔖 関連：「47 順番」を参照。

③ …一…就…

🐷 意味：〜するとすぐに…する。

"就"の前に"马上"が入ると、より状態が接近していることを表す。

📘 公式：**主語＋"一"＋動詞①＋（目的語①＋）"就"＋動詞②（＋目的語②）**

1) 老林一起床，马上就去跑步。
　　Lǎo Lín yì qǐchuáng, mǎshàng jiù qù pǎobù.　　马上＝すぐに

2) 丁丽一下班就回家。一到家就做饭。
　　Dīng Lì yí xiàbān jiù huíjiā. Yí dào jiā jiù zuòfàn.
　　下班＝仕事が終わる、退勤する

3) 他一上车就开始睡觉。
　　Tā yí shàngchē jiù kāishǐ shuìjiào.　　上车＝（電車などに）乗る

❌ 対比："一 A 就 B"は多数の意味を持つ。

　　一下班就回家。　　仕事を終えるとすぐに家に帰る。
　　　　　　　　　　　　〜するとすぐに…する：行為動作の時間的な接近を表現

　　一喝酒就头疼。　　お酒を飲むと必ず頭が痛くなる。
　　　　　　　　　　　　〜すると必ず…になる：行為の必然性を表現

　　一生气就脸红。　　怒るとすぐにきっと顔が赤くなる。
　　　　　　　　　〜するとすぐに必ず…になる：時間的な接近と行為の必然性の両面を表現

19 動作の方向（〜へ、〜に）

キーワード 来・去・上・下・进・出・回・过・起

文型一覧

① 他**进来**了。她**没出去**。　　彼は入ってきた。彼女は出て行かなかった。

② 田中今天**回**日本**来**。小李明天**回**中国**去**。
　　　　田中さんは今日、日本に帰って来る。李さんは明日、中国へ帰って行く。

③ 老李给丁丽**寄来**了花。　　李さんは丁麗さんに花を送ってきた。

④ 林老师**走进**了教室。小丁**走出**了教室。
　　　　林先生は教室に入って行った。丁さんは教室を出て行った。

⑤ 白鸽**飞回来**了。灰鸽还**没飞回来**。
　　　　白い鳩は（飛び）戻って来た。グレーの鳩はまだ戻って来ていない。

⑥ 鸟**飞上**树**去**了。　　鳥が木へ飛び上って行った。

⑦ 姐姐从国外**寄回来**一张明信片。
　　　　姉は国外からはがきを送って来た。

用例と説明

① …(不／没)…来／去

🐂 **意味**：〜しにくる、〜しに行く。話し手と動作主の位置関係の変化を表す。
　　"来""去"は話し手と動作主の位置関係で決まる。話し手と動作主の距離（位置）が近づくと"来"、離れるときは"去"を使う。
　　"来""去"はそのすぐ前の動詞の動作の方向を表す補語（方向補語）。

📕 公式： **主語 +（"不"／"没"+）自動詞 + "来"／"去"**

1) 他进来了。她没出去。Tā jìnlai le. Tā méi chūqu.
2) 小李上来了。老林下去了。Xiǎo Lǐ shànglai le. Lǎo Lín xiàqu le.
3) 我今天不回去，明天回去。Wǒ jīntiān bù huíqu, míngtiān huíqu. 回＝帰る

> ⚠️ 注意： "上""下""进""出""回""过""起"の7動詞は"来""去"と組み合わせて使うことができる。
> 上+来, 下+来, 进+来, 出+来, 回+来, 过+来, 起+来
> 上+去, 下+去, 进+去, 出+去, 回+去, 过+去

🎵 関連： コラム「補語」（172ページ）を参照。以下同じ。

② …（不／没）…来／去

> 🐂 意味： 〜しにくる、〜しに行く。目的語は場所や移動できないもの。
> 📕 公式： **主語 +（"不"／"没"+）他動詞 + 目的語（場所）+ "来／去"**

1) 田中今天回日本来。小李明天回中国去。
   Tiánzhōng jīntiān huí Rìběn lái. Xiǎo Lǐ míngtiān huí Zhōngguó qù.
2) 小王回家来了。老王上楼去了。
   Xiǎo Wáng huíjiā lái le. Lǎo Wáng shàng lóu qù le.
3) 她过桥来了。他没过桥去。Tā guò qiáo lái le. Tā méi guò qiáo qù.
4) 我前天上山来了，昨天没下山去，今天也不下山去。
   Wǒ qiántiān shàng shān lái le, zuótiān méi xià shān qù, jīntiān yě bú xià shān qù.

> 🚫 禁止： 場所や移動できないものが目的語のとき、"来""去"の後ろにおいてはいけない。
> ✕ 他回来日本。
> ✕ 她过来桥了。

③ …（没）…来／去…

> 🐂 意味： 〜しにくる、〜しに行く。目的語が一般的な移動できる物のとき目的語は"来""去"の前後、どちらでも可能。条件を伴う否定文では"不"も使えるが、数は少ない。

📖 公式： 主語 +（"没"+）動詞 + "来／去" + 目的語（物）
　　　　 主語 +（"没"+）動詞 + 目的語（物）+ "来／去"

1) 老李给丁丽寄来了花。Lǎo Lǐ gěi Dīng Lì jìlai le huā.

2) 我给她送去一本书，她给我送来两本杂志。
　　Wǒ gěi tā sòngqu yì běn shū, tā gěi wǒ sònglai liǎng běn zázhì.

3) 小王拿来了几个苹果。小林买来了几瓶啤酒。
　　Xiǎo Wáng nálai le jǐ ge píngguǒ. Xiǎo Lín mǎilai le jǐ píng píjiǔ.

4) 我买来了蛋糕，没买来咖啡。Wǒ mǎilai le dàngāo, méi mǎilai kāfēi.

⚠️ 注意： 目的語が物のとき、目的語は"来""去"の前後どちらも可能である。"来""去"の後ろに目的語をおくと行為の完了を示す。動詞のすぐ後ろ"来""去"の前に目的語があるときは二通りの意味を持つ。

❎ 対比： 1　老李给丁丽寄来了花。　李さんは丁麗さんに花を送って来た。
　　　　 2　老李给丁丽寄花来了。　李さんは丁麗さんに花を送って来た。
　　　　　　　　　　　　　　　　　李さんは丁麗さんに花を送りに来た。

④ …(没)…上／下／进／出／过／回／起…

🐂 意味： 移動を表現する。移動対象物は人か物。動詞の行為によって人や物がどのように移動するかを表す。条件を伴う否定文では"不"も使えるが、数は非常に少ない。

📖 公式： 主語 + 他動詞 + "上／下／进／出／过／回／起" + 目的語
　　　　 主語 + "没" + 他動詞 + "上／下／进／出／过／回／起" + 目的語

1) 林老师走进了教室。小丁走出了教室。
　　Lín Lǎoshī zǒujìn le jiàoshì. Xiǎo Dīng zǒuchū le jiàoshì.

2) 弟弟跑回了家，然后，跑上了楼，又跑下了楼。
　　Dìdi pǎohuí le jiā, ránhòu, pǎoshang le lóu, yòu pǎoxia le lóu.

3) 小王拿起了报纸，没拿起杂志。Xiǎo Wáng náqi le bàozhǐ, méi náqi zázhì.
　　　　　　　起＝人または物が動作によって下から上に向かって移動することを表す

4) 汽车开过桥了。Qìchē kāiguo qiáo le.

🚫 禁止： 目的語を「動詞＋補語」の間においてはいけない。
　　　　　× 他拿报纸起了。
　　　　　× 汽车开桥过了。

⑤ …（没）…上来／下去

🐮 意味： 話し手と動作主の位置関係が変化する場合以外に、動作の開始や継続、集中や収束などの抽象的な意味も表す。話し手と動作主の位置関係が変化する場合、"来""去"の使用法が話し手と動作主の位置関係で決まることは文型①と同じ。

文型①は"上""下""进""出""回""过"が動詞として働き、その後ろに"来""去"が結びついた形。文型⑤は、"上""下""进""出""回""过""起"と"来""去"が結びつき"上来""下去""回来""进去"などの形で複合方向補語として働き、その前にさらに動詞を伴う形。

条件を伴う否定文では"不"も使えるが、数は少ない。

📕 公式： **主語 ＋（"没"＋）自動詞 ＋ "△来／△去"**

1) 她走过来了。Tā zǒu guolai le.

2) 老王站起来了。Lǎo Wáng zhàn qilai le.

3) 弟弟跑进来了。Dìdi pǎo jinlai le.

4) 白鸽飞回来了。灰鸽还没飞回来。
　　Bái gē fēi huilai le. Huī gē hái méi fēi huilai.　　鸽＝鳩　灰＝グレー（の）

❗ 注意： 複合方向補語は通常、"上来""下来""进来""出来""回来""过来""起来""上去""下去""进去""出去""回去""过去"の（13組）をいう。動詞"飞"と結びつくと以下のような形になる。

飞上来	飞下来	飞进来	飞出来	飞回来	飞过来	飞起来
飞上去	飞下去	飞进去	飞出去	飞回去	飞过去	／

🚫 禁止： すべての動詞が"飞"のように、13組すべて"△来""△去"となるわけではない。動詞本来の意味と密接なつながりがある。

　　　　　× 站进来　　　○ 站起来　　立ちあがる
　　　　　× 躺起来　　　○ 躺下去　　（体が）横になる

⑥ …(没)…*動詞*…来／去

🐷 意味： 目的語が場所や移動できないもの。
文型⑤にさらに目的語を伴う形。目的語は動詞②と"来""去"の間におく。
条件を伴う否定文では"不"も使えるが、数は少ない。

📖 公式： 主語 +（"没"+）+ 動詞① + 動詞② + 目的語（場所）+ "来"／"去"

1) 小猪跑进窝去了。大猪没跑进窝去。
　　Xiǎo zhū pǎojìn wō qù le. Dàzhū méi pǎojìn wō qù.　　窝＝巣、小屋

2) 汽车开过桥来了。Qìchē kāiguo qiáo lái le.

3) 鸟飞上树去了。Niǎo fēishang shù qù le.

❗ 注意： 目的語が場所や移動できないものであるとき、目的語は必ず"来""去"の前に置く。

🚫 禁止： ✕ 汽车开过来桥了。
　　　　　✕ 汽车开桥过来了。
　　　　　〇 汽车开过桥来了。　　　車は橋を渡って来た。

⑦ …(没)…上来／下去…

🐷 意味： 話し手と動作主の位置関係が変化する場合以外に、動作の開始や継続、集中や収束などの抽象的な意味も表す。
条件を伴う否定文では"不"も使えるが、数は少ない。

📖 公式： 主語 +（"没"+）+ 他動詞 + "上来"、"起来"等 + 目的語（物）
　　　　　主語 +（"没"+）+ 他動詞 + "上"、"起"等 + 目的語（物）+ "来"

1) 她从楼下拿上来几件衣服。Tā cóng lóuxià ná shanglai jǐ jiàn yīfu.

2) 他拿起来一本书。Tā ná qilai yì běn shū.

3) 老李从书店买回来一本词典。Lǎo Lǐ cóng shūdiàn mǎi huilai yì běn cídiǎn.

4) 姐姐从国外寄回来一张明信片。
　　Jiějie cóng guówài jì huilai yì zhāng míngxìnpiàn.　　明信片＝はがき

5) 我还没把药喝下去。Wǒ hái méi bǎ yào hē xiaqu.

6) 他的帽子掉下楼去了。
　　　Tā de màozi diàoxia lóu qù le.　　掉＝落ちる　　楼＝建物、フロア

7) 请拿出你的护照来。Qǐng náchu nǐ de hùzhào lái.　　护照＝パスポート

　　❗注意：複合方向補語13組が動詞と結びつく。
　　　　　<u>上来，下来，进来，出来，回来，过来，起来</u>
　　　　　<u>上去，下去，进去，出去，回去，过去</u>
　　　　　目的語が場所や移動できない物のとき、目的語は必ず"来""去"の前に置く。例6)。
　　　　　"拿"は13組の複合補語と結びつくが、すべての動詞が"拿"のように、後ろに"△来""△去"となるわけではない。
　　　　　否定文はあまり使わない。あえて否定文を使うときは、"把"構文で表現することを勧める。例5)。

次頁答：① 1) F 2) E 3) B 4) G 5) D 6) H 7) A 8) C
　　　　② 1) A 2) B 3) A 4) B

練習 18・19

① ☐ の選択肢から最も適当なものを選び空欄をうめましょう（それぞれ1度しか使えません）。

> A 然后　B 一　C 来　D 接着　E 去　F 学校　G 起来　H 上

1) 我骑自行车去_____上课。

2) 昨天是丁丽的生日。我给她寄_____了礼物。

3) 老李_____起床就去公园散步。

4) 他站_____说："谢谢"

5) 我在图书馆看了一份报纸，_____，看了一本杂志。

6) 你看，老张也_____山来了。

7) 星期天小田去看电影，然后去买东西，_____去吃饭。

8) 小王在美国留学，给妈妈寄_____了一封信。

② 正しい文をマークしましょう。

1) A 星期天我开车去野外兜风。
   B 星期天我兜风去野外开车。

2) A 弟弟回来家了。
   B 弟弟回家来了。

3) A 鸽子飞上树去了。
   B 鸽子飞上了树去。

4) A 林小云写了信，接着，看了书。
   B 林小云写了一封信，接着，看了半个小时书。

⬅ 練習の解答は前頁にあります。

20 行為の結果（～の結果になる）

キーワード　好・到・完・着・见・晚・早・住・错

文型一覧

① 对不起，我**来晚**了。　　　　　　　　すみません、私は遅刻しました。

② 孩子还**没睡着**。你不要开收音机。
　　　　　　　　　子供がまだ寝ついていないから、ラジオをつけないで。

③ 老李**修理好**了我的自行车。　　李さんが私の自転車をなおした。

④ 钥匙还**没找到**。　　　　　　　　　　鍵はまだ見つからない。

⑤ 老李今天起床**起晚了**，没吃饭就走了。
　　　　　　　　　李さんは今日寝坊したので、ご飯を食べずにでかけた。

⑥ 游泳还**没游够**，再游半小时。
　　　　　　　　　まだ泳ぎ足りないので、あと三十分泳ぐ。

用例と説明

① *…自動詞…結果補語*

　🐷 意味：　動詞の結果どのような状態になったかを表す。
　　　　　　"走累" = 歩き疲れる
　　　　　　"玩够" = 遊び足りる
　　　　　　"来晚" = 来るのが遅れる（遅刻する）
　　　　　　"喝醉" = 飲んで酔う（酔っぱらう）
　📖 公式：　**主語 + 自動詞 + 結果補語 + "了"**

1) 她**走累**了，坐下来休息了一会儿。Tā zǒulèi le, zuò xialai xiūxi le yíhuìr.

2) 今天你玩够了吧。Jīntiān nǐ wángòu le ba.

3) 对不起, 我来晚了。Duìbuqǐ, wǒ láiwǎn le.

4) 小冯喝了五瓶啤酒, 喝醉了。Xiǎo Féng hēle wǔ píng píjiǔ, hēzuì le.

> 注意： 自動詞 + 結果補語の形はあまり多くない。
>
> 関連： 補語についてはコラム「補語」(172ページ) を参照。

② …没…結果補語

> 意味： 否定は通常 "没" "没有" を使う。文末の "了" は消える。
> "没睡着"＝寝ついていない
> "没吃饱"＝腹がいっぱいになっていない
> "没长大"＝成長していない
>
> 公式： **主語 + "没" + 自動詞 + 結果補語**

1) 孩子还没睡着。你不要开收音机。
   Háizi hái méi shuìzháo. Nǐ búyào kāi shōuyīnjī.

2) A 你吃饱了吗? Nǐ chībǎo le ma?
   B 没吃饱。再给我一碗米饭。Méi chībǎo. Zài gěi wǒ yì wǎn mǐfàn.

3) 小猫还没长大。Xiǎo māo hái méi zhǎngdà.

③ …他動詞…結果補語…

> 意味： 動詞 + 結果補語 + 目的語 (常用される行為結果表現)。
> "弄脏"＝(何かをして) 汚す
> "听懂"＝聞いて理解する
> "坐错"＝乗り間違える
> "写错"＝書き間違える
> "坐在"＝座る (座って落ち着く)
> "打开"＝開ける (開けて空間ができる)
> "关上"＝閉める (閉めてくっつく)
> "找着"＝探しあてる
> "记住"＝覚える (覚えたことが定着する)
>
> 公式： **主語 + 他動詞 + 結果補語 + ("了"+) 目的語**

1) 孩子弄脏了衣服, 弄坏了玩具。Háizi nòngzāng le yīfu, nònghuài le wánjù.

2) 电视新闻你听懂了吗? Diànshì xīnwén nǐ tīngdǒng le ma?

3) 丁丽坐错了电车, 来晚了。Dīng Lì zuòcuò le diànchē, láiwǎn le.

4) 他的名字你写错了。Tā de míngzi nǐ xiěcuò le.

5) 昨天看电影时, 他坐在我前边。
　　Zuótiān kàn diànyǐng shí, tā zuò zài wǒ qiánbiān.

6) 请打开窗户, 关上门。Qǐng dǎkai chuānghu, guānshang mén.

7) 我昨天上街, 买到了那张光盘。
　　Wǒ zuótiān shàngjiē, mǎidào le nà zhāng guāngpán.　　光盘=CD

8) 他的电话号码你记住了吗? Tā de diànhuà hàomǎ nǐ jìzhu le ma?

9) 钥匙找着了。Yàoshi zhǎozháo le.

10) 我看完了那本小说。Wǒ kànwán le nà běn xiǎoshuō.

> 注意：結果補語になる動詞、形容詞の数はあまり多くない。例1)～10)は常用される形の一部。結果補語となる動詞、形容詞は、その前にある動詞と無差別に結合するのではない。結合のパターンは一定の相性がある。

> 関連：例10)は「09 行為の完了」を参照。

④ …没…結果補語…

> 意味：否定は通常 "没" "没有" を使う。文末の "了" は消える。
> "洗干净" = 洗ってきれいになる
> "做好" = 作りあげる

> 公式：**主語 + "没" + 他動詞 + 結果補語 + 目的語**

1) 妈妈洗干净了衣服, 还没做好菜。
　　Māma xǐ gānjing le yīfu, hái méi zuòhǎo cài.

2) 我今天没看见小丁。Wǒ jīntiān méi kànjian Xiǎo Dīng.

3) 钥匙还没找到。Yàoshi hái méi zhǎodào.

⑤ …離合動詞…結果補語…

> 意味： "洗好"＝洗いあげる
> "加満"＝満タンになる（加えていっぱいになる）
> "起晩"＝寝坊する（起きるのが遅れる）
> "完"はその前にくる動詞をあまり選ばない。

> 公式： 主語 ＋ 離合動詞 ＋ 離合動詞前半 ＋ 結果補語 ＋ "了"

1) 我洗澡洗好了。Wǒ xǐzǎo xǐhǎo le.

2) 你给汽车加油加满了吗？Nǐ gěi qìchē jiāyóu jiāmǎn le ma?

3) 老李今天起床起晚了，没吃饭就去上班了。
   Lǎo Lǐ jīntiān qǐchuáng qǐwǎn le, méi chīfàn jiù qù shàngbān le.

4) 他散步散完了。Tā sànbù sànwán le.

⑥ …没…結果補語…

> 意味： 否定は通常"没""没有"を使う。文末の"了"は消える。
> "睡醒"＝眠りから覚める

> 公式： 主語 ＋ 離合動詞 ＋ "没" ＋ 離合動詞前半 ＋ 結果補語

1) 小王起床没起晚，但是坐错了汽车，来晚了。
   Xiǎo Wáng qǐchuáng méi qǐwǎn, dànshì zuòcuò le qìchē, láiwǎn le.

2) 他睡觉还没睡醒，再让他睡半个小时吧。
   Tā shuìjiào hái méi shuìxǐng, zài ràng tā shuì bàn ge xiǎoshí ba.

Column　　　　　　　離合動詞

　離合動詞は中国語に特有の動詞であり、その数も多い。その特色は、
1　二文字で構成
2　後ろに目的語を置けない
3　二文字の間に"了" or "过" or 時間の量などの語句を入れることができる

〔非離合動詞では、"了" or "过" or 時間の量などを表す語句は動詞の後ろに置く〕

　離合動詞の二文字は、「離（離して使用すること）」も「合（合わせて使用すること）」も可。非離合動詞の二文字は、「離」は不可、「合」のみ可。

	OK	OK	OK	ダメ
離合動詞	散步了	散了步	散三次步	~~散步公园~~
	合	離	離	目的語
非離合動詞	出现了	~~出了现~~	~~出两次现~~	出现问题
	OK	ダメ	ダメ	OK

　つまり離合動詞は外見上一つの動詞に見えるが、その構成は「動詞＋目的語」の形から成り立ち、「動詞＋目的語」が緊密に結びつき、一つの動詞として働くようになったものである。構成上の二文字＝「動詞と目的語」がつかず離れず使われるのも、このためである。

21 対象を処置(〜を)

キーワード 把

文型一覧

① 对不起，我把钥匙丢了。 すみません、私は鍵をなくしてしまった。

② 刮风了，你去把门关上吧。 風が吹いてきたので、ドアを閉めに行ってくれないか。

③ 我把衣服洗干净了。 私は服を洗濯してきれいにした。

④ 谁把这件事告诉你的? 誰がこのことをあなたに教えたの。

⑤ 姐姐没把米饭吃完，剩了一半。 姉はご飯を食べ終えていない、半分も残した。

⑥ 你把鸡蛋炒一炒吧。 卵を炒めてちょうだい。

用例と説明

① …把…了

- 意味：(行為・処置)をする。処置する対象の変化や完了を表す。
- 公式：**主語 + "把" + 目的語 (処置する対象) + 動詞 + "了"**

1) 小偷把他的钱包偷了。
　　Xiǎotōu bǎ tā de qiánbāo tōu le.　小偷＝泥棒　偷＝盗む

2) 警察把小偷逮捕了。Jǐngchá bǎ xiǎotōu dàibǔ le.

3) 对不起，我把钥匙丢了。Duìbuqǐ, wǒ bǎ yàoshi diū le.

  ❗注意："把"を用いることが可能な動詞は能動的な行為動詞。話し手の中心はどのように処置されたかである。

🔆 対比： 我把钥匙丢了。　　　私は鍵をなくした。
　　　　　　　　　　　　　　どのような行為が行われたかを叙述

　　　　　我丢了钥匙。　　　私は鍵をなくした。
　　　　　　　　　　　　　　事実の叙述のみ

🚫 禁止： すべての動詞が"把字文"(把構文)を作れるわけではない。
　　　　"把"とともに文が作れない動詞：
　　　　①目的語を伴わない自動詞：笑、哭、站、躺、开始、休息、旅游…
　　　　②知覚、感情などを表す動詞・助動詞：爱、喜欢、恨、觉得、知道、希望、打算、同意…（能願動詞を動詞として用いて"把字文"を作ることはできないが、能願動詞を"把"の前におき助動詞として使用することは可能。）
　　　　③判断などを表す動詞：是、有、姓、在、存在、拥有…
　　　　④方向を表す動詞：来、去、上、下、进、出、回、到…

　　　　"把字文"が作れない助詞：过（経験を表す）
　　　　× 妈妈把孩子爱。　　○ 妈妈爱孩子。　　母は子供を愛する。
　　　　× 他把学生是。　　　○ 他是学生。　　　彼は学生だ。
　　　　× 我把电视有。　　　○ 我有电视。　　　私はテレビを持っている。
　　　　× 她把李姓。　　　　○ 她姓李。　　　　彼女の苗字は李だ。
　　　　× 我想把中国旅游去。　○ 我想去中国旅游。
　　　　　　　　　　　　　　　私は中国へ旅行に行きたい。
　　　　× 我把吃水果喜欢。　　○ 我喜欢吃水果。
　　　　　　　　　　　　　　　私は果物を食べるのが好きだ。
　　　　× 我把京都去过了。　　○ 我去过京都。
　　　　　　　　　　　　　　　私は京都に行ったことがある。
　　　　× 他把楼上了。　　　　○ 他上楼了。
　　　　　　　　　　　　　　　彼は上の階に上って行った。

② …把…*補語*

🐷 意味： ～を（処置）する。「動詞＋補語」の形のみで"了"を伴わないとき、補語によってどのような処置を加えるかを表現する。過去の叙述はできない。未来、命令、請求文の形で用いることが多い。

📕 **公式**： 主語 + "把" + 目的語（処置する対象）+ 動詞 + 補語

1) 我今天一定把作业写完。Wǒ jīntiān yídìng bǎ zuòyè xiěwán.

2) 你明天把房间打扫干净。Nǐ míngtiān bǎ fángjiān dǎsǎo gānjing.

3) 老王, 你把这些酒喝完吧。Lǎo Wáng, nǐ bǎ zhèxiē jiǔ hēwán ba.

4) 刮风了, 你把门关上。Guāfēng le, nǐ bǎ mén guānshang.　　刮风=風が吹く

5) 我想把这些报纸扔掉。Wǒ xiǎng bǎ zhèxiē bàozhǐ rēngdiào.
　　 扔=捨てる　　掉=排除することを表す

　🚫 **禁止**：× 我昨天把房间打扫干净。
　　　　　　△ 我把房间打扫干净。
　　　　　　○ 我昨天把房间打扫干净了。　　私は昨日部屋を掃除して綺麗にした。
　　　　　　○ 我明天把房间打扫干净。　　　私は明日部屋を掃除して綺麗にする。
　　　　　　○ 你把房间打扫干净。　　　　　あなたは部屋を掃除して綺麗にしなさい。

　🔗 **関連**：例3)・4)は命令・請求文の形。命令・請求文はコラム「文の種類」(29ページ) を参照。
　　　　　　コラム「補語」(172ページ) を参照。文型③、④も同じ。

③ …把…*補語*…了

　🐂 **意味**：〜を（処置）した。
　📕 **公式**：主語 + "把" + 目的語（処置する対象）+ 動詞 + 補語 + "了"

1) 弟弟把西瓜都吃完了。Dìdi bǎ xīguā dōu chīwán le.

2) 他把门锁上了。Tā bǎ mén suǒshang le.　　锁=（鍵を）かける

3) 我把衣服洗干净了。Wǒ bǎ yīfu xǐ gānjing le.

　🚫 **禁止**："把字文" は、通常は動詞を単独の形で用いることはできない。処置、行為がどのようになされたか、なされるかなどを表す補語、完了や変化を表す "了" を伴う。

　　　　　　× 我把衣服洗。
　　　　　　○ 我把衣服洗了。　　　　　私は服を洗濯した。
　　　　　　○ 我明天把衣服洗干净。　　私は明日服を洗ってきれいにする。

○我把衣服洗干净了。　　　　私は服を洗ってきれいにした。

④ …把… *目的語*①… *動詞*… *目的語*②

🐄 意味：補語、完了や変化を表す"了"を伴わず、動詞の後ろにさらに目的語をとり"把字文"を作る形。

📖 公式：**主語＋"把"＋目的語（処置する対象）＋動詞＋目的語（人など）**

1) 谁把这件事告诉你的？ Shéi bǎ zhè jiàn shì gàosu nǐ de?　告诉＝知らせる

2) 我明天把衣服寄给她。Wǒ míngtiān bǎ yīfu jìgěi tā.

3) 小丁把杂志还给图书馆了。
　　Xiǎo Dīng bǎ zázhì huángěi túshūguǎn le.　还给＝返す

⑤ …没把／不把… *補語*

🐄 意味：否定文は"把"の前に否定を表す"没""没有""不"をおく。"还"などの副詞と併用するとき"还"は"没""没有"の前におく。"没""没有"で否定するとき文末の"了"は消える。

📖 公式：**主語＋"没"／"不"＋"把"＋目的語＋動詞＋補語**
　　　　主語＋"没"／"不"＋"把"＋目的語①＋動詞＋目的語②

1) 我还没把钥匙找到, 也许丢了。
　　Wǒ hái méi bǎ yàoshi zhǎodào, yěxǔ diū le.　也许＝～かもしれない

2) 他一直在看电视, 还没把作业做完。
　　Tā yìzhí zài kàn diànshì, hái méi bǎ zuòyè zuòwán.　一直＝ずっと

3) 姐姐没把米饭吃完, 剩了一半。
　　Jiějie méi bǎ mǐfàn chīwán, shèngle yíbàn.　剩＝残る

4) 我今天不把这本小说看完, 就不睡觉。
　　Wǒ jīntiān bù bǎ zhè běn xiǎoshuō kànwán, jiù bú shuìjiào.

5) A　你别把这件事告诉她。好吗？
　　　Nǐ bié bǎ zhè jiàn shì gàosu tā. Hǎo ma?　别＝～するな　好＝よい
　　B　好的。我不把这件事告诉她。Hǎode. Wǒ bù bǎ zhè jiàn shì gàosu tā.

⑥ **…把…動詞重ね形**

🐮 意味： 〜を(処置)する。
　　　　 "把"と供に用いる動詞を重ね型にする形は、命令・請求文の形で用いる。否定形はない。

📖 公式： 主語＋"把"＋目的語＋動詞①＋("一"／"了"＋)動詞①

1) 你把房间打扫打扫。
　　Nǐ bǎ fángjiān dǎsao dǎsao.

2) 你把今天的报纸看看。
　　Nǐ bǎ jīntiān de bàozhǐ kànkan.

3) 你把鸡蛋炒一炒吧。
　　Nǐ bǎ jīdàn chǎo yi chao ba.　　炒＝炒める

4) 他把脸洗了洗, 没吃饭就去上班了。
　　Tā bǎ liǎn xǐle xi, méi chīfàn jiù qù shàngbān le.

🔖 関連： コラム「動詞の重ね型」(157ページ)を参照。

次頁答：① 1) E 2) C 3) A 4) B 5) H 6) G 7) F 8) D
　　　　② 1) B 2) A 3) B 4) A

練習 20・21

① ☐ の選択肢から最も適当なものを選び空欄をうめましょう（それぞれ1度しか使えません）。

> A 着 zháo B 把 C 吧 D 了 E 饱 F 没 G 完 H 晚

1) 我吃了三碗米饭，吃_____了。

2) 刮风了。你把窗户关上_____。

3) 你的手机找_____了吗?

4) 老林_____啤酒喝完了，但是没有把米饭吃完。

5) 昨天，小李起床起_____了。

6) 你的作业做_____了吗?

7) 你说的话我_____听懂，请再说一遍。

8) 我把你的词典丢_____。真对不起。

② 正しい文をマークしましょう。

1) A 她把米饭吃完。
   B 你把米饭吃完吧。
2) A 她的名字你记住了吗?
   B 她的名字你记好了吗?
3) A 我昨天把衣服洗干净。
   B 我昨天把衣服洗干净了。
4) A 对不起,我来晚了。
   B 对不起,我晚来了。

⬅ 練習の解答は前頁にあります。

22 感情（好きだ、嫌いだ）

キーワード　喜欢・爱・讨厌・恨

文型一覧

① 林美丽喜欢口红，最喜欢法国的口红。
　　　　　　　林美麗さんは口紅が好きだ。一番好きなのはフランスの口紅だ。

② 妈妈爱孩子，孩子也爱妈妈。
　　　　　　　母は子供を愛し、子供も母を愛する。

③ 她非常讨厌蚊子。　　　彼女は蚊がすごく嫌いだ。

④ 我们恨敌人。　　　　　私達は敵を恨む。

用例と説明

① …(不)喜欢…

　🐄 意味：〜が好きだ。
　　　　"喜欢"は「心理様態動詞」である。

　🔑 公式：　主語 +（"不"+）"喜欢"+ 名詞（物、人など）
　　　　　　主語 +（"没"+）"喜欢"+"过"+ 名詞（物、人など）

1) 林美丽很喜欢口红，最喜欢法国的口红。
　　Lín Měilì hěn xǐhuan kǒuhóng, zuì xǐhuan Fǎguó de kǒuhóng.

2) 小方不喜欢西山市。他不想在那儿工作。
　　Xiǎo Fāng bù xǐhuan Xīshānshì. Tā bù xiǎng zài nàr gōngzuò.

3) A　你喜欢她吗? Nǐ xǐhuan tā ma?
　　B　我喜欢过她，但是，现在不那么喜欢她了。
　　　　Wǒ xǐhuanguo tā, dànshì, xiànzài bú nàme xǐhuan tā le.　但是=しかし

> 対比： 她喜欢口红。　　　彼女は口紅が好きだ。　　　　"喜欢"+名詞
> 　　　 她喜欢买口红。　　彼女は口紅を買うのが好きだ。　"喜欢"+動詞+名詞
> 　　　 她喜欢干净。　　　彼女は清潔好きだ。　　　　　　"喜欢"+形容詞
> 　　　　　　　　　　　　　　　　　　　　「"喜欢"+形容詞」の形はあまり多くない

> 関連： コラム「心理様態動詞」（140ページ）を参照。以下同じ。

② …(不)爱…

> 意味： 〜を愛する。
> 　　　 "爱"は「心理様態動詞」。

> 公式： **主語＋("不"＋)"爱"＋名詞（人）**
> 　　　　**主語＋("没"＋)"爱"＋"过"＋名詞（人）**

1) 妈妈爱孩子, 孩子也爱妈妈。Māma ài háizi, háizi yě ài māma.

2) A 你爱她吗? Nǐ ài tā ma?
　 B 原来我很爱她，现在不爱了。
　　　　Yuánlái wǒ hěn ài tā, xiànzài bú ài le.　原来＝以前は

3) 我只爱他, 没爱过别人。
　　　　Wǒ zhǐ ài tā, méi àiguo biérén.　只＝〜だけ　别人＝他の人

4) 丁丽爱漂亮。Dīng Lì ài piàoliang.

> 注意： "爱"は具体的な物を表す名詞を目的語にとれない。名詞が抽象的な物を指す場合は目的語になれることもあるが、あまり多くない。但し、"爱"＋動詞＋名詞（物）の形（〜するのが好きだ）では"爱"も具体的な物を目的語にとれる。例4）の「"喜欢"＋形容詞」の形はあまり多くない。

> 禁止： ×她爱香水。
> 　　　 ○她喜欢香水。　　　彼女は香水が好きだ。
> 　　　 ○她爱钱。　　　　　彼女はお金が好きだ。
> 　　　 ○我们爱国。　　　　私達は国を愛する。
> 　　　 ○她喜欢买香水。　　彼女は香水を買うのが好きだ。
> 　　　 ○她爱买香水。　　　　ほぼ同じ意味を表す

🔖 関連:「23 興味・嗜好」を参照。

③ …(不)讨厌…

🐄 意味: 〜が嫌いだ。
"讨厌"は「心理様態動詞」。

📕 公式: 主語 +("不"+)"讨厌"+ 名詞（物、人など）
主語 +("没"+)"讨厌"+"过"+ 名詞（物、人など）

1) 我讨厌香烟的味道。Wǒ tǎoyàn xiāngyān de wèidào.　香烟=タバコ　味道=におい

2) 她非常讨厌蚊子。Tā fēicháng tǎoyàn wénzi.　蚊子=蚊

3) A 你讨厌她吗? Nǐ tǎoyàn tā ma?
   B 不讨厌呀。Bù tǎoyàn ya.
   A 那么, 你喜欢她, 是吧? Nàme, nǐ xǐhuan tā, shì ba?
   B 也不太喜欢。Yě bú tài xǐhuan.

4) 我讨厌夏天, 讨厌噪音。Wǒ tǎoyàn xiàtiān, tǎoyàn zàoyīn.　噪音=騒音

④ …恨…

🐄 意味: 〜を恨む、敵視する。
"恨"は「心理様態動詞」。

📕 公式: 主語 +"恨"+ 名詞（人）
主語 +("没"+)"恨"+"过"+ 名詞（人）

1) 他恨那个犯人。Tā hèn nàge fànrén.

2) 我们恨敌人。Wǒmen hèn dírén.　敌人=敵

3) 我恨过他, 但现在不那么恨了。
　　Wǒ hènguo tā, dàn xiànzài bú nàme hèn le.

23 興味・嗜好（～を好む、～が好きだ）

キーワード　喜欢・爱・有兴趣・感兴趣・爱好・嗜好

文型一覧

① 林美丽<u>喜欢</u>化妆，<u>爱</u>买香水。
　　　　　　　　　　　林美麗さんは化粧が好きだし、香水を買うのも好きだ。
② 我的<u>爱好</u>是集邮。　　　　　　私の趣味は切手の収集だ。
③ 你对国际政治<u>感兴趣</u>吗？　あなたは国際政治に関心がありますか。
④ 他的<u>嗜好</u>是吸烟。　　　　　　彼の嗜好は喫煙だ。
⑤ 小王有滑雪的<u>爱好</u>。　　　　　王さんはスキーの趣味がある。

用例と説明

① …(不)喜欢／(不)爱…

- 意味：～が好きだ。
  "喜欢"は「心理様態動詞」、ここは「心理様態動詞 + 行為動詞（+ 目的語）」のカタチである。
- 公式：主語 +（"不"+）"喜欢"／"爱" + 動詞（+ 目的語）
  　　　主語 +（"没"+）"喜欢"／"爱" + "过"（+ 目的語）

1) 林美丽<u>喜欢</u>化妆，<u>爱</u>买香水。Lín Měilì xǐhuan huàzhuāng, ài mǎi xiāngshuǐ.
2) 小方<u>不喜欢</u>滑雪。Xiǎo Fāng bù xǐhuan huáxuě.
3) 你<u>爱</u>看动画片吗？Nǐ ài kàn dònghuàpiān ma?　动画片=アニメーション
4) 林东非常<u>喜欢</u>在海里游泳。Lín Dōng fēicháng xǐhuan zài hǎi li yóuyǒng.
5) 我很<u>喜欢</u>喝红茶，<u>不喜欢</u>喝绿茶。
　　Wǒ hěn xǐhuan hē hóngchá, bù xǐhuan hē lǜchá.

6) 他爱吃鱼，不太爱吃肉。Tā ài chī yú, bú tài ài chī ròu.

7) 我喜欢过喝白酒。Wǒ xǐhuanguo hē báijiǔ.

> 🔀 对比： 她喜欢买香水。　彼女は香水を買うのが好きだ。
> 　　　　 她喜欢香水。　　彼女は香水が好きだ。

> 🔗 関連： 「**22** 感情」コラム「心理様態動詞」（140ページ）を参照。

② …的爱好／的兴趣…(不)是…

> 📖 意味： 趣味は〜だ。"爱好""兴趣"は名詞。
> 　　　　 "是"の後ろは動詞フレーズか名詞性動詞に限る。

> 📕 公式： **"…的爱好"／"…的兴趣"＋"(不)是"＋動詞（＋目的語）**

1) 小王的爱好是滑雪。Xiǎo Wáng de àihào shì huáxuě.

2) 我的爱好是集邮。Wǒ de àihào shì jíyóu.　集邮＝切手の収集

3) 丁丽的兴趣是看歌剧，不是看电影。
　　Dīng Lì de xìngqu shì kàn gējù, bú shì kàn diànyǐng.　兴趣＝興味　歌剧＝オペラ

> ❗ 注意： 上記のような使い方の"滑雪""集邮"を名詞性動詞と呼ぶ。

> 🔗 関連： コラム「動詞の種類」（76ページ）を参照。

③ …对…(不)感兴趣／(没)有兴趣

> 📖 意味： 〜に興味がある。

> 📕 公式： **主語＋"对"＋名詞／名詞性動詞＋"感兴趣"／"有兴趣"**
> 　　　　 **主語＋"对"＋名詞／名詞性動詞＋"不感兴趣"／"没(有)兴趣"**

1) 我对电脑不感兴趣。Wǒ duì diànnǎo bù gǎn xìngqu.

2) 他对数学有很大的兴趣。Tā duì shùxué yǒu hěn dà de xìngqu.

3) A　你对国际政治感兴趣吗？Nǐ duì guójì zhèngzhì gǎn xìngqu ma?
　　B　我对政治没兴趣。Wǒ duì zhèngzhì méi xìngqu.

4) 我对滑雪不感兴趣。Wǒ duì huáxuě bù gǎn xìngqu.

④ …的嗜好…(不)是…

> 🐮 **意味**： 嗜好は〜だ。"嗜好"は名詞。
> あまり好ましくないが、やめられない習慣に用いることが多い。

> 🪨 **公式**： "…的嗜好" + "(不)是" + 動詞 (+目的語)

1) 他的嗜好是吸烟。Tā de shìhào shì xīyān.　嗜好＝嗜好、道楽

2) 我的嗜好不是喝酒, 是喝茶。Wǒ de shìhào bú shì hējiǔ, shì hēchá.

3) 你的嗜好是什么? Nǐ de shìhào shì shénme?

⑤ …(没)有…的爱好／嗜好

> 🐮 **意味**： 〜の趣味・嗜好がある。

> 🪨 **公式**： "主語" + "没(有)" + 名詞性動詞／動詞フレーズ + "的爱好"
> 　　　　　　"主語" + "没(有)" + 名詞性動詞／動詞フレーズ + "的嗜好"

1) 小王有滑雪的爱好。Xiǎo Wáng yǒu huáxuě de àihào.

2) 我有集邮的爱好。Wǒ yǒu jíyóu de àihào.

3) 我没有吸烟的嗜好。Wǒ méiyǒu xīyān de shìhào.

4) 你有什么嗜好? Nǐ yǒu shénme shìhào?

> 🚫 **禁止**： "爱好""嗜好"の前に名詞のみをおくことはできない。
> × 他有邮票的爱好。
> ○ 他有集邮的爱好。
> ○ 他有买新邮票的爱好。

次頁答： ① 1) C 2) D 3) F 4) H 5) E 6) B 7) G 8) A
　　　　 ② 1) B 2) A 3) B 4) A

練習 22・23

① ▭ の選択肢から最も適当なものを選び空欄をうめましょう（それぞれ1度しか使えません）。

> A 喜欢　B 讨厌　C 爱　D 爱好　E 不　F 嗜好　G 什么　H 感兴趣

1) 你_____看小说吗？

2) 他的_____是钓鱼。　钓鱼 diàoyú 魚釣り（をする）

3) 我的_____是喝咖啡。我每天喝三次咖啡。

4) 她对烹调很_____。　烹调 pēngtiáo 料理を作る

5) 林美丽_____爱学习数学。她说："学习数学没意思"。

6) 我很_____那个人。

7) 你的兴趣是_____？

8) 老林很_____法国葡萄酒。　葡萄酒 pútaojiǔ ワイン

② 正しい文をマークしましょう。

1) A 我讨厌喝白酒。
   B 我不喜欢喝白酒。

2) A 丁丽对钓鱼不感兴趣。
   B 丁丽对钓鱼没感兴趣。

3) A 我爱德国的汽车。
   B 我喜欢德国的汽车。

4) A 丁东林的爱好是集邮。
   B 丁东林的嗜好是集邮。

⬅ 練習の解答は前頁にあります。

24 予定・計画（〜するつもりだ）

キーワード　打算・计划・准备

文型一覧

① 他们**打算**明年结婚，**不打算**今年结婚。
　　　　　彼らは来年結婚するつもりで、今年結婚するつもりではない。

② 我**计划**去美国留学两年，边学英语，边学电脑。
　　私はアメリカへ二年留学する予定だ。英語を学びながら、パソコンを勉強するつもりだ。

③ 第一大学的**计划是**后年开办电影学院。
　　　　　第一大学の計画は再来年映画学部を開設することだ。

④ 我**没有**买汽车**的计划**。　　　私は車を買う計画がない。

用例と説明

① …(不)打算／(不)准备…

　🔑 意味：〜をするつもりだ。"打算""准备"は能願動詞。

　📐 公式：**主語 +（"不"+）"打算"／"准备" + 動詞 +（目的語）**

1) 他们**打算**明年结婚，**不打算**今年结婚。
　　Tāmen dǎsuàn míngnián jiéhūn, bù dǎsuàn jīnnián jiéhūn.　打算=〜するつもりだ

2) 我**打算**暑假去国外旅游。
　　Wǒ dǎsuàn shǔjià qù guówài lǚyóu.　暑假=夏休み

3) 你**准备**什么时候买新汽车？Nǐ zhǔnbèi shénme shíhou mǎi xīn qìchē?

4) 我**不准备**今年退休。Wǒ bù zhǔnbèi jīnnián tuìxiū.　退休=定年退職する

> 🔄 対比： 我<u>打算</u>下个月买电脑。　　私は来月パソコンを買うつもりだ。
> 　　　　我<u>准备</u>下个月买电脑。　　ほぼ同じ意味を表す
> 　　　　　　　　　　　　　　　　　*具体的な計画に基づいて準備をする意を含む*
> 　　　　妈妈在<u>准备</u>晚饭。　　　　お母さんは晩ご飯を用意している。
> 　　　　　　　　　　　　　　　　　*"准备"は行為動詞*
> 　　　　我<u>想</u>买电脑。　　　　　　私はパソコンを買いたい。　　　*希望のみ*
> 　　　　我<u>想</u>去美国旅游, 但<u>不打算</u>今年去。
> 　　　　　　　　　　　　　　　　　私はアメリカに旅行に行きたいが、今年行くつもりではない。

> 🔗 関連： コラム「能願動詞」(116ページ) を参照。

② …计划…

> 📖 意味： 〜を計画する。"计划"は気楽な単なる予定とは異なり、慎重な計画に使う。

> 📘 公式： **主語 + "计划" + 動詞 (+ 目的語)**

1) 我<u>计划</u>去美国留学两年, 边学英语, 边学电脑。　　*计划＝計画する*
   Wǒ jìhuà qù Měiguó liúxué liǎng nián, biān xué Yīngyǔ, biān xué diànnǎo.

2) 假期去哪儿旅游, 你<u>计划</u>好了吗?
   Jiàqī qù nǎr lǚyóu, nǐ jìhuà hǎo le ma?　　*假期＝休み中*

3) 丁老师<u>计划</u>今年写一本书。Dīng Lǎoshī jìhuà jīnnián xiě yì běn shū.

> 🔄 対比： 我<u>计划</u>去美国留学两年, 边学英语, 边学电脑。
> 　　　　　私はアメリカへ二年留学する予定だ。英語を学びながら、パソコンを勉強するつもりだ。　　　*慎重な計画*
> 　　　　我<u>打算</u>明天看电影。
> 　　　　　私は明日映画を見に行くつもりだ。　　　*気楽な計画*

③ …打算／计划…是…

> 📖 意味： 計画は〜だ。この用法の"打算""计划"は名詞。

> 📘 公式： **"…的打算" + "是" + 動詞フレーズ**
> 　　　　**"…的计划" + "是" + 動詞フレーズ**

1) 我的打算是先吃饭，然后去买东西。
    Wǒ de dǎsuàn shì xiān chīfàn, ránhòu qù mǎi dōngxi.

2) 第一大学的计划是后年开办电影学院。
    Dì-yī Dàxué de jìhuà shì hòunián kāibàn diànyǐng xuéyuàn.　开办＝開設する

3) 你星期天的打算是什么？Nǐ xīngqītiān de dǎsuàn shì shénme?

④ …没(有)／有…的计划

🐄 意味：～する計画がある／ない。"计划"は名詞。

📕 公式：　**主語 +"没(有)"+"…的计划"**
　　　　　　主語 +"有"+"…的计划"

1) 我没有买汽车的计划。Wǒ méiyǒu mǎi qìchē de jìhuà.

2) 第一大学没有建设新图书馆的计划。
    Dì-yī Dàxué méiyǒu jiànshè xīn túshūguǎn de jìhuà.

3) 他有上大学的计划。Tā yǒu shàng dàxué de jìhuà.

　🚫 禁止：　× 我不计划买汽车。
　　　　　　× 我没有买汽车的准备。
　　　　　　○ 我没有买新汽车的计划。　私は新車を買う計画がない。
　　　　　　○ 我不打算买新汽车。　　　私は新車を買うつもりがない。
　　　　　　　　　　　　　　　　　　　　　　　ほぼ同じ意味を表す
　　　　　　○ 我不准备买新汽车。　　　私は新車を買う予定がない。
　　　　　　　　　　　　　　　　　　　　　　　ほぼ同じ意味を表す

Column　　　　能願動詞（助動詞）

能，会，愿意，可以，打算，希望，应该，应当，得，必须，需要……

　これら能願動詞は、助動詞ともよばれる。能願動詞は動詞の前におかれ、願望、可能、能力、意欲などを表す。質問に対して単独で答える以外、単独では述語にならない。通常、後ろに他の動詞を伴う。

　　A　你们会说英语吗?　　あなた達は英語を話せますか。
　　B　他不会。我会。　　　彼は話せませんが、私は話せます。
　　我愿意去上海工作。　　　私は上海へ仕事に行きたいと思う。
　　这里不可以停车。　　　　ここは駐車できません。

　通常否定は"不"を使うが、単純に肯定形に"不"を加えるだけでは意味が変わる場合もあるので注意が必要である。
　完了、持続、経験などを表す助詞"了""着""过"を伴う文では使えないが、変化を表す"了"とは共に使うことができる。
　いくつかの能願動詞は、動詞としての働きをあわせ持つ。
　能願動詞の前に、程度を表す副詞をおく場合もある。

　　老田很会说话。　　　　田さんは話上手だ。

25 希望・意欲（〜したい、〜ほしい）

キーワード　想・要・愿意・希望・梦想

文型一覧

① 妹妹**想**吃蛋糕，**不想**吃蔬菜。
　　　　　　　　　　　妹はケーキを食べたいが、野菜は食べたくない。

② 你**愿意**参加音乐俱乐部吗？　　音楽クラブに入りませんか。

③ 妈妈，我**要**一条新裙子。　　お母さん、新しいスカートがほしいよ。

④ 茶正热着呢，你**要**喝点儿吗？　お茶は、ほどよく熱いよ、飲まないの。

⑤ 人们**希望**世界和平，**不希望**看到战争。
　　　　　　　　　　　人々は世界平和を切望し、戦争が起きることを望まない。

⑥ 妹妹的**梦想**是成为电影明星。　妹の夢は映画スターになることだ。

用例と説明

① …(不)想…

　🐷 **意味**：〜したい。"想"は能願動詞。

　📖 **公式**：主語＋（"不"＋）"想"＋動詞（＋目的語）

1) 妹妹**想**吃蛋糕，**不想**吃蔬菜。
　　Mèimei xiǎng chī dàngāo, bù xiǎng chī shūcài.　蛋糕＝ケーキ　蔬菜＝野菜

2) A　今天，你**想**干什么？Jīntiān, nǐ xiǎng gàn shénme?　干＝〜する
　 B　我非常**想**看电影。Wǒ fēicháng xiǎng kàn diànyǐng.

　❀ **対比**：我**想**看电影。　　私は映画を見たい。　　*希望 "想" は能願動詞*
　　　　　　我**想**他可能不来了。私は彼がたぶん来ないと思う。*判断 "想" は行為動詞*

🔖 関連：コラム「能願動詞」（116ページ）を参照。

② …(不)愿意…

　　🐷 意味：〜したい、〜する意志・意欲がある。"愿意"は能願動詞。"想"より強い語気を表す。

　　📖 公式：**主語＋（"不"＋）"愿意"＋動詞（＋目的語）**

1) A 你愿意参加音乐俱乐部吗？
　　　Nǐ yuànyi cānjiā yīnyuè jùlèbù ma?　俱乐部＝クラブ
　　B 愿意。Yuànyi.

2) 小李不愿意和老林结婚。Xiǎo Lǐ bú yuànyi hé Lǎo Lín jiéhūn.

3) 王东明很愿意去上海出差。
　　　Wáng Dōngmíng hěn yuànyi qù Shànghǎi chūchai.

🔖 関連：コラム「能願動詞」（116ページ）を参照。

③ …(不)要…

　　🐷 意味：欲しい、要求する。"要"は動詞。

　　📖 公式：**主語＋（"不"＋）"要"＋目的語（物）**

1) A 你想要什么？我给你买。
　　　Nǐ xiǎng yào shénme?　Wǒ gěi nǐ mǎi.　给…买＝〜に買ってあげる
　　B 我要一个足球。Wǒ yào yí ge zúqiú.　足球＝サッカーボール
　　A 你要玩具汽车吗？Nǐ yào wánjù qìchē ma?　玩具汽车＝玩具の自動車
　　B 我不要玩具汽车，很想要一列玩具火车。　玩具火车＝玩具の汽車
　　　Wǒ bú yào wánjù qìchē, hěn xiǎng yào yí liè wánjù huǒchē.

2) 妈妈，我要一条新裙子。
　　　Māma, wǒ yào yì tiáo xīn qúnzi.　条＝（量詞）

3) 小王经常给父母写信要钱。
　　　Xiǎo Wáng jīngcháng gěi fùmǔ xiěxìn yào qián.

　　❎ 対比：孩子要玩具。　　　　子供は玩具がほしい。
　　　　　　孩子想要玩具。　　　ほぼ同じ意味を表す。"想要"は「能願動詞＋動詞」

孩子很想要玩具。　子供は玩具がすごくほしい。

"想"の前に程度を表す副詞をおくことも可能だが、"要"の前には程度を表す副詞をおくことができない

④ …(不)要…

　🐄 意味： ～したい、～するつもりだ。"要"は能願動詞。

　📖 公式： **主語 +（"不"+）"要" + 動詞（+ 目的語）**

1) 你要看今天的报纸吗？ Nǐ yào kàn jīntiān de bàozhǐ ma?
2) A 茶正热着呢，你要喝点儿吗？ Chá zhèng rèzhe ne, nǐ yào hē diǎnr ma?
　 B 不要。谢谢。Bú yào. Xièxie.
3) 我要休息一会儿。Wǒ yào xiūxi yíhuìr.

　❌ 対比： 孩子要喝水。　　　"要"は能願動詞　　*希望・必要*
　　　　　 孩子要玩具。　　　"要"は動詞　　　　*希望・意欲*
　　　　　 孩子明天要去学校。"要"は能願動詞　　*未来の予定・可能性*
　　　　　 孩子想吃蛋糕。　　"想"は能願動詞　　*希望・意思*

⑤ …(不)希望…

　🐄 意味： ～を希望する。"希望"は心理様態動詞。前に程度を表す副詞をおくことも可能。

　📖 公式： **主語 +（"不"+）"希望" + フレーズ**

1) 我希望明天晴天。Wǒ xīwàng míngtiān qíngtiān.　晴天=晴れ（の日）
2) 我很希望你今年考上第一大学。
　　Wǒ hěn xīwàng nǐ jīnnián kǎoshang Dì-yī Dàxué.　考上=合格する
3) 人们希望世界和平，不希望看到战争。
　　Rénmen xīwàng shìjiè hépíng, bù xīwàng kàndào zhànzhēng.　看到=見える

⑥ …的希望／…的梦想…是…

　🐄 意味： 望むことは～だ。"希望""梦想"は名詞。

　📖 公式： **"…的希望"／"…的梦想" + "是" + フレーズ**

1) 老何的希望是孩子将来成为科学家。
　　　Lǎo Hé de xīwàng shì háizi jiānglái chéngwéi kēxuéjiā.

2) 我的希望是大学毕业以后当服装设计师。
　　　Wǒ de xīwàng shì dàxué bìyè yǐhòu dāng fúzhuāng shèjìshī.　　设计师＝デザイナー

3) 妹妹的梦想是成为电影明星。
　　　Mèimei de mèngxiǎng shì chéngwéi diànyǐng míngxīng.　　明星＝スター

　❗注意：中国語の"梦想"は実現に多くの困難が伴う場合や実現不可能な場合に使用。

次頁答：① 1) B 2) G 3) C 4) D 5) E 6) A 7) F 8) H
　　　　② 1) A 2) A 3) B 4) B

練習　24・25

① ☐ の選択肢から最も適当なものを選び空欄をうめましょう（それぞれ1度しか使えません）。

> A 想　B 计划　C 想要　D 梦想　E 希望　F 愿意　G 不想　H 打算

1) 第一公司的_____是明年在上海开办分公司。　分公司 fēngōngsī 支店
2) 天气不好，下着雨，我_____去散步了。
3) 我的钱包旧了，_____一个新的。　旧 jiù 古い
4) 我的_____是去太空旅行。　太空 tàikōng 宇宙
5) 小田_____毕业以后找到一个好工作。
6) 今天真热，你_____喝水吗？
7) 你_____和我们一起去看电影吗？
8) 我_____明年夏天去北京旅游。

② 正しい文をマークしましょう。

1) A 《新汉语词典》不错，我想买一本。
   B 我想你买一本《新汉语词典》。
2) A 我的希望是三十岁时结婚。
   B 我的梦想是三十岁时结婚。
3) A 我想一件红色的毛衣。
   B 我要一件红色的毛衣。
4) A 今年我不计划买新手机。
   B 今年我不准备买新手机。

← 練習の解答は前頁にあります。

26 能力・可能（〜できる）

キーワード　能・会・得了・不了・得… ・不…

文型一覧

① 鸟能飞，人不能飞。人能说话，鸟不能说话。
　　　　　鳥は飛べるが、人間は飛べない。人間は話せるが、鳥は話せない。

② 我今天开车，不能喝酒。　私は今日車を運転するので、お酒を飲めない。

③ 小王很能喝酒，能喝十瓶啤酒。王さんは大酒飲みで、ビール10本も飲める。

④ 大鸟会飞，小鸟还不会飞。　成鳥は飛べるが、幼鳥はまだ飛べない。

⑤ 她非常会做菜。　　　　　彼女は料理を作るのが非常に上手だ。

⑥ 我开得了汽车，开不了飞机。
　　　　　私は車を運転できるが、飛行機は操縦できない。

⑦ 他听得懂汉语，听不懂英语。
　　　　　彼は中国語を聞き取れるが、英語は聞き取れない。

用例と説明

① …(不)能…

🐷 **意味：** 〜できる、〜できない。
　　　"能"は能願動詞。中国語には日本語の「できる」に相当する表現が多数存在する。この「できる」は本能や性能に関連した「できる」。"能"の前に程度を表す副詞をおくことはできない。

📕 **公式：** 主語 +（"不"+）"能" + 動詞（+ 目的語）

1) 鸟能飞，人不能飞。人能说话，鸟不能说话。　说话=話す
　　Niǎo néng fēi, rén bù néng fēi. Rén néng shuōhuà, niǎo bù néng shuōhuà.

2) 飞机能飞，汽车不能飞。Fēijī néng fēi, qìchē bù néng fēi.

3) 我的电脑能读日语，他的不能读。
　　Wǒ de diànnǎo néng dú Rìyǔ, tā de bù néng dú.

　　🔗 関連：コラム「能願動詞」(116ページ) を参照。以下同じ。

② …(不)能…

　　🐄 意味：～できる、～許される。
　　　　　客観的な条件や環境を備えているか、によって判断する「できる／できない」。
　　　　　"能"は能願動詞。"能"の前に程度を表す副詞をおくことはできない。

　　📖 公式：**主語 +（"不"+）"能"+ 動詞（+ 目的語）**

1) 我今天开车，不能喝酒。Wǒ jīntiān kāichē, bù néng hējiǔ.

2) 今天太忙，不能去打网球了，明天能去。
　　Jīntiān tài máng, bù néng qù dǎ wǎngqiú le, míngtiān néng qù.

3) 他有事，不能来了。Tā yǒushì, bù néng lái le.

4) 你今天能去看电影吗？Nǐ jīntiān néng qù kàn diànyǐng ma?

5) 我今天嗓子疼，不能说话。
　　Wǒ jīntiān sǎngzi téng, bù néng shuōhuà.　　嗓子＝のど　疼＝痛い

③ …(不)能…

　　🐄 意味：～するのが上手だ、うまく～できる。
　　　　　"能"は能願動詞。該当する能力を備えているために「できる」。特に量的事柄について、できる量が多いことを表現する。"能"の前に程度を表す副詞をおくことができる。否定文はあまり使わない。

　　📖 公式：**主語 +（程度副詞 +）"能"+ 動詞（+ 目的）**
　　　　　　主語 +（"不"+）"能"+ 動詞（+ 目的）

1) 小王很能喝酒，能喝十瓶啤酒。
　　Xiǎo Wáng hěn néng hējiǔ, néng hē shí píng píjiǔ.

2) 林美丽很能说话。Lín Měilì hěn néng shuōhuà.

3) 老丁非常能写文章。Lǎo Dīng fēicháng néng xiě wénzhāng.

4) 他能吃，我不能吃。Tā néng chī, wǒ bù néng chī.

> ⚠️ 注意： 中国語には日本語の「できる」に訳される表現が多数存在する。
> "能"自体も多数の意味を持ち、その差異も微妙である。

> ❈ 対比： 人不能飞。　　　　　人間は飛べない。　　　　**本能の"能"**
>
> 　　　我今天胃不舒服，不能吃鱼。　　　　**条件の"能"**
>
> 　　　　　私が今日胃の調子が悪いので、魚を食べられない。
>
> 　　　我不太能喝咖啡，一个星期喝一两次。　　　　**能力の"能"**
>
> 　　　　　私はコーヒーをあまり多く飲めない、週に一、二度飲むぐらいだ。
>
> 　　　飞机里不能打电话。　　　　**許可の"能"**
>
> 　　　　　旅行機の中では、携帯電話をかけてはいけない。

> 🔗 関連：「**27** 許可・禁止」を参照。

④ …(不)会…

> 🐂 意味： "会"は「～できる」。訓練や練習後に習得可能な事柄や技能的な事柄に関する「できる」。"会"は能願動詞。

> 📖 公式： 主語＋("不"＋)"会"＋動詞（＋目的語）

1) 孩子一岁半了，会说话了。Háizi yí suì bàn le, huì shuōhuà le.

2) 大鸟会飞，小鸟还不会飞。
   Dàniǎo huì fēi, xiǎoniǎo hái bú huì fēi.　　大鸟＝成鳥　　小鸟＝幼鳥

3) A 丁丽会说日语吗？Dīng Lì huì shuō Rìyǔ ma?
   B 丁丽会说日语。Dīng Lì huì shuō Rìyǔ.

4) 我会开汽车，不会开飞机。
   Wǒ huì kāi qìchē, bú huì kāi fēijī.　　开＝運転する、操縦する

> ⚠️ 注意："会"の後ろの動詞を省略することもできるが、その例は限られる。
> 　　　　○ 小王会说英语。　　　　王さんは英語を話せる。
> 　　　　○ 小王会英语。　　　　　ほぼ同じ意味を表す
> 　　　　○ 小林会开汽车。　　　　林さんは(車の)運転ができる。
> 　　　　× 小林会汽车。

🟡 対比： "会"は多義。

　　　　老丁会打网球。　　　王さんは英語を話せる。　　***能力***
　　　　今天会下雨。　　　　今日は雨がふりそうだ。　　***推量***

🔔 関連： コラム「能願動詞」(116ページ)・「31 推量・推察」を参照。

⑤ …(不)会…

　🐄 意味： 〜するのが上手だ、うまく〜できる。

　　　　"会"は能願動詞。"会"の前に程度副詞をおける。

　📖 公式： **主語 +（程度副詞 +）"会" + 動詞（+ 目的語）**
　　　　　主語 +（"不" +）"会" + 動詞（+ 目的語）

1) 林老师会写文章。他写的文章很有意思。
　　Lín Lǎoshī huì xiě wénzhāng. Tā xiě de wénzhāng hěn yǒuyìsi.
2) 她非常会做菜。Tā fēicháng huì zuò cài.
3) 我不会说话。对不起。Wǒ bú huì shuōhuà. Duìbuqǐ.
4) 老田不太会唱歌。Lǎo Tián bú tài huì chànggē.

　❗ 注意： 否定形は④の否定形と非常に類似しており、誤解を生じやすい。

　🟡 対比： 她很会说话。　　彼女は話すのが上手だ。
　　　　　孩子会说话了。　（日々の自然な練習の後）子供が話せるようになった。
　　　　　人能说话。　　　人間は話せる（生来話す能力を持ちあわせている）。
　　　　　他很能说话。　　彼は口が達者だ（口数が多い）。
　　　　　他今天嗓子疼，不能说话。　彼は今日喉が痛いので、話せない。
　　　　　我16岁，不能喝酒。　　私は16才なので、（許可されていないため）お酒
　　　　　　　　　　　　　　　　を飲めない。

　🚫 禁止： × 她会说英语说得很好。
　　　　　○ 她会说英语。　　　　彼女は英語を話せる。

　🔔 関連：「**27** 許可・禁止」を参照。

⑥ …得了…／…不了…

　🐄 意味： 〜できる／〜できない。

125

本能、性能、訓練、能力の「できる」をこの形ですべて表現する。
「可能補語」の形。

> 📕 **公式**： 主語＋動詞＋"得了"／"不了"（＋目的語）
> 主語＋離合動詞前半＋"得了"／"不了"＋離合動詞後半

1) 鸟飞**得了**，人飞**不了**。Niǎo fēideliǎo, rén fēibuliǎo.

2) 大鸟飞**得了**，小鸟还飞**不了**。Dàniǎo fēideliǎo, xiǎoniǎo hái fēibuliǎo.

3) 我开**得了**汽车，开**不了**飞机。Wǒ kāideliǎo qìchē, kāibuliǎo fēijī.

4) 丁丽游**得了**泳，滑**不了**雪。Dīng Lì yóudeliǎo yǒng, huábuliǎo xuě.

5) 老林喝**得了**啤酒，喝**不了**烧酒。Lǎo Lín hēdeliǎo píjiǔ, hēbuliǎo shāojiǔ.　烧酒＝焼酎

6) 我的电脑读**得了**日语，他的电脑读**不了**。
　　Wǒ de diànnǎo dúdeliǎo Rìyǔ, tā de diànnǎo dúbuliǎo.

> 🔗 **関連**： コラム「補語」（172ページ）を参照。

⑦ *…得…補語…／…不…補語…*

> 🐄 **意味**： 〜できる／〜できない。
> 文型⑥と同じく「可能補語」。「できる」「できない」に話し手の中心的意図がある。

> 📕 **公式**： 主語＋動詞＋"得"＋補語（＋目的語）
> 主語＋動詞＋"不"＋補語（＋目的語）

1) 我**吃得完**一个热狗，**吃不完**五个热狗。　完＝終わる、終える　热狗＝ホットドッグ
　　Wǒ chīdewán yí ge règǒu, chībuwán wǔ ge règǒu.

2) 两天**学不会**滑雪，两个星期**学得会**。
　　Liǎng tiān xuébuhuì huáxuě, liǎng ge xīngqī xuédehuì.　学会＝マスターする

3) 他**听得懂**汉语，**听不懂**英语。
　　Tā tīngdedǒng Hànyǔ, tīngbudǒng Yīngyǔ.　懂＝分かる

4) 德国车太贵了，我**买不起**。Déguó chē tài guì le, wǒ mǎibuqǐ.
　　起＝金銭などの負担能力があって (なくて) できる (できない) こと

5) 他**看不起**穷人。Tā kànbuqǐ qióngrén.　看不起＝軽視する　穷人＝貧乏人

6) 中学生吸烟，我**看不惯**。Zhōngxuéshēng xīyān, wǒ kànbuguàn.　看不惯＝目障りだ

🔆 対比： 我吃完了一个热狗。　私はホットドッグ（一つ）を食べ終えた。　***結果補語***
　　　　 我吃得完一个热狗。　私はホットドッグ（一つ）を食べ(終え)ることができる。
　　可能補語の肯定形
　　　　 我吃不完五个热狗。　私はホットドッグ五つを食べ(終え)ることができない。
　　可能補語の否定形

🔆 関連：「**20** 行為の結果」を参照。

27 許可・禁止（〜してもよい、〜を禁じる）

キーワード: 可以・不可以・不能・不许・禁止

文型一覧

① **可以**在这儿吸烟吗？　　ここでタバコを吸ってもよろしいですか。

② 那是贵宾候车室，我们**不能**进去。
　　　　　　　　　　あれは貴賓待合室なので、私達は入れない。

③ 这儿**不许**停车。　　　　ここに駐車してはいけません。

④ 危险！　**禁止**入内！　　危険！立ち入り禁止！

用例と説明

① …可以…

- **意味**: 〜してよろしい、〜できる。特に、一定の許可のもとにできるかできないかを表現する。
  "可以"は能願動詞。

- **公式**: 主語 + "可以" + 動詞（+ 目的語）

1) 老师可以喝酒，中学生不可以喝酒。
   Lǎoshī kěyǐ hējiǔ, zhōngxuéshēng bù kěyǐ hējiǔ.

2) A 可以在这儿吸烟吗？Kěyǐ zài zhèr xīyān ma?
   B 这儿不可以吸烟，那儿可以。Zhèr bù kěyǐ xīyān, nàr kěyǐ.

3) A 我可以进来吗？Wǒ kěyǐ jìnlai ma?
   B 请进，请进。Qǐng jìn, qǐng jìn.

4) 北湖不可以游泳，南湖可以游泳。
   Běihú bù kěyǐ yóuyǒng, Nánhú kěyǐ yóuyǒng.

🍤 関連：コラム「能願動詞」（116ページ）を参照。以下同じ。

② …不能／不可以…

　　🐖 意味：〜できない、〜してはいけない。
　　　　　　"不能""不可以"は「否定副詞＋能願動詞」。
　　　　　　"能"は多数の意味を持つ。肯定形では"可以"との相違点も多いが、不許可や禁止を表現するとき、"不能"と"不可以"はしばしば一致する。
　　📙 公式：　主語＋"不能"／"不可以"＋動詞（＋目的語）

1) 你今年16岁, 不可以喝啤酒。
　　Nǐ jīnnián shíliù suì, bù kěyǐ hējiǔ.
2) 那儿可以打电话,这儿不可以打电话。
　　Nàr kěyǐ dǎ diànhuà, zhèr bù kěyǐ dǎ diànhuà.
3) 那是贵宾候车室, 我们不能进去。　贵宾＝貴賓　候车室＝待合室
　　Nà shì guìbīn hòuchēshì, wǒmen bù néng jìnqu.
4) 这里不能停车。Zhèli bù néng tíngchē.
5) 飞机里不能吸烟。Fēijī li bù néng xīyān.

　　🚫 禁止：不許可や禁止は"不可以""不许"の両方を使うことができるが、肯定形では"许"は使うことができない、"可以"のみ使用可能である。
　　　　　　× 那儿许吸烟。
　　　　　　○ 那儿可以吸烟。　　　　あそこでタバコを吸ってもよい。
　　　　　　○ 这儿不许吸烟。　　　　ここでタバコを吸うのは許されない。
　　　　　　○ 这儿不可以吸烟。　　　ここでタバコを吸ってはいけない。

③ …不许…

　　🐖 意味：〜してはいけない、〜を許さない。
　　📙 公式：　（主語＋）"不许"＋動詞（＋目的語）

1) 飞机里不许打电话。Fēijī li bùxǔ dǎ diànhuà.

2) 这儿不许停车。Zhèr bùxǔ tíngchē.

3) 不许在这里吸烟。Bùxǔ zài zhèli xīyān.

4) （妈妈说:）不许你再旷课！Bùxǔ nǐ zài kuàngkè!　　旷课=授業を欠席する

> ⚠️ 注意： 不許可を表すものでも「〜してはいけない」という表現は、一人称では用いない。"不许"の肯定形は"可以"。
>
> 🚫 禁止： × 我17岁，不许吸烟。
> 　　　　　○ 我17岁，不能吸烟。　　私は17才なので、タバコを吸えない。
> 　　　　　○ 你17岁，不许吸烟。　　あなたは17才なので、タバコを吸ってはいけない。
>
> ❎ 对比： 飞机里不能吸烟。　　　　飛行機の中ではタバコを吸ってはいけない。
> 　　　　　飞机里不可以吸烟。　　　*ほぼ同じ意味を表す*
> 　　　　　飞机里不许吸烟。　　　　飛行機の中は禁煙です。
> 　　　　　　　　　　　　　　　　　*航空会社のルールによる。不許可を表現するため語気はより強い*

④ …禁止…

> 🐷 意味： 〜禁止（する）。
> 　　　　　"禁止"は動詞。特別な場面でのみ否定形も使用可能。
>
> 📖 公式： (主語 +) "禁止" + 動詞 (+ 目的語)

1) 禁止吸烟。Jìnzhǐ xīyān.

2) 危险！禁止入内！Wēixiǎn! Jìnzhǐ rùnèi.　　入内=立入り

3) 酒后开车，绝对禁止！
　　Jiǔhòu kāichē, juéduì jìnzhǐ!　　酒后=飲酒後

4) A 东湖公园禁止钓鱼吗？Dōnghú Gōngyuán jìnzhǐ diàoyú ma?
　　B 不禁止。Bú jìnzhǐ.

> ⚠️ 注意： "别""不要""不许""禁止"は、一人称では用いない。他人の行動に対する勧告や禁止を表す。"不能""不可以"は、話し手が禁止される理由を理解している場合に用いることが多い。"不能""不可以"は一人称にも使用できる。

✹ 对比：那是贵宾候车室，我们不能进去。　　　　*話し手の自覚*
　　　　あれは貴賓待合室なので、私達は入れない。
　　　　那是贵宾候车室，你别进去。　　　　　*勧告をあたえる*
　　　　あれは貴賓待合室なので、あなたは入らないで。
　　　　这是贵宾候车室，不许进去。　　　　　*行動の制止*
　　　　これは貴賓待合室なので、入ってはいけない。
　　　　贵宾候车室，未经许可，禁止入内！　　*警告・禁止*
　　　　貴賓待合室、許可されていない者の立ち入りを禁止する。

次頁答：① 1) F 2) B 3) E 4) H 5) D 6) A 7) G 8) C
　　　　② 1) B 2) B 3) B 4) A

練習 26・27

① ☐ の選択肢から最も適当なものを選び空欄をうめましょう（それぞれ1度しか使えません）。

> A 能　B 会　C 不能　D 不会　E 很　F 得了　G 可以　H 不许

1) 他说_____日语，说得不错。

2) 你_____打网球吗？

3) 丁丽_____会照相。她照的照片很好看。　照相 zhàoxiàng 写真を撮る

4) 博物馆里_____照相。　博物馆 bówùguǎn 博物館

5) 小李没学过滑雪，_____滑雪。

6) 鱼_____在水里生活。

7) _____在这里停车吗？

8) 我今天很忙，_____去游泳。

② 正しい文をマークしましょう。

1) A 我喝的了一瓶啤酒，喝不了五瓶。
   B 我喝得了一瓶啤酒，喝不了五瓶。

2) A 小张今天去医院看病，不会来学校。　看病 kànbìng 診療をうける
   B 小张今天去医院看病，不能来学校。

3) A 西湖许游泳。
   B 西湖可以游泳。

4) A 林东文非常能吸烟，每天吸40支烟。　支 zhī 本（量詞）
   B 林东文非常会吸烟，每天吸40支烟。

⬅ 練習の解答は前頁にあります。

28 必要・義務（〜が必要だ、〜するべきだ、〜しなければならない）

キーワード：要・需要・应该・应当・得・必须・有必要・别・不要・不用・不必・不应该・不应当・没必要

文型一覧

① 我需要一笔钱。　　　　　　　私は（まとまった）お金が必要だ。
② 今天有点儿热，要开窗吗？　今日はすこし暑いので、窓を開けましょうか。
③ 学习外语应该多读，多说，多听。
　　　　　外国語を学ぶには、よく読み、よく話し、よく聴くことが大切だ。
④ 明天你得去市政府开会。
　　　　　明日あなたは市役所へ会議に行かなければならない。
⑤ 出国旅游，必须带护照。
　　　　　海外旅行に行く時、パスポートを携帯しなければならない。
⑥ 出去时，别忘记锁门。　　出かける時、鍵をかけ忘れないで。
⑦ 一件小事，不必在意。　　つまらないことですから、気にしないで下さい。
⑧ 啤酒够了，不用买了。　　ビールは十分だから、もう買わなくてもよい。
⑨ 没有必要告诉他这件事。　この件は彼に知らせる必要がない。
⑩ 你不应当那么说。　　　　あなたはそういうふうに言うべきではなかった。

用例と説明

① …需要…

　意味：〜を要る、〜が必要だ。

　　"需要"は動詞。その前に副詞をおくことができる。

　公式：**主語＋"需要"＋目的語（名詞）／フレーズ**

1) 地震灾区非常需要我们的支援。
  Dìzhèn zāiqū fēicháng xūyào wǒmen de zhīyuán.　灾区=被災地区

2) 冬天到了, 他们需要煤炭和粮食。
  Dōngtiān dào le, tāmen xūyào méitàn hé liángshi.　煤炭=石炭

3) 我需要一笔钱。Wǒ xūyào yì bǐ qián.　笔=（量词、金銭に関する）

4) 学习外语需要录音机。Xuéxí wàiyǔ xūyào lùyīnjī.

5) 我不需要自行车。Wǒ bù xūyào zìxíngchē.

6) 明天需要我开车送你吗? Míngtiān xūyào wǒ kāichē sòng nǐ ma?

② …需要／要…

 🐷 意味：～を要る、～が必要だ。
   "需要""要"は能願動詞。

 📖 公式：主語＋"需要"／"要"＋動詞（＋目的語）

1) 今天有点儿热, 要开窗吗? Jīntiān yǒudiǎnr rè, yào kāi chuāng ma?

2) 要给老李打个电话吗? Yào gěi Lǎo Lǐ dǎ ge diànhuà ma?

3) 这件事我需要好好想一想。
  Zhè jiàn shì wǒ xūyào hǎohāo xiǎng yi xiǎng.　好好=よく

4) 我的汽车没汽油了, 需要加油。
  Wǒ de qìchē méi qìyóu le, xūyào jiāyóu.　汽油=ガソリン　加油=給油する

 ❌ 对比：我需要借一本词典。　私は辞書を借りなくてはならない。
                "需要"は能願動詞
    我需要词典。　　　私は辞書が必要だ。　*"需要"は動詞*

 ❗ 注意：必要性を表す動詞の"需要"の否定形は"不需要""不用"を用いる。

 🔗 関連：コラム「能願動詞」（116ページ）を参照。以下同じ。

③ ……应该／应当…

 🐷 意味：～すべきだ、～する義務がある。

 📖 公式：主語＋"应该"／"应当"＋動詞（＋目的語）

1) 学生应该努力学习。Xuésheng yīnggāi nǔlì xuéxí.

2) 你应当经常给父母写信。Nǐ yīngdāng jīngcháng gěi fùmǔ xiěxìn.

3) 你应该学习一门外语。Nǐ yīnggāi xuéxí yì mén wàiyǔ. 门=（量詞、学科、技術など）

4) 学习外语应该多读、多说、多听。Xuéxí wàiyǔ yīnggāi duō dú, duō shuō, duō tīng.

④ …得…

> 意味：〜しないといけない。
> "得 (děi)" は能願動詞。

> 公式：**主語 +"得"+ 動詞（+ 目的語）**

1) 十二点了，我得回去了。Shí'èr diǎn le, wǒ děi huíqu le.

2) 明天考试，我得去教室看书复习。
   Míngtiān kǎoshì, wǒ děi qù jiàoshì kànshū fùxí.　复习=復習する

3) 今天他得去医院看病，不能来上班。
   Jīntiān tā děi qù yīyuàn kànbìng, bù néng lái shàngbān.

4) 明天你得去市政府开会。Míngtiān nǐ děi qù shìzhèngfǔ kāihuì.　开会=会議に出る

> 注意："得" は義務的な必要性があるときに用いることが多く、話し言葉で多用する。"得" の否定形は "不用" を用いる。

⑤ …必须…

> 意味：必ず〜しなければならない。
> "必须" は副詞。

> 公式：**主語 +"必须"+ 動詞（+ 目的語）**

1) 出国旅游，必须带护照。Chūguó lǚyóu, bìxū dài hùzhào.

2) 鱼必须在水里生活。Yú bìxū zài shuǐ li shēnghuó.

3) 人必须吃饭、喝水、睡觉。Rén bìxū chīfàn, hēshuǐ, shuìjiào.

> 対比：
> 学外语要多听、多说。　　必要だ。　　　　　　　　　弱
> 学外语应该多听、多说。　すべきだ。
> 学外语得多听、多说。　　しないといけない。
> 学外语必须多听、多说。　必ずしなければならない。　強

文の構造は同じだが、必要性の強弱、自発性の程度に差がある。

❗注意：　"必须"の否定形は"不必"を用いる。"不必须"は使えない。

⑥ …别／不要…

🐄意味：　〜するな、〜しないようにしなさい、〜しないでください。
"别"は副詞。"不要"は「副詞＋能願動詞」。

📖公式：　（主語＋）"别"／"不要"＋動詞（＋目的語）

1) 出去时, 别忘记锁门。Chūqu shí, bié wàngjì suǒmén.　锁门＝カギをかける

2) （妈妈说：）已经七点了, 别写了, 吃晚饭吧。
　　　（Māma shuō:) Yǐjing qī diǎn le, bié xiě le, chī wǎnfàn ba.

3) 你今天别去游泳了, 在家里好好休息休息。
　　　Nǐ jīntiān bié qù yóuyǒng le, zài jiā li hǎohāo xiūxi xiūxi.

4) （妈妈说：）你不要边听收音机, 边写作业。
　　　（Māma shuō:) Nǐ búyào biān tīng shōuyīnjī, biān xiě zuòyè.

5) （妈妈说：）你不要每天吃冰激凌。
　　　（Māma shuō:) Nǐ búyào měi tiān chī bīngjilíng.

6) 明天可能下雪, 你不要来了。Míngtiān kěnéng xiàxuě, nǐ búyào lái le.

⑦ …不必…

🐄意味：　〜の必要がない、〜しなくてもよい。
"不必"は副詞。

📖公式：　主語＋"不必"＋動詞（＋目的語）

1) 一件小事, 不必在意。
　　　Yí jiàn xiǎoshì, búbì zàiyì.　小事＝つまらないこと　在意＝気にする

2) 还有一个多小时呢, 不必着急。
　　　Hái yǒu yí ge duō xiǎoshí ne, búbì zháojí.　着急＝焦る

3) 我身体好多了, 你不必每天来探视。
　　　Wǒ shēntǐ hǎoduō le, nǐ búbì měi tiān lái tànshì.　探视＝見舞う

⑧ …不用／不需要…

> 🐷 意味： 〜する必要がない、〜するに及ばない、〜しなくてもよい。
> "不用"は副詞。"不需要"は「副詞＋能願動詞」。

> 📖 公式： (主語＋)"不用"／"不需要"＋動詞(＋目的語)

1) 你明天不用来了。Nǐ míngtiān búyòng lái le.

2) 啤酒够了，不用买了。Píjiǔ gòu le, búyòng mǎi le.

3) 我的车不需要加油，前天刚刚加了油。
　　Wǒ de chē bù xūyào jiāyóu, qiántiān gānggāng jiāle yóu.

⑨ …(没)有必要…

> 🐷 意味： 〜する必要がある、〜する必要がない。
> "必要"は名詞。

> 📖 公式： (主語＋)"没(有)"＋"必要"＋動詞(＋目的語)

1) 有必要买一台新电脑吗？Yǒu bìyào mǎi yì tái xīn diànnǎo ma?

2) 事故的原因有必要进一步调查。
　　Shìgù de yuányīn yǒu bìyào jìnyíbù diàochá.　进一步＝さらに

3) 没有必要告诉他这件事。Méiyǒu bìyào gàosu tā zhè jiàn shì.

⑩ …(不)应该／(不)应当…

> 🐷 意味： 〜するべきではない、〜しない方がよい、〜しなければよかった。
> "不应该""不应当"は「副詞＋能願動詞」。

> 📖 公式： 主語＋"不应该"／"不应当"＋動詞(＋目的語)

1) 你不应当那么说。Nǐ bù yīngdāng nàme shuō.

2) 你不应该买这件毛衣。Nǐ bù yīnggāi mǎi zhè jiàn máoyī.

3) 我昨天不应该去看那个电影，真没意思。
　　Wǒ zuótiān bù yīnggāi qù kàn nàge diànyǐng, zhēn méi yìsi.

❗注意：一人称にも使うことができるが、意味が異なる。一人称では禁止の意味ではなく、後悔の気持ちを表現する。

✖ 対比：你不应该买这件毛衣。
あなたはこのセーターを買うべきではない。
品物はまだ購入していない、購入することに対する不賛成

あなたはこのセーターを買わなければよかったのに。
品物をすでに購入した、購入した行為に対する不賛成

我不应该买这件毛衣。　私はこのセーターを買わなければよかった。
品物をすでに購入した、購入した行為に対する後悔の気持ちを表現

❗注意：一般的に動詞・能願動詞の否定形は「"不"または"没"＋肯定形」を使うが、必要・義務を表す場合の否定形は特殊な形が存在する。

肯定	要	得 děi	必须	需要	应该	应当	有必要
否定	不要, 不用	不用	不必	不需要	不应该	不应当	没必要
×	/	~~不得~~ děi	~~不必须~~	/	/	/	/

次頁答：① 1) B 2) A 3) G 4) D 5) F 6) E 7) C 8) H
　　　　② 1) B 2) A 3) A 4) A

練習 28

① ▭ の選択肢から最も適当なものを選び空欄をうめましょう（それぞれ1度しか使えません）。

> A 别　B 需要　C 得　D 必须　E 必　F 不应该　G 必要　H 不用

1) 我在学习日语，_____一本新词典。

2) 爷爷睡觉呢，你_____开电视。

3) 有_____给李老师打个电话吗？

4) 开车时，_____带执照。　　执照 zhízhào 運転免許証

5) 赌博不是好习惯，你_____经常赌博。　赌博 dǔbó 賭博（する）

6) 不是什么重要的事，你不_____在意。

7) 你最近身体不太好，_____好好休息。

8) 今天不冷，_____穿大衣。

② 正しい文をマークしましょう。

1) A 我别在图书馆里吸烟。
   B 你别在图书馆里吸烟。
2) A 啤酒够了，不用买了。
   B 啤酒够了，不应该买了。
3) A 还有很多时间呢，不必着急。
   B 还有很多时间呢，不必须着急。
4) A 我需要一些新资料。　　资料 zīliào 资料
   B 我应当一些新资料。

⬅ 練習の解答は前頁にあります。

Column　　　　　心理様態動詞

　　喜欢，爱，讨厌，恨，希望……
　　心理様態動詞は動詞の一種類に数えることができるが、その数は多くない。心理様態動詞は人の心の動き、意識、心理状態を表す。行為動詞と異なる点をあげると、

1　前に程度を表す副詞をおける
　　他非常喜欢电脑。　　　彼はパソコンが大好きだ。
　　我不太爱看电影。　　　私は映画を見るのがあまり好きではない。
2　完了を表す助詞"了"を伴う文では使えない
　　×他喜欢了滑雪。
　　変化を表す"了"とは一緒に使うことができる。
　　我不恨他了。　　　　　私はもう彼を恨んではいない。
　　他喜欢上了第一大学。　彼は第一大学が好きになった。
3　持続などを表す助詞"着"を伴う文では使えない
　　×他爱着看电影。
4　過去の経験を表す助詞"过"を伴う文では使うことができる
　　"没…过"の形での使用頻度は多くない。この場合の"过"は過去の心理状態からの何らかの変化を表現する。
　　你讨厌过他吗?　　　　あなたは彼を嫌いだったことがあったの。

29 感覚 (〜と感じる)

キーワード: 觉得・好…・难…

文型一覧

① 你觉得累吗?
　　　　　　　　　　　　　　　　疲れましたか。

② 今天我有点儿不舒服，头疼，腰也疼。
　　　　　　今日私は調子がよくない、頭が痛いし、腰も痛い。

③ 这首歌好听，那首难听。
　　　　　　この歌は(聞いて)気持ちがよいが、あの歌は耳障りだ。

用例と説明

① …(不)觉得…

　意味: 〜と感じる。
　形容詞の"热""咸"などや、心理様態動詞の"渴""饿""累"などとともに用いる

　公式: 主語 + ("不" +) "觉得" + (名詞 +) 形容詞／心理様態動詞

1) A 你觉得累吗? Nǐ juéde lèi ma?
   B 我不觉得累，但是觉得渴。Wǒ bù juéde lèi, dànshì juéde kě.

2) 你觉得热吗? Nǐ juéde rè ma?

3) 你觉得饺子咸不咸? Nǐ juéde jiǎozi xián bu xián?

4) A 你觉得怎么样，没问题吗? Nǐ juéde zěnmeyàng, méi wèntí ma?
   B 我觉得不太舒服，但问题不大。Wǒ juéde bú tài shūfu, dàn wèntí bú dà.

5) 小李觉得很伤心，很难过。Xiǎo Lǐ juéde hěn shāngxīn, hěn nánguò.

> ⚠️ 注意：我觉得不冷。　　　　　私は寒くない（と感じる）。
> 　　　　 我不觉得冷。　　　　　　　ほぼ同じ意味を表す

> ❌ 対比：我觉得很冷。　　　　　　私は寒い（と感じる）。　　　　*感覚*
> 　　　　 我觉得他是美国人。　　　私は彼がアメリカ人だと思う。　*推量*

> 📖 関連：「**31** 推量・推察」を参照。

② …(不)*形容詞*…

> 🐄 意味：〜と感じる。
> 📗 公式：<mark>主語＋（"不"+）形容詞／心理様態動詞</mark>

1) A 你饿不饿，渴不渴？Nǐ è bu è, kě bu kě?
   B 不饿，不过，有点儿渴了。Bú è, búguò, yǒudiǎnr kě le.　　不过=しかし

2) 孩子们高兴得很。Háizimen gāoxìng de hěn.

3) 我有点儿不舒服，头疼，腰也疼。Wǒ yǒudiǎnr bù shūfu, tóu téng, yāo yě téng.

③ …好△／不好△／难△

> 🐄 意味：構成上、「好△」の△は動詞となるが、「好△」全体は形容詞の役目をはたす。特に感覚を表現するときに用いる。
> 📗 公式：<mark>主語＋"好△"／"不好△"／"难△"</mark>

1) 她好看，他难看。Tā hǎokàn, tā nánkàn.

2) 这首歌好听，那首难听。Zhè shǒu gē hǎotīng, nà shǒu nántīng.　　首=（量詞）

3) 今天的茶好喝，昨天的不太好喝。
   Jīntiān de chá hǎohē, zuótiān de bú tài hǎohē.

4) 电子游戏好玩儿吗？Diànzǐ yóuxì hǎowánr ma?

5) 那个电影很好看。你看了吗？Nà ge diànyǐng hěn hǎokàn. Nǐ kànle ma?

6) A 今天的菜味道怎么样？
   　　Jīntiān de cài wèidao zěnmeyàng?
   B 烤鸭很好吃，麻婆豆腐不好吃。
   　　Kǎoyā hěn hǎochī, mápó-dòufu bù hǎochī.

❗ 注意： "好△"の否定形は"不好△"となるが、"好△"の否定的表現がすべて"难△"で表現できるわけではない。

🚫 禁止： × 那个电影难看。
　　　　　× 电子游戏难玩。　　　　　（/「面白くない」の意味を表現する場合）
　　　　　○ 电子游戏不好玩。　　　　テレビゲームは面白くない。
　　　　　○ 他不好看。　　　　　　　彼は見た目がよくない。
　　　　　○ 他难看。　　　　　　　　彼はみっともない。
　　　　　○ 那个电影不好看。　　　　その映画は面白くない。

✳ 対比： 那个电子游戏难玩。　　あのテレビゲームはやりにくい（操作しにくい）。
　　　　　那个电子游戏不好玩。　あのテレビゲームは面白くない。　　*感覚*
　　　　　那个电子游戏不好玩。　あのテレビゲームはやりにくい。　　*難易*

📖 関連：「**41** 難易」を参照。

30 意見・主張（〜と思う、〜という気がする）

キーワード: 想・认为・觉得

文型一覧

① 我**想**，他今天不会来了。　　　　私は彼が今日来ないと思う。

② 我**认为**第三中学的教育方法有问题。
　　　　私は第三中学の教育方法に問題があると考えている。

③ 我**觉得**那个学校的教育方法不太好。
　　　　私はあの学校の教育方法はあまりよくないと思う。

用例と説明

① …想…

- **意味**：〜と思う、〜と考える。
  この用法での"想"は動詞。前に副詞をおくことができない。否定形は用いない。"想"の後ろにくるのは主観的な意見で、客観的な事実を述べることはない。

- **公式**： 主語 +"想"+ フレーズ

1) 我**想**老李去比较好。Wǒ xiǎng Lǎo Lǐ qù bǐjiǎo hǎo.　比较＝比較的に、わりに

2) 我**想**，他今天不会来了。Wǒ xiǎng, tā jīntiān bú huì lái le.

3) 我**想**这次事故是他的责任。Wǒ xiǎng zhè cì shìgù shì tā de zérèn.　责任＝責任

4) 我**想**，喝咖啡太多对身体不好。
　　Wǒ xiǎng, hē kāfēi tài duō duì shēntǐ bù hǎo.

5) 我**想**，咱们吃饺子比较好。Wǒ xiǎng, zánmen chī jiǎozi bǐjiǎo hǎo.

🌸 対比：　"想"は多義。

　　　　　我想咱们吃饺子比较好。　　私は餃子を食べるほうがいいと思う。
　　　　　　　　　　　　　　　　　　　　見解の表明　　　"想"は動詞

　　　　　我想他在吃饺子。　　　　私は彼が餃子を食べていると思う。
　　　　　　　　　　　　　　　　　　　　推量　　　　　"想"は動詞

　　　　　我想吃饺子。　　　　　　私は餃子が食べたい。
　　　　　他不想吃饺子。　　　　　彼は餃子を食べたくない。
　　　　　　　　　　　　　　　　　　　　希望　　　　　"想"は能願動詞

🔖 関連：「25 希望・意欲」「31 推量・推察」を参照。

②…(不)认为…

🐷 意味：　～と考える。物事に対する判断や見解を述べることが多く、公的な感じを与える。
　　　　　"认为"は動詞。その前に否定を表す副詞以外はおくことができない。
　　　　　否定文では"不"が一般的。"没"も文法上使用可能であるが、過去の否定を表すため、使用頻度は少ない。

📖 公式：　**主語 + ("不"／"没"+) "认为" + フレーズ**

1) 我认为喝酒对身体很好。Wǒ rènwéi hējiǔ duì shēntǐ hěn hǎo.

2) A　我认为, 这次事故是你的责任。
　　　　Wǒ rènwéi, zhè cì shìgù shì nǐ de zérèn.
　　B　我不认为那是我的责任。Wǒ bú rènwéi nà shì wǒ de zérèn.

3) 我认为第三中学的教育方法有问题。
　　Wǒ rènwéi Dì-sān Zhōngxué de jiàoyù fāngfǎ yǒu wèntí.

4) 我没认为喝茶对身体不好。Wǒ méi rènwéi hēchá duì shēntǐ bù hǎo.

🚫 禁止：　× 我不想喝酒对身体很好。
　　　　　○ 我不认为喝酒对身体很好。　私は飲酒が体によいとは思わない。

③…(不)觉得…

🐷 意味：　～かもしれないと思う。意見を柔らかく表現する方法。
　　　　　"觉得"は動詞。その前に程度副詞をおくことはできない。

否定文には"不"が一般的。"没"も文法上使用可能であるが、過去の否定を表すため、使用頻度は少ない。

📙 公式： 主語 +（"不"／"没"+）"觉得" + フレーズ

1) 我觉得每天吃肉对身体不太好。
   Wǒ juéde měi tiān chī ròu duì shēntǐ bú tài hǎo.

2) A 我觉得这次事故是他的错儿。你觉得呢?
   Wǒ juéde zhè cì shìgù shì tā de cuòr. Nǐ juéde ne?　错儿=ミス、過ち
   B 我不觉得那是他的错儿。Wǒ bù juéde nà shì tā de cuòr.
   C 我也没觉得是他的错儿。Wǒ yě méi juéde shì tā de cuòr.

3) 我觉得那个中学的教育方法不太好。
   Wǒ juéde nà ge zhōngxué de jiàoyù fāngfǎ bú tài hǎo.

   ❌ 对比： 我觉得喝茶对身体很好。　私はお茶を飲むことは体によいと思う。　*意見*
   　　　　 我觉得冷。　　　　　　　　私は寒い（と感じる）。　　　　　　　*感覚*
   　　　　 我觉得他可能是北京人。　　私は彼が北京出身のような気がする。　*推量*

   🔗 関連：「29 感覚」「31 推量・推察」を参照。

次頁答： ① 1) B 2) D 3) E 4) C 5) F 6) G 7) H 8) A
　　　　 ② 1) A 2) B 3) B

練習 29・30

① ☐ の選択肢から最も適当なものを選び空欄をうめましょう（それぞれ1度しか使えません）。

> A 觉得　B 我想　C 有点儿　D 舒服　E 认为　F 不觉得　G 好听　H 不

1) ＿＿＿＿，德语比法语难。　　法语 Fǎyǔ フランス語

2) 你觉得不＿＿＿＿吗？

3) 我＿＿＿＿地球温暖化是天气异常的原因。　　异常 yìcháng 異常である

4) 我＿＿＿＿胃疼，不想吃饭。　　胃疼 wèiténg 胃が痛む

5) 我上午喝了很多茶，现在＿＿＿＿渴。

6) 那首歌很＿＿＿＿。你会唱吗？

7) 我＿＿＿＿认为第一大学的教育方法有问题，我觉得没有什么问题。

8) 我＿＿＿＿她不是中国人。

② 正しい文をマークしましょう。

1) A 我想咱们吃饺子比较好。
   B 我不想咱们吃饺子比较好。

2) A 那个电影很难看。
   B 那个电影不好看。

3) A 我认为今天很冷。
   B 我觉得今天很冷。

練習の解答は前頁にあります。

31 推量・推察（～かもしれない、たぶん、だいたい、きっと）

キーワード： 好像・说不定・多半・也许・大概・肯定・恐怕・可能・听起来・看来・听说・觉得・想・会・应该

文型一覧

① 你**好像**又吸烟了，是不是？　　　あなたはまたタバコを吸いましたね。

② 已经十点了，**说不定**她今天不来了。
　　　　　　もう十時になったから、彼女は今日来ないかもしれないね。

③ 明天**恐怕**下大雪。　　　明日は大雪の恐れがある。

④ 那个西瓜**多半**不太新鲜。　あのスイカはたぶんあまり新鮮ではない。

⑤ 现在**大概**六点半。　　　今、だいたい六時半だ。

⑥ 东京**肯定**比札幌大。　　　東京はきっと札幌より大きい。

⑦ 明天**会**下雪吗？　　　明日は雪が降るでしょうか。

⑧ **听起来**，她是大阪人。　（話し方から察するに）彼女は大阪人だと思う。

⑨ 我**觉得**他**好像**不是好人。　私は彼が良い人ではないような気がする。

用例と説明

① …好像…

　🐷 **意味**：（どうも）…のような気がする。
　　　　"好像"は副詞、状態語で述語の前におく。"好像"は主観的な推量を表す。述語には動詞、形容詞、名詞のいずれもあてることができる。

　📖 **公式**： 主語 ＋ "好像" ＋ 述語

1) 丁丽好像是北京人。Dīng Lì hǎoxiàng shì Běijīngrén.

2) 你好像又吸烟了, 是不是? Nǐ hǎoxiàng yòu xīyān le, shì bu shì?

3) 她好像还在生气。Tā hǎoxiàng hái zài shēngqì.

4) 她好像不舒服。Tā hǎoxiàng bù shūfu.

5) 西瓜好像不太新鲜。Xīguā hǎoxiàng bú tài xīnxiān.

6) 今天好像星期六。Jīntiān hǎoxiàng xīngqīliù.

> 対比： 她好像是英国人。
> 　　　彼女はどうもイギリス人らしい。　　　　　　*推量*
> 　　　她好像英国人一样, 每天喝红茶。
> 　　　彼女はイギリス人のように毎日紅茶を飲んでいる。　*類比*
>
> 関連：「06 類比」を参照。

② …也许／可能／说不定…

> 意味： 〜かもしれない。三つは確率を表し、話し手の推量を表す。確率はいずれもあまり高くない、50％程度か、またはそれ以下である。"也许""可能"は副詞、状態語で述部の前におく。"说不定"は主語の前後どちらにもおくことができる。
>
> 公式： **主語 ＋ "也许" ／ "可能" ／ "说不定" ＋ 述語**

1) 他可能是中国人。Tā kěnéng shì Zhōngguórén.

2) 今天也许下雪。明天可能是阴天。
　　Jīntiān yěxǔ xiàxuě. Míngtiān kěnéng shì yīntiān.

3) 已经十点了, 说不定她今天不来了。
　　Yǐjing shí diǎn le, shuōbudìng tā jīntiān bù lái le.

4) 面包也许味道不错。Miànbāo yěxǔ wèidao búcuò.

③ …恐怕…

> 意味： おそらく〜だ、たぶん〜だ。
> "可能"は単なる予想を表現するが、"恐怕"は心配・不安・失望などの気持ちを表す。副詞、状態語で述語の前におく。

📖 公式： 主語 + "恐怕" + 述語

1) 那个西瓜恐怕不太新鲜。Nà ge xīguā kǒngpà bú tài xīnxiān.
2) 已经十点了，她今天恐怕不来了。Yǐjing shí diǎn le, tā jīntiān kǒngpà bù lái le.
3) 明天恐怕下大雪。Míngtiān kǒngpà xià dàxuě.

❋ 対比： 她可能不来了。　　　　　彼女は来ないかもしれない。
　　　　她也许不来了。　　　　　ほぼ同じ意味を表す
　　　　她说不定不来了。　　　　ほぼ同じ意味を表す
　　　　她恐怕不来了。　　　　　（彼女が来てほしいのに）彼女は来ないかもしれない。

④ …多半／很可能…

🐖 意味： たぶん～。
　　　　確率はすこし高く、50％以上の確率を表す。副詞、状態語で述語の前におく。

📖 公式： 主語 + "多半"／"很可能" + 述語

1) 今天很可能下大雨。Jīntiān hěn kěnéng xià dàyǔ.
2) 那个西瓜多半不太新鲜。Nàge xīguā duōbàn bú tài xīnxiān.

⑤ …大概…

🐖 意味： 「たぶん～」と「だいたい～」の両方の意味をあわせ持つ。よって、具体的な時間や数量の推測に多く用いる。副詞、状態語で述語の前におく。

📖 公式： 主語 + "大概" + 述語

1) 现在大概六点半。Xiànzài dàgài liù diǎn bàn.
2) 一件毛衣大概80元。Yí jiàn máoyī dàgài bāshí yuán.
3) 他的身高大概1米80。Tā de shēngāo dàgài yì mǐ bā líng.
4) 老王大概六十岁。Lǎo Wáng dàgài liùshí suì.
5) 明天大概不会下雪。Míngtiān dàgài bú huì xiàxuě.

⑥ …肯定／绝对…

> 🐷 意味： きっと～。
> 確率はかなり高く、ほぼ100%に近い。副詞、状態語で述語の前におく。"绝对"の方がより強い語気を表す。

> 📕 公式： 主語 +"肯定"／"绝对"+ 述語

1) 东京肯定比札幌大。Dōngjīng kěndìng bǐ Zháhuǎng dà.

2) 她不会说汉语，绝对不是中国人。
   Tā bú huì shuō Hànyǔ, juéduì bú shì Zhōngguórén

3) 烤鸭肯定很贵。Kǎoyā kěndìng hěn guì.

4) 小王在法国留过学，绝对会说法语。
   Xiǎo Wáng zài Fǎguó liúguo xué, juéduì huì shuō Fǎyǔ.

⑦ …应该／会…

> 🐷 意味： ～のはずだ、～だろう。
> "应该"は能願動詞、「～のはずだ」という情況的判断を示す。"会"は文末に"的"を伴う形が多用される能願動詞で、「～する可能性がある、～だろう」。"会"の前にさらに判断を表す副詞をおくことができる。

> 📕 公式： 主語 +"应该"／"会"+ 動詞（+ 目的語）

1) A 小林还没有来吗? Xiǎo Lín hái méiyǒu lái ma?
   B 还没有。十点一刻了，她应该来了。
      Hái méiyǒu. Shí diǎn yí kè le, tā yīnggāi lái le.
   C 再等一会儿吧，她会来的。Zài děng yíhuìr ba, tā huì lái de.

2) A 明天会下雪吗? Míngtiān huì xiàxuě ma?
   B 明天多半会下雪。Míngtiān duōbàn huì xiàxuě.

> ❋ 対比： 她应该来了。 （情況から判断して)彼女が来るべき時間だ。　**推量**
> 　　　　 她应该来。　 彼女は来るべきだ。　　　　　　　　　　　　**義務**
> 　　　　 她会来的。　 彼女は来るでしょう。　　　　　　　　　　　**推量**
> 　　　　 她会说英语。 彼女は英語が話せる。　　　　　　　　　　　**能力**

🔖 関連：コラム「能願動詞」(116ページ)「26 能力・可能」「28 必要・義務」を参照。

⑧ 看(起)来／听起来…

🐄 意味："看(起)来"は「様子から察すると〜のようだ」。
"听起来"は「話し方から察すると〜のようだ」。
判断の根拠を示す。文頭におく。

📖 公式： "看(起)来"／"听起来", 主語 +（確率語 +）述語

1) 看来, 你今天很忙。我明天再来。Kànlái, nǐ jīntiān hěn máng. Wǒ míngtiān zài lái.

2) 看起来, 丁丽今天好像不太舒服。Kàn qilai, Dīng Lì jīntiān hǎoxiàng bú tài shūfu.

3) 听起来, 他是大阪人。Tīng qilai, tā shì Dàbǎnrén.

⑨ …我觉得／我想…

🐄 意味：〜だと思う。
"我觉得"、"我想" + 確率語 = ダブルの推量

📖 公式： "我觉得"／"我想"+ 主語 +（確率語 +）述語

1) 我觉得, 她是英国人, 不是美国人。
　　Wǒ juéde, tā shì Yīngguórén, bú shì Měiguórén.

2) 我觉得他好像不是好人。Wǒ juéde tā hǎoxiàng bú shì hǎorén.

3) 我想, 小李明天肯定会来的。Wǒ xiǎng, Xiǎo Lǐ míngtiān kěndìng huì lái de.

❎ 対比： 我觉得她是英国人。　　私は彼女がイギリス人だと思う。
　　　　　　　　　　　　　　　　　　　　　　推量
　　　　 我觉得她可能是英国人。　私は彼女がたぶんイギリス人だと思う。
　　　　　　　　　　　　　　　　　　　　　　更に推量を強調
　　　　 我觉得, 小林比她好看。　私は小林さんが彼女よりきれいだと思う。
　　　　　　　　　　　　　　　　　　　　　　意見

🔖 関連：「30 意見・主張」を参照。

32 伝聞(聞くところによると~)

キーワード: 听说・没听说・据说

文型一覧

① **听说**，小丽下个月结婚。
　　　　　　聞くところによると、麗ちゃんは来月結婚するらしい。

② 我**没听说**小张买了新汽车。
　　　　　　張さんが新車を買ったことを、私は耳にしていなかった。

③ **据**王校长**说**，东山小学今年有340个学生毕业。
　　　　　　王校長によると、東山小学校は今年340人の学生が卒業するそうだ。

用例と説明

① 听说，／听…说，…

- **意味**：聞くところによると~だ。
挿入句として用いる。情報源を明確にするとき、情報源を"听"と"说"の間に入れる。
- **公式**："听说，"／"听…说，"フレーズ

1) **听说**，小丽下个月结婚。Tīngshuō, Xiǎo Lì xià ge yuè jiéhūn.

2) A　**听说**，肖梅很聪明，是吗？Tīngshuō, Xiāo Méi hěn cōngming, shì ma?
　 B　是的。她真的很聪明。Shì de. Tā zhēnde hěn cōngming.

3) **听说**，丁丽是北京人。Tīngshuō, Dīng Lì shì Běijīngrén.

4) **听**小丁**说**，老林生病了。Tīng Xiǎo Dīng shuō, Lǎo Lín shēngbìng le.

5) **听**老李**说**，老林明天出院。
　　Tīng Lǎo Lǐ shuō, Lǎo Lín míngtiān chūyuàn.　出院＝退院する

6) 听那个人说，火车晚点了。
   Tīng nàge rén shuō, huǒchē wǎndiǎn le.　晚点=延着する

   ❎ 対比：听说, 他是大阪人。　　人から聞いた話では、彼は大阪人だそうだ。
   　　　　听起来, 他是大阪人。　彼の話し方（アクセント、なまりなど）から察するに、彼は大阪人だ。

   🔗 関連：「31 推量・推察」を参照。

② …(没)听说…

   📕 意味：（〜を）耳にしている／耳にしていない。
   　　　　①の"听说"は挿入句、②の"听说"は述語。
   　　　　"听说"は「人が話しているのを聞いた」という意味合いが強いが、情報源は人の話とは限らない。インターネットから得た情報などにも"听说"を使うことができる。"听说"の根本的な意味は、「何かから情報を収集した、教えてもらった」である。

   📘 公式：**主語 +"(没)听说"+ 名詞／フレーズ**

1) 我们都听说过这件事。Wǒmen dōu tīngshuōguo zhè jiàn shì.
2) A 听说, 王易明下个月去美国留学。你听说了吗？
   　　Tīngshuō, Wáng Yìmíng xiàge yuè qù Měiguó liúxué. Nǐ tīngshuōle ma?
   B 我没听说。是吗？ 她什么时候走？
   　　Wǒ méi tīngshuō. Shì ma? Tā shénme shíhou zǒu?
3) 我听说老林住院了。Wǒ tīngshuō Lǎo Lín zhùyuàn le.
4) 我没听说小张买了新汽车。Wǒ méi tīngshuō Xiǎo Zhāng mǎile xīn qìchē.

③ 据说, ／据…说, …

   📕 意味：意味は①とほぼ同じ意味を表す、より公式的で、書き言葉で多用する。
   　　　　"据说"は挿入句。否定文は用いない。

   📘 公式：**"据说,"／"据…说," フレーズ**

1) **据说**，第一公司明年将开设三个分公司。
   Jùshuō, Dì-yī Gōngsī míngnián jiāng kāishè sān ge fēngōngsī.

2) **据说**，本市去年有三万多人结婚。
   Jùshuō, běnshì qùnián yǒu sān wàn duō rén jiéhūn.

3) **据**王校长**说**，东山小学今年有340个学生毕业。
   Jù Wáng Xiàozhǎng shuō, Dōngshān Xiǎoxué jīnnián yǒu sān bǎi sì shí ge xuésheng bìyè.　毕业＝卒業する

4) **据**李医生**说**，老林的病不重，下个星期就可以出院。　重＝ひどい、おもい
   Jù Lǐ Yīshēng shuō, Lǎo Lín de bìng bú zhòng, xiàge xīngqī jiù kěyǐ chūyuàn.

   🚫禁止：　× 我据说小丽五月结婚。
   　　　　　○ 我听说小丽五月结婚。　私は麗ちゃんが五月に結婚するという話を聞いた。

次頁答：① 1) F 2) A 3) B 4) D 5) E 6) G 7) C 8) H
　　　　② 1) B 2) B 3) A 4) A

155

練習 31・32

① ▢ の選択肢から最も適当なものを選び空欄をうめましょう（それぞれ1度しか使えません）。

> A 说 B 起来 C 觉得 D 好像 E 多半 F 肯定 G 据 H 会

1) 他不会说日语，_____不是日本人。

2) 听_____，老张的女儿去美国留学了。

3) 听_____，她是南方人，不是北方人。

4) 老王_____身体不舒服。

5) 已经十一点多了，小李今天晚上_____不来了。

6) _____王部长说，丁教授的研究很成功。

7) 我_____她今天好像不太高兴。

8) 你觉得，今天_____下雪吗？

② 正しい文をマークしましょう。

1) A 中国好像比日本大。
   B 中国肯定比日本大。

2) A 现在会八点半了。
   B 现在大概八点半了。

3) A 听说，林小美很漂亮，很有意思。
   B 听起来，林小美很漂亮，很有意思。

4) A 据说，林教授去北京了。
   B 据林教授说，去北京了。

⬅ 練習の解答は前頁にあります。

Column 動詞の重ね型

　単語を重ねて繰り返す動詞の重ね型は、基本的に「ちょっと〜する」という意味を表す。この「ちょっと」の中には、動作の時間が短いことや、語気を和らげたり、試しに行うなどの意味も含まれる。また「〜したり、…したり」などの意味も表す。

1　ちょっと〜する
　　我去散散步。　　　　　　ちょっと散歩に行って来る。
　　你看看表，几点了?　　　ちょっと時計を見てくれない。何時になったの。
2　〜したり、…したりする
　　星期天，买买东西，洗洗衣服。
　　　　　　　　　　　　　　日曜日買い物をしたり、洗濯をしたりする。

●動詞の重ね型のルール●
① 一音節の動詞　　　　　　AA○　　　洗洗衣服
　　動詞を重ねる
② 二音節の動詞　　　　　　ABAB○　　打扫打扫房间
　　すべての動詞を重ねる　　ABAB　　休息休息
③ 離合動詞　　　　　　　　AAB　　　游游泳

「動詞+目的語構造」の動詞は前の部分のみを重ねる。

　動詞の重ね型には変化形も存在する。形は"写一写日记""买一买东西"などである。一文字動詞に限り、二文字動詞は「AB一AB」とはならない。動詞の重ね型の過去形は"写了写日记""买了买东西""打扫打扫了房间"となる。一文字動詞は「AA了」の形はとれない。二文字動詞は、「AB了AB」の形はとれない。

33 決意（必ず〜、絶対）

キーワード　絶対・一定・決心・決定

文型一覧

① 我明年**一定**去法国旅游。　　私は来年必ずフランスへ旅行に行く。
② 苦瓜太苦，我**绝对**不吃。　　苦瓜は苦すぎるので、私は絶対食べない!
③ 小马**决心**戒烟。　　　　　　馬さんは禁煙を決意した。
④ 第一中学**决定**七月八号放假，九月一号开学。
　　第一中学は7月8日から休みに入り、9月1日から授業を始めることを決めた。

用例と説明

① …一定…

🐷 **意味**：必ず〜。
　　　意志や決意の固いことを表し、一人称で用いることが多い。
　　　"一定"は副詞。"不一定"は"一定"の否定形ではない。

📖 **公式**：　主語["我"] + "一定" + 動詞フレーズ

1) 我今天上午**一定**把作业写完。Wǒ jīntiān shàngwǔ yídìng bǎ zuòyè xiěwán.

2) 星期天，我**一定**去你家。Xīngqītiān, wǒ yídìng qù nǐ jiā.

3) 我明年**一定**去法国旅游。Wǒ míngnián yídìng qù Fǎguó lǚyóu.

　❎ **対比**：　我**一定**去大阪。　　　私は絶対大阪に行く。　　　　**主観的決意**
　　　　　　　她**肯定**是大阪人。　　彼女はまちがいなく大阪人だ。　**客観的事実に関する推量**

　🚫 **禁止**：　× 我不一定喝啤酒。
　　　　　　　〇 我绝对不喝啤酒。　　　私は絶対ビールを飲まない。
　　　　　　　〇 她不一定是美国人。　　彼女はアメリカ人とは限らない。

158

🔖 関連:「**31** 推量・推察」を参照。

② …绝对(不)…

🐄 意味: 絶対に、きっと。強い意志を表す。
一人称で用いることが多い。一人称以外のときは推量や判断を表す。
"绝对不"の形で多用する。"绝对"は"一定"より強い意志を表す。

📘 公式: 主語[**"我"**] + **"绝对(不)"** + 動詞フレーズ

1) 苦瓜太苦, 我绝对不吃。Kǔguā tài kǔ, wǒ juéduì bù chī.　苦瓜=ニガウリ
2) 广州夏天太热, 暑假我绝对不去那儿旅游。
　　Guǎngzhōu xiàtiān tài rè, shǔjià wǒ juéduì bú qù nàr lǚyóu.
3) 我今天绝对要把这本小说看完。Wǒ jīntiān juéduì yào bǎ zhè běn xiǎoshuō kànwán.

❌ 対比:　我绝对不喝白酒。　　私は絶対蒸溜酒を飲まない。　　**決意**
　　　　　她绝对不是留学生。　彼女は絶対に留学生ではないと思う。　**推量**

🔖 関連:「**31** 推量・推察」を参照。

③ …决心…

🐄 意味: 〜を決意する、決心する。
"决心"は人や組織がある事柄に対する決意や決心を表すが、実現できるかどうかについては述べない。否定形はほとんど用いない。

📘 公式: 主語 + **"决心"** + 動詞フレーズ

1) 小马决心戒烟。Xiǎo Mǎ juéxīn jièyān.　戒烟=禁煙する
2) 她决心大学毕业后当服装设计师。
　　Tā juéxīn dàxué bìyè hòu dāng fúzhuāng shèjìshī.
3) 我决心学会说英语。Wǒ juéxīn xuéhuì shuō Yīngyǔ.
4) 他决心和林美丽结婚。Tā juéxīn hé Lín Měilì jiéhūn.

④ …决定…

🐄 意味: 決定する。
"决定"は実現できるように(計画して)実行するときに用いる。

否定形はほとんど用いない。

🔖 **公式**： 主語 + "决定" + 動詞フレーズ

1) 小马决定下个星期开始戒烟。Xiǎo Mǎ juéxīn xià ge xīngqī kāishǐ jièyān.

2) 第一中学决定七月八号放假，九月一号开学。　　放假=休みに入る
　　Dì-yī Zhōngxué juédìng qīyuè bā hào fàngjià, jiǔyuè yī hào kāixué.

3) 我决定买一辆新自行车。Wǒ juédìng mǎi yí liàng xīn zìxíngchē.

❌ 対比： 我决心去美国留学。　　私はアメリカへ留学に行くことを決意した。
　　　　　　　　　　　　　　　決意のみ、最終的に行けるかどうか分からない

　　　　她决定八月去美国留学。　彼女は8月にアメリカへ留学に行くことを決めた。
　　　　　　　　　　　　　　　具体的なスケジュールや手段を決定した上での決意

34 無念 (仕方がない)

キーワード: 没办法・只好・只得

文型一覧

① 食堂已经关门了。没办法, 吃了方便面。
　　　　食堂が閉店してしまった。仕方なく、カップ拉麺を食べた。

② 自行车坏了, 只好走路去学校。
　　　　自転車が故障してしまったので、仕方なく歩いて学校に行く。

用例と説明

① …没办法, …

- **意味**: 仕方がない。
  "没办法"は挿入句、その前のフレーズは原因を表し、後ろのフレーズは結果を表す。
- **公式**: フレーズ, "没办法", フレーズ

1) 你们都不去, 没办法, 我去吧。 Nǐmen dōu bú qù, méi bànfa, wǒ qù ba.

2) 食堂已经关门了。没办法, 吃了方便面。　　方便面=カップ拉麺
   Shítáng yǐjing guānmén le. Méi bànfa, chīle fāngbiànmiàn.

3) 我不喜欢用电脑, 但是工作需要, 没办法, 每天用电脑工作。
   Wǒ bù xǐhuan yòng diànnǎo, dànshì gōngzuò xūyào, méi bànfa, měi tiān yòng diànnǎo gōngzuò.　　工作需要=仕事上の必要

② …(没办法), 只好／只得…

- **意味**: 仕方がない。
  "只好" "只得" はともに副詞。
  "没办法"と"只好"、"只得"の併用は、より強い語気を表す。

前のフレーズは原因を表し、後ろのフレーズはその結果を表す。
"只得"は"只好"より書面語として用いられることが多い。

🔹 公式： フレーズ,（"没办法",）"只好"／"只得", フレーズ

1) 自行车坏了, 只好走路去学校。Zìxíngchē huài le, zhǐhǎo zǒulù qù xuéxiào.

2) 我们明天都有事, 没办法, 只好你去了。
　　Wǒmen míngtiān dōu yǒushì, méi bànfa, zhǐhǎo nǐ qù le.

3) 她不想现在结婚, 但怀孕了, 只得下个月结婚。　　怀孕=妊娠する
　　Tā bù xiǎng xiànzài jiéhūn, dàn huáiyùn le, zhǐdé xià ge yuè jiéhūn.

4)（医生说：）这种药有副作用, 但是没办法, 只得让他吃了。
　　(Yīshēng shuō:) Zhè zhǒng yào yǒu fùzuòyòng, dànshì méi bànfa, zhǐdé ràng tā chī le.

次頁答：① 1) B 2) F 3) D 4) C 5) A 6) E
　　　　② 1) A 2) A 3) B

練習 33・34

① ▢ の選択肢から最も適当なものを選び空欄をうめましょう（それぞれ1度しか使えません）。

> A 一定　B 绝对　C 决心　D 决定　E 没办法　F 只好

1) 香港夏天太热，我暑假_____不去那儿旅游。

2) 我听不懂日语，_____请野村翻译。　　翻译 fānyì 通訳する、翻訳する

3) 第一公司_____在北京开办分公司。

4) 老王_____戒烟。

5) 我明天_____把物理作业做完。

6) 那辆汽车很好看，可是太贵了，_____，我买了一辆便宜的汽车。

② 正しい文をマークしましょう。

1) A 白酒太厉害，我绝对不喝。
   B 白酒太厉害，我一定不喝。

2) A 今天下大雪，只好明天再去。
   B 今天下大雪，没办法明天再去。

3) A 王部长决心星期五开会。
   B 王部长决定星期五开会。

◀ 練習の解答は前頁にあります。

35 使役・派遣（〜させる）

キーワード: 让・使・请・令・派

文型一覧

① 部长**让**小王去邮局寄信。
　　　　　　部長は王さんに郵便局へ手紙を出しに行かせる。

② 女朋友从美国来信了，**使**小李非常高兴。
　　　　　　アメリカから恋人の手紙が届いたことは、李さんをすごく喜ばせた。

③ 我**请**王教授翻译这篇文章。
　　　　　　私は王教授にこの文章を翻訳して下さるようお願いする。

用例と説明

① …让／叫／派…

🐂 **意味**：〜させる。目上の人からの指示に使われることが多い。
否定文は文法的に成立するが、故意に用いる場合を除いて、ほとんど使用しない。
"叫"は"让"より話し言葉で使われる頻度が高い。"派"は「派遣する」意味合いが強い。

📙 **公式**：名詞①［人］+ "让"／"叫"+ 名詞②［人］+ 動詞（+ 目的）

1) 部长**让**小王去邮局寄信。Bùzhǎng ràng Xiǎo Wáng qù yóujú jì xìn.
2) 妈妈**叫**姐姐洗衣服，**叫**哥哥做饭。Māma jiào jiějie xǐ yīfu, jiào gēge zuòfàn.
3) 王老师**让**同学们写作业。Wáng Lǎoshī ràng tóngxuémen xiě zuòyè.
4) 妹妹**让**奶奶给她买了一个蛋糕。Mèimei ràng nǎinai gěi tā mǎile yí ge dàngāo.
5) 丁经理**派**小林去北京出差。Dīng Jīnglǐ pài Xiǎo Lín qù Běijīng chūchāi.

✴ 対比： 爸爸让姐姐去买东西。　**目上の人が目下の人に指示する**
　　　　　　　父は姉を買い物に行かせる。
　　　　妹妹让奶奶去买蛋糕。　**目下の人が目上の人にお願いする**
　　　　　　　妹はお婆さんにケーキを買ってくれるようにお願いする。
　　　　部长派小王去出差。　**上司が部下を派遣する**
　　　　　　　部長は王さんを出張に行かせる。

②…使／让／令…

🐷 意味：　〜させる。
　　　　　形容詞は心理描写を表す形容詞、動詞は心理様態動詞。いずれも心の状態を表すものがくる。

📖 公式：　**名詞①／フレーズ＋"使"／"让"／"令"＋名詞②［人］＋形容詞／動詞**

1) 这本小说使人感动。Zhè běn xiǎoshuō shǐ rén gǎndòng.

2) 女朋友从美国来信了，使小李非常高兴。
　　Nǚpéngyou cóng Měiguó láixìn le, shǐ Xiǎo Lǐ fēicháng gāoxìng.

3) 今年的奖金不多，真让我失望。
　　Jīnnián de jiǎngjīn bù duō, zhēn ràng wǒ shīwàng.　奖金＝ボーナス

4) 我昨天看了电影，那个人真伟大，令人佩服。
　　Wǒ zuótiān kànle diànyǐng, nàge rén zhēn wěidà, lìng rén pèifu.　佩服＝敬服する

　✴ 対比：　那个人让我感动。　　あの方は私を感動させた。
　　　　　　　　　　　　　　　　　　　　　　心理変化を起こさせる
　　　　　　爸爸让姐姐去买东西。　父は姉を買い物に行かせた。
　　　　　　　　　　　　　　　　　　　　　　行為変化を起こさせる

❗ 注意：　"令"，"使"，"叫"の三つは介詞、左に行くほど書き言葉で用いる可能性が高い。文型①の名詞①は人に限る。名詞①の意志により他の人にある行為を起こさせることを表現する。文型②の「名詞①／フレーズ」は事実、事件、行為など。「名詞①／フレーズ」が名詞②に人の心理的影響を起こさせることを表現する。文型①では、"令""使"は使えない。
　　　　　文型②では、"叫"を使わない方が無難。

🚫 禁止：× 妈妈令姐姐洗衣服。
　　　　　○ 妈妈让姐姐洗衣服。　　お母さんはお姉さんに洗濯をさせる。

③ …请…

　🐄 意味：～してもらう、～してもらうようにお願いする。
　📖 公式：名詞①［人］+ "请" + 名詞②［人］+ 動詞フレーズ

1) 我请王教授翻译这篇文章。
　　Wǒ qǐng Wáng Jiàoshòu fānyì zhè piān wénzhāng.

2) 李校长请林先生来第一中学讲演。　　讲演=講演する
　　Lǐ Xiàozhǎng qǐng Lín Xiānsheng lái Dì-yī Zhōngxué jiǎngyǎn.

3) 小张请李部长去北京开会。
　　Xiǎo Zhāng qǐng Lǐ Bùzhǎng qù Běijīng kāihuì.

　❈ 対比：小张请李部长去北京开会。　　　　*目上の人に申請*
　　　　　張さんは李部長に北京の会議に出席して下さるようお願いする。
　　　　　李部长让小张去北京开会。　　　　*目下の人に指示*
　　　　　李部長は張さんを北京の会議に行かせる

36 受身（〜される）

キーワード 被・让・叫・给

文型一覧

① 小偷被警察逮捕了。　　　泥棒は警官に逮捕された。
② 哥哥叫狗咬伤了。　　　　兄は犬に噛まれてけがをした。
③ 王东东今天没被老师批评。王東東君は今日先生に叱られなかった。

用例と説明

① …被／给…了…

意味：〜に…された。

受身文は述語動詞が単独で述語になることはできない。文末に"了"や「補語＋"了"」を伴う形で多用する。文型②も同様。例5)・7)・8)は「動詞＋補語＋"了"」の形。受身文の大部分は過去形で用いる。現在形の受身文は形が限られる。現在形の受身文成立には多数の条件が必要である。

公式：名詞①＋"被"／"给"＋（名詞②＋）動詞＋（補語＋）"了"

1) 王东东昨天被老师批评了。Wáng Dōngdong zuótiān bèi lǎoshī pīpíng le.
2) 他的钱包被小偷偷了。Tā de qiánbāo bèi xiǎotōu tōu le.
3) 小偷被警察逮捕了。Xiǎotōu bèi jǐngchá dàibǔ le.
4) 我的日记被弟弟看了。Wǒ de rìjì bèi dìdi kàn le.
5) 蛋糕被姐姐吃完了。Dàngāo bèi jiějie chīwán le.
6) 杂志给妈妈扔了。Zázhì gěi māma rēng le.　扔＝捨てる
7) 我的词典给小王借走了。Wǒ de cídiǎn gěi Xiǎo Wáng jièzǒu le.　借走＝借りていく

8) 杯子给打破了。Bēizi gěi dǎpò le.　杯子=カップ　打破=打破する

　　🚫禁止：　× 蛋糕被姐姐吃完。　　× 蛋糕给姐姐吃完。
　　　　　　　× 蛋糕被姐姐吃。　　　× 蛋糕给姐姐吃。
　　　　　　　○ 蛋糕被姐姐吃完了。　ケーキは姉に食べられた。
　　　　　　　○ 蛋糕给姐姐吃完了。　ほぼ同じ意味を表す
　　　　　　　○ 蛋糕被吃完了。　　　ケーキは食べられた。
　　　　　　　○ 蛋糕给吃完了。　　　ほぼ同じ意味を表す

　　✳対比：　"给"は多義。
　　　　　　　我给了她一本小说。　　私は彼女に小説をあげた。　　"给"は動詞
　　　　　　　我给老王打电话。　　　私は王さんに電話をかける。　"给"は介詞
　　　　　　　杯子给打破了。　　　　カップは(誰かに)壊された。　"给"は介詞

　　📖関連：「**38** 贈与・借貸」を参照。

② …让／叫…了…

　　🐷意味：　～に…された。
　　　　　　　"让""叫"は受身表現の中でも主に話し言葉で用いる。
　　　　　　　例5)・6) は「動詞+補語+"了"」の形。

　　📔公式：　名詞①+"让"／"叫"+(名詞②+)動詞+(補語+)"了"

1) 王东东今天又让老师批评了。Wáng Dōngdong jīntiān yòu ràng lǎoshī pīpíng le.

2) 钱包让小偷偷了。Qiánbāo ràng xiǎotōu tōu le.

3) 小偷让警察逮捕了。Xiǎotōu ràng jǐngchá dàibǔ le.

4) 王小美写的情书叫弟弟看了。
　　Wáng Xiǎoměi xiě de qíngshū jiào dìdi kàn le.　　情书=ラブレター

5) 哥哥叫狗咬伤了。Gēge jiào gǒu yǎoshāng le.

6) 我想吃蛋糕，但是，蛋糕让他们吃完了。
　　Wǒ xiǎng chī dàngāo, dànshì, dàngāo ràng tāmen chīwán le.

- ❗ **注意**：中国語の受動態は基本的にはマイナス的意味で用いる。"被""让""叫""给"はいずれもマイナス的意味を持つ。"被""给"は中立性を残しているが、"让""叫"はマイナス的意味での用法が強い。"叫"は最も消極的表現で用いる。

- ✖ **対比**：
  - 蛋糕被他们吃完了。　ケーキは彼らに食べられた。
  - 蛋糕给吃完了。　　　ケーキは食べられた。
    - *(事実を表現。マイナス的意味が含まれるかどうかは判断しにくい)*
  - 蛋糕让他们吃完了。　ケーキが彼らに食べられてしまった。
    - *(がっかり、私も食べたいのに。)*
  - 蛋糕叫他们吃完了。　ケーキが彼らに食べられてしまった！
    - *(いやだ。私も食べたいのに、何で残してくれないの？ 残念!)*
  - 今天的报纸我看完了。　今日の新聞を私は読み終わった。
  - 早饭我吃完了。　　　　朝ご飯を私は食べ終わった。
    - *一般的な場面では"被"を使わない。*

- 🚫 **禁止**："让""叫"の後ろの名詞は一般的には省略不可。
  - × 钱包让偷了。　　　　× 自行车叫偷了。
  - ○ 钱包被偷了。　　　　○ 钱包给偷了。
  - ○ 钱包被小偷偷了。　　○ 自行车给小偷偷了。
  - ○ 钱包让小偷偷了。　　○ 自行车叫小偷偷了。

- ✖ **対比**："让"は3つの意味を持つ。
  - 烤鸭让他吃完了。　　北京ダックは彼に食べられた。　　　　*受身*
  - 爸爸让他吃烤鸭。　　父は彼に北京ダックを食べさせた。　　*使役(1)*
  - 那本小说让他感动。　あの小説は彼を感動させた。　　　　　*使役(2)*

- 🔗 **関連**：「35 使役・派遣」を参照。プラス的意味の受身表現は「37 授受」を参照。

③ …没被…

- 🐮 **意味**：〜されなかった。
  受身の肯定文はマイナス的意味合いが強いが、否定文でプラス的な意味を表現するとはいえない。
- 📕 **公式**：**名詞①＋"没被"＋（名詞②＋）動詞＋（補語）**

1) 王东东今天没被老师批评。Wáng Dōngdong jīntiān méi bèi lǎoshī pīpíng.

2) 钱没被花完。Qián méi bèi huāwán.　花完=使い切る

3) 冰激凌没被姐姐吃完, 还有三个。
　　　Bīngjilíng méi bèi jiějie chīwán, hái yǒu sān ge.

4) 弟弟没被咬伤。Dìdi méi bèi yǎoshāng.

> ❗注意： 肯定文では"被""给""让""叫"の4つの介詞を使うことができる。否定文で使用する介詞は"没被"の形が一般的である。否定文の用法は少ない。
>
> 🚫禁止： ×蛋糕没被姐姐吃完了。
> 　　　　○蛋糕没被吃完。　　ケーキは食べられていなかった (残っている)。
> 　　　　△蛋糕没被姐姐吃完。ケーキは姉に食べられていなかった(残っている)。

次頁答：①1) A 2) F 3) D 4) E 5) C 6) B
　　　　②1) B 2) B 3) A 4) A 5) A

練習 35・36

① ◯ の選択肢から最も適当なものを選び空欄をうめましょう（それぞれ1度しか使えません）。

> A 派　B 小偷　C 请　D 令　E 叫　F 没被

1) 王校长_____小田去南京出差。
2) 我昨天迟到了，被老师批评了。今天没迟到，_____批评。
   迟到 chídào 遅刻する
3) 那个电影非常好，真_____人感动。
4) 啤酒_____他们喝完了。
5) 我们_____丁校长来我们大学讲演。
6) 我的自行车让_____偷了。

② 正しい文をマークしましょう。

1) A 爸爸请姐姐去商店买啤酒。
   B 爸爸让姐姐去商店买啤酒。
2) A 我的钱包让小偷偷。
   B 我的钱包让小偷偷了。
3) A 部长让李文中去邮局买邮票。
   B 部长令李文中去邮局买邮票。
4) A 蛋糕没被吃完，还有三块。　　　块 kuài（量詞）
   B 蛋糕没被吃完了，还有三块。
5) A 我请丁老师给我说数学题。
   B 我叫丁老师给我说数学题。

◀ 練習の解答は前頁にあります。

Column

補　語

　補語は、動詞や形容詞の後ろに付加し、動詞が表す方向、結果、数量、様態、可能性、形容詞の程度などを説明する。形容詞、副詞、動詞、フレーズなど多くの語や句が補語となる。補語とは、動詞や形容詞の後ろから、動作や様態に関する具体的な情報を補充し説明する。状態語が前から動詞や形容詞を修飾するのと異なる。

　例えば、

[結果]	你看见丁丽了吗？	あなたは丁麗さんに会いましたか。
	我写完了作业。	私は宿題を書き終えた。
[程度]	她说英语说得很好。	彼女は英語を話すのが上手だ。
	今天热极了。	今日はすごく暑い。
[数量]	小李看报纸看了一个小时。	
		李さんは新聞を一時間読んだ。
	我去过三次京都。	私は京都に三回行ったことがある。
[方向]	丁丽上楼去了。	丁麗さんは上の階に上って行った。
	老张寄回来了几本书。	
		張さんは何冊かの本を送ってきた。
[可能]	他滑得了雪。	彼はスキーができる。
	德国车太贵了，我买不起。	
		ドイツの車はすごく高いので、私は買えない。

状態語　　述語（動詞・形容詞）　　補語

37 授受（〜受ける、〜される）

キーワード　受・受到

文型一覧

① 那个电影很受欢迎。　　　　　　　　　あの映画は人気がある。

② 这次考试我的成绩很好，受到了父母的夸奖。
　　　　　　　　今回のテストは成績がよかったので、両親に褒められた。

③ 第一名和第二名受到了表扬，其他的人没受到表扬。
　　　　　　　　第一位と第二位は表彰されたが、その他の人は表彰されなかった。

用例と説明

① …(不)受…

　意味：〜をもらう、〜される。プラス的意味を持つ受身。
　　　　最後尾の名詞は、名詞または名詞性動詞がこれにあたるが、用例はあまり多くない。

　公式：主語 + （"不" +）"受" + （名詞 + "的"）名詞

1) 那个电影很受欢迎。Nàge diànyǐng hěn shòu huānyíng.　受欢迎=人気がある

2) 老林的意见很受部长的重视。
　　Lǎo Lín de yìjiàn hěn shòu bùzhǎng de zhòngshì.　重视=重視（する）

3) 那本小说不受欢迎，卖得不好。
　　Nà běn xiǎoshuō bú shòu huānyíng, mài de bù hǎo.

4) 我在第一公司不受重视。我想辞职去第八公司。　辞职=辞職する
　　Wǒ zài Dì-yī Gōngsī bú shòu zhòngshì. Wǒ xiǎng cízhí qù Dī-bā Gōngsī.

> ⚠️ 注意： 最後尾の名詞は動名詞の働きをする単語がこれにあたる。
> 動名詞とは、動詞の性質を保ちながら文中で名詞と同じ働きをする語をいう。例えば、"游泳"は「泳ぐ」(動詞)という動詞本来の性質を保ちながら、文中で「泳ぐこと」(名詞)という名詞の働きをする。

> 📎 関連：コラム「動詞の種類」(76ページ) を参照。

② …受到(了)…

> 📖 意味：〜をもらう。①と同様、プラス的意味を持つ受身。
> 最後尾の名詞は、名詞または名詞性動詞がこれにあたるが、用例はあまり多くない。

> 📘 公式： 主語 +"受到（了）"+（名詞 +"的"）名詞

1) 这次考试我的成绩很好, 受到了父母的夸奖。　　夸奖＝褒める
　　Zhè cì kǎoshì wǒ de chéngjì hěn hǎo, shòudaole fùmǔ de kuājiǎng.

2) 冠军队受到了表扬。Guànjūnduì shòudaole biǎoyáng.　表扬＝表彰（する）

3) 我受到了公司的奖励。Wǒ shòudaole gōngsī de jiǎnglì.　奖励＝褒賞（する）

> ⚠️ 注意：× 他被老师表扬了。
> 〇 他受到了老师的表扬。　　彼は先生に褒められた。

> 📎 関連：「36 受身」を参照。

③ …没受到…

> 📖 意味：〜されなかった。
> ②の否定形、用例は限られる。

> 📘 公式： 主語 +"没受到"+（名詞 +"的"）名詞

1) 比赛的第一名和第二名受到了表扬, 其他的人没受到表扬。
　　Bǐsài de dì-yī míng hé dì-èr míng shòudaole biǎoyáng, qítā de rén méi shòudao biǎoyáng.

2) 小李的意见没受到部长的重视。
　　Xiǎo Lǐ de yìjiàn méi shòudao bùzhǎng de zhòngshì.

38 赠与・借贷（あげる、くれる、贈る、借りる、貸す）

キーワード　给・送・送给・借・借给

文型一覧

① 你**给**孩子零花钱吗?　　　あなたは子供に小遣いをあげますか。

② 老张给马部长**送**了很多礼物。

　　　　　　　　張さんは馬部長にたくさんのプレゼントを贈った。

③ 谢谢你**送给**我生日礼物。　誕生日のプレゼント、ありがとうございます。

④ 最近,他**借**了一些钱,买了汽车。最近彼はお金を借りて車を買った。

⑤ 丁丽**借给**我一本英国小说,很有意思。

　　　　　　　　丁麗さんが私に貸してくれたイギリスの小説はとても面白い。

用例と説明

① …(没／不) 给…

　🐑 意味：〜に…をあげる、くれる。

　📖 公式：**主語 +（"没"／"不"+）"给" + 名詞① [人] + 名詞② [物]**

1) A 你给孩子零花钱吗? Nǐ gěi háizi línghuāqián ma?　零花钱=小遣い
   B 我不给他零花钱。你呢? Wǒ bù gěi tā línghuāqián.　Nǐ ne?
   A 给。每个月给她50元。Gěi. Měi ge yuè gěi tā wǔshí yuán.

2) A 那个人给你名片了吗,他姓什么?
       Nàge rén gěi nǐ míngpiàn le ma, tā xìng shénme?　名片=名刺
   B 他没给我名片。我不知道他的姓名。
       Tā méi gěi wǒ míngpiàn.　Wǒ bù zhīdao tā de xìngmíng.

3) 老李,一年多你给了我很多帮助。非常感谢。　帮助=援助（する）
    Lǎo Lǐ, yì nián duō nǐ gěile wǒ hěn duō bāngzhù.　Fēicháng gǎnxiè.

❗注意：ㅤ"给"は動作の方向に一貫性がなく、「あげる」にも「くれる」にも使用する。
ㅤㅤㅤㅤ2番目にくる目的語は「間接目的語」という。間接目的語は具体的なものの他に、抽象的なものでもよい。

② …(没／不) 送…

🐄 意味：ㅤ〜に…を贈る。
📙 公式：ㅤ主語 + ("没"／"不" +) "送" + 名詞① [人] + 名詞② [物]
ㅤㅤㅤㅤㅤ主語 + ("没"／"不" +) "给" + 名詞① [人] + "送" + 名詞② [物]

1）你送我一张照片，怎么样？
ㅤㅤNǐ sòng wǒ yì zhāng zhàopiàn, zěnmeyàng?ㅤ照片＝写真

2）我送小林一本词典。Wǒ sòng Xiǎo Lín yì běn cídiǎn.

3）老张给马部长送了很多礼物。
ㅤㅤLǎo Zhāng gěi Mǎ Bùzhǎng sòngle hěn duō lǐwù.ㅤ礼物＝プレゼント、贈り物

4）我给丁丽送去了一个生日蛋糕。
ㅤㅤWǒ gěi Dīng Lì sòngqule yí ge shēngrì dàngāo.ㅤ生日蛋糕＝誕生日用ケーキ

ㅤ❋ 対比：ㅤ"送"は多義。
ㅤㅤㅤㅤㅤ邮递员给大家送信。 郵便配達人は皆に手紙を配達する。ㅤ*"送"は「渡す」*
ㅤㅤㅤㅤㅤ我给她送了蛋糕。 私は彼女にカステラを贈った。ㅤ*"送"は「贈る」*

③ …(没／不) 送给…

🐄 意味：ㅤ〜に…をあげる、〜に…をくれる。
ㅤㅤㅤㅤ"送给""送"はほぼ同じ意味を表すが、"送"は"送给"より話しことばで多用される。"送"自体は多義語なので、意味上にあいまいな意味合いが残る。

📙 公式：ㅤ主語 ("没"／"不" +) "送给" + 名詞① [人] + 名詞② [物]

1）A 明天是小李的生日，你送给她什么？
ㅤㅤMíngtiān shì Xiǎo Lǐ de shēngrì, nǐ sònggěi tā shénme?
ㅤㅤB 我送给她一束花。Wǒ sònggěi tā yí shù huā.ㅤ束＝(量詞)

2）小丁，谢谢你送给我生日礼物。Xiǎo Dīng, xièxie nǐ sònggěi wǒ shēngrì lǐwù.

3) A 昨天，丁丽送给我一张照片。她送给你照片了吗？
　　　Zuótiān, Dīng Lì sònggěi wǒ yì zhāng zhàopiàn. Tā sònggěi nǐ zhàopiàn le ma?
　 B 她没送给我照片。她喜欢你，不太喜欢我。
　　　Tā méi sònggěi wǒ zhàopiàn. Tā xǐhuan nǐ, bú tài xǐhuan wǒ.

> ❗注意："给"は動作の方向に区別がなく、「あげる」にも「くれる」にも使用するため、"送给"も「あげる」「くれる」の2方向を表す。"送"は本来「贈る」と「渡す」の2つの意味を持つ。ほとんどの"送给"は"给"に言い換えることができる。但し、"给"には「〜に与える」の意味もあるため、"给"を"送""送给"に言い換えることができない場合もある。

> 🚫禁止：× 我送孩子零花钱。
> 　　　× 我送给孩子零花钱。
> 　　　○ 我给孩子零花钱。　　　私は子供に小遣いをあげる。
> 　　　× 你送给了我很多帮助。
> 　　　○ 你给了我很多帮助。　　　大変助けていただきました。

④ …(没／不)借…

> 📖 意味：〜を借りる、〜に貸す。
> 📘 公式：**主語＋（"没"／"不"＋）"借"＋名詞［物］**

1) 小王借了老李的钱。Xiǎo Wáng jièle Lǎo Lǐ de qián.

2) A 你昨天去哪儿了？Nǐ zuótiān qù nǎr le?
　 B 我去图书馆借杂志了。Wǒ qù túshūguǎn jiè zázhì le.
　 A 借书了吗？Jiè shū le ma?
　 B 没借书。Méi jiè shū.

3) 我没有自行车，我去借一辆来。Wǒ méiyǒu zìxíngchē, wǒ qù jiè yí liàng lái.

4) 最近，他借了一些钱，买了汽车。
　　Zuìjìn, tā jièle yìxiē qián, mǎile qìchē.

> ❗注意："借"は「借りる」と「貸す」の2つの意味を持つ。但し、単独の"借"は、「借りる」の意味で用いる可能性が高い。

⑤ …(没／不) 借给…

🐄 意味： 〜に貸す。
通常否定文は"没"を使う。"不"を使う否定文は条件が伴う場合に使用する。

📕 公式： 主語 +（"没"／"不"+）"借给" + 名詞①[人] + 名詞②[物]

1) 老李借给小王一千元。Lǎo Lǐ jiègěi Xiǎo Wáng yì qiān yuán.

2) 丁丽借给我一本英国小说, 很有意思。
   Dīng Lì jiègěi wǒ yì běn Yīngguó xiǎoshuō, hěn yǒu yìsi.

3) 你今天没带词典吗？ 我借给你吧。
   Nǐ jīntiān méi dài cídiǎn ma? Wǒ jiègěi nǐ ba.

4) A 他去你那儿借钱了吧。Tā qù nǐ nàr jiè qián le ba.
   B 是的, 他来借钱了, 但是, 我没借给他。
   　　Shì de, tā lái jiè qián le, dànshì, wǒ méi jiègěi tā.
   A 为什么？Wèishénme?
   B 他不太可靠。我不想借给他钱。
   　　Tā bú tài kěkào. Wǒ bù xiǎng jiègěi tā qián.　　可靠=信頼できる

   ❀ 対比： 小王借了老李的钱。　王さんは李さんのお金を借りた。
   　　　　 老李借给小王钱。　　李さんは王さんにお金を貸した。

次頁答：① 1) G 2) C 3) H 4) E 5) F 6) A, D 7) B
　　　　② 1) B 2) A 3) A 4) A

練習 37・38

① ＿＿＿の選択肢から最も適当なものを選び空欄をうめましょう（それぞれ1度しか使えません）。

> A 受到 B 不受 C 受 D 没受到 E 给 F 借 G 送给 H 借给

1) 今天是丁丽的生日，我＿＿＿＿她一块手表。
2) 第一软件公司的软件很好，很＿＿＿＿大家的欢迎。
3) 王老师＿＿＿＿我一本书，很有意思。
4) 她没＿＿＿＿我名片，我不知道她叫什么。
5) 劳驾，我＿＿＿＿一本杂志。可以吗？
6) 小林学习很好，＿＿＿＿了老师的表扬；我学习不好，＿＿＿＿表扬。
7) 那本杂志＿＿＿＿欢迎，差不多没有人买。　　差不多 chàbuduō ほとんど

② 正しい文をマークしましょう。

1) A 小王被部长表扬了。
   B 小王受到了部长的表扬。
2) A 我借图书馆的书。
   B 图书馆借我的书。
3) A 弟弟被爸爸批评了。
   B 弟弟受到了爸爸的批评。
4) A 老林给了我很多帮助。
   B 老林送了我很多帮助。

練習の解答は前頁にあります。

39 依頼・要求・命令（〜して下さい、〜しなさい）

キーワード　请・劳驾・可以吗・好吗

文型一覧

① 劳驾, 请给我一杯茶, 可以吗？
　　　　　　　　　すみません。お茶をいただけませんか。

② 劳驾您看看我的电脑, 好吗？
　　　　　　　　　すみませんが、私のパソコンを調べてもらえませんか。

③ 请安静。现在上课。请打开课本。
　　　　　　　　　静かにして下さい。授業を始めます。教科書を開いて下さい。

④ 别玩火！
　　　　　　　　　火遊びをするな！

用例と説明

① …劳驾…请…, 好吗？／可以吗？

　意味：〜してください、〜してもらえませんか。

　公式："劳驾",（"请"+）動詞（+ 目的語）,"好吗？"／"可以吗？"

1) 劳驾, 请让我看一下儿你的词典, 好吗？　　劳驾=すみません
　　Láojià, qǐng ràng wǒ kàn yíxiàr nǐ de cídiǎn, hǎo ma?

2) 劳驾, 请给我一杯茶, 可以吗？ Láojià, qǐng gěi wǒ yì bēi chá, kěyǐ ma?

3) 劳驾, 把门打开, 可以吗？ Láojià, bǎ mén dǎkāi, kěyǐ ma?

② 劳驾您…, 好吗？／可以吗？

　意味：〜してください、〜してもらえませんか。
　　　　"您"は"你"の敬称。

　公式："劳驾"+"您"／"你"+動詞（+目的語）,"好吗？"／"可以吗？"

1) 劳驾您开一下儿窗户，好吗? Láojià nín kāi yíxiàr chuānghu, hǎo ma?

2) 劳驾您回国以后给我来信，可以吗?
   Láojià nín huíguó yǐhòu gěi wǒ lái xìn, kěyǐ ma?

3) 劳驾您看看我的电脑，好吗?
   Láojià nín kànkan wǒ de diànnǎo, hǎo ma?

4) 劳驾你明天给我打个电话。Láojià nǐ míngtiān gěi wǒ dǎ ge diànhuà.

③ 请…

　　意味：～してください。
　　　　丁寧な要求、"请"の後ろには、動詞、動詞フレーズ、形容詞、形容詞フレーズをおくことができる。但し、①、②より軽い語気を表す。

　　公式：　"请"＋（"你"＋）フレーズ

1) A 李秘书，请你明天去出差。Lǐ Mìshū, qǐng nǐ míngtiān qù chūchāi.　秘书＝秘書
   B 明白了。Míngbai le.

2) (老师:) 请安静。现在上课。请打开课本。
   (Lǎoshī:) Qǐng ānjìng. Xiànzài shàngkè. Qǐng dǎkāi kèběn.

3) 请关上门。Qǐng guānshang mén.

4) 请出示你的护照。Qǐng chūshì nǐ de hùzhào.　出示＝出して見せる

④ フレーズ！

　　意味：～しなさい。
　　　　中国語には日本語の命令文を表す固有の文型はない。語気で命令、要求の感情や意思を表す。通常は短文の形で多用し、主語を省略する。

　　公式：　フレーズ！

1) (警察:) 坐下！说，你姓什么！ (Jǐngchá:) Zuòxià! Shuō, nǐ xìng shénme!

2) (妈妈:) 别玩火！ (Māma:) Bié wánhuǒ!　玩火＝火遊びする

3) (妈妈:) 关上电视，去写作业！ (Māma:) Guānshang diànshì, qù xiě zuòyè!

4) 快点儿给医院打电话！ Kuài diǎnr gěi yīyuàn dǎ diànhuà!　快点儿＝速く

40 勧誘・提案（〜しましょう、〜した方がよい）

キーワード　吧・好不好・最好・应该

文型一覧

① 一起去喝咖啡，好不好？　　一緒にコーヒーを飲みに行きませんか。

② 你的脸色不好，最好去医院检查检查。
　　　　　顔色が良くないから、できるなら病院へ診察に行った方がよい。

③ 你不应该每天喝酒。喝酒太多对身体不好。
　　　　　あなたは毎日お酒を飲まない方がよい。過度な飲酒は体に悪い。

用例と説明

① …吧／…怎么样／…好不好

- **意味**："吧" は「〜しましょう、〜してくれませんか」。
  "怎么样" は「いかがですか」。
  "好不好" は「いかがですか」。
  「"吧"，+ "怎么样"」か「"吧"，+ "好不好"」の形も使われる。

- **公式**：
  フレーズ + "吧"。
  フレーズ + "怎么样"？
  フレーズ + "好不好"？

1) 12点半了，不要写了，休息吧。Shí'èr diǎn bàn le, búyào xiě le, xiūxi ba.

2) 饺子味道不错，你吃一点儿吧。Jiǎozi wèidao búcuò, nǐ chī yìdiǎnr ba.

3) 明天吃烤鸭，怎么样？Míngtiān chī kǎoyā, zěnmeyàng?

4) 一起去喝咖啡，好不好？Yìqǐ qù hē kāfēi, hǎo bu hǎo?

5) 丁丽买的帽子不错，你也买一顶吧，怎么样？
　　Dīng Lì mǎi de màozi búcuò, nǐ yě mǎi yì dǐng ba, zěnmeyàng?

対比： 明天吃烤鸭，怎么样？　　明日北京ダックを食べましょう。いかがですか？　*提案*

　　　　烤鸭味道怎么样？　　　北京ダックの味はいかがですか？　*疑問*

② …最好…

　意味：（できるなら）～したほうがよい。
　　　　相手への提案の形で多用する。

　公式："你"＋"最好"＋動詞（＋目的語）

1）你累了吧，最好休息一会儿。Nǐ lèile ba, zuìhǎo xiūxi yíhuìr.

2）你的脸色不好，最好去医院检查检查。　脸色＝顔色　检查＝診察する
　　Nǐ de liǎnsè bù hǎo, zuìhǎo qù yīyuàn jiǎnchá jiǎnchá.

3）这个问题，你最好去问问丁老师。
　　Zhège wèntí, nǐ zuìhǎo qù wènwen Dīng Lǎoshī.

　対比：你最好休息休息。　　あなたはちょっと休んだほうがいい。　*提案*
　　　　那件红毛衣最好。　　あの赤いセーターは一番よい。　*判断*

　関連：「42 限界・最上級」を参照。

③ …(不)应该…

　意味：～したほうがよい／～しないほうがよい。
　公式："你"＋"(不)应该"＋動詞（＋目的語）

1）你应该多吃蔬菜，少吸烟。Nǐ yīnggāi duō chī shūcài, shǎo xīyān.

2）你不应该每天喝酒。喝酒太多对身体不好。
　　Nǐ bù yīnggāi měi tiān hējiǔ.　Hējiǔ tài duō duì shēntǐ bù hǎo.

3）你应该吃完饭以后去公园散步。
　　Nǐ yīnggāi chīwán fàn yǐhòu qù gōngyuán sànbù.

　対比："应该"は多義語であるが表現上の差は微妙。

　　　　你应该多散步。　　あなたはたくさん散歩したほうがいいと思うよ。
　　　　　　　　　　　　　提案、強制力がない

学生应该努力学习。 学生は一生懸命勉強するべきだ。

義務、ある程度の強制力を伴う

関連：「28 必要・義務」を参照。

Column　　　　　ダブル主語

ダブル主語（"双主语"）は、文の形式上、主語と呼べるものが二つ存在する文型をさす。目的語の位置におくことが可能な単語が、本来の主語の前におかれた形となるものが多い。右側の文型が、「ダブル主語」の文型である。目的語の位置にある左側の文型と意味はあまり変わらない。おかれる位置によって話者の強調する対象が異なる。

目的語　　　　　　　　　　　　**主語**

他不会说英语。　　　　　　　　英语他不会说。
彼は英語を話せない。　　　　　英語を彼は話せない。

我没吃过纳豆。　　　　　　　　纳豆我没吃过。
私は納豆を食べたことがない。　納豆を私は食べたことがない。

我不认识那个人。　　　　　　　那个人我不认识。
私はあの人を知らない。　　　　あの人を私は知らない。

ダブル主語については、言語専門家の間でも物議をかもしだしている分野であり、ここではごく一部に限定し紹介する。

次頁答：① 1) D 2) E 3) A 4) C 5) H 6) F 7) G 8) B
　　　　② 1) B 2) B 3) A

練習 39・40

① ☐ の選択肢から最も適当なものを選び空欄をうめましょう（それぞれ1度しか使えません）。

> A 劳驾　B 请　C 不应该　D 可以吗　E 怎么样　F 吧　G 说　H 最好

1) 劳驾, 请告诉我第一大学的电话号码, _____?

2) 下课以后，一起去打网球，_____?

3) _____, 请明天给我打个电话。

4) 你_____经常上课迟到。

5) 今天下雪，你_____不要开车去上班。

6) 明天咱们去吃北京烤鸭_____ 。

7) (警察：)_____！你上个星期天去哪儿了?

8) 劳驾,_____把窗户打开，好吗?　　窗户 chuānghu 窓

② 正しい文をマークしましょう。

1) A 老林, 你和我去喝酒！

   B 老林, 咱们一起去喝酒吧。

2) A 请你借给我一些钱。

   B 劳驾, 请借给我一些钱, 可以吗?

3) A 西湖很深，你游泳游得不好。你最好不要去西湖游泳。

   B 西湖很深，你游泳游得不好。你不应该要去西湖游泳。

⬅ 練習の解答は前頁にあります。

41 難易（〜しやすい、〜しにくい）

キーワード　好・不好・容易・不容易・好容易才・好不容易才・难・不难

文型一覧

① 滑雪**好**学，滑冰**不好**学。
　　　　　スキーはマスターしやすいが、スケートはマスターしにくい。

② 哲学书非常**难**读。　　　　哲学書は非常に読みにくい。

③ 作业太多了，**好容易才**写完。
　　　　　宿題が多すぎたので、やっとのことで書き終えた。

用例と説明

① …好／不好…

　　意味：〜しやすい、〜しにくい。

　　公式：主語＋"好"／"不好"＋動詞

1) 滑雪**好**学，滑冰**不好**学。Huáxuě hǎo xué, huábīng bù hǎo xué.

2) 你的笔**好**用，我的笔**不太好**用。
　　Nǐ de bǐ hǎo yòng, wǒ de bǐ bú tài hǎo yòng.

3) 自家车**好**开，大卡车**不好**开。
　　Zìjiāchē hǎo kāi, dà kǎchē bù hǎo kāi.　自家车＝自家用車　卡车＝トラック

4) 这次的报告真**不好**写，我写了一个星期了，还没有写完。
　　Zhè cì de bàogào zhēn bù hǎo xiě, wǒ xiěle yí ge xīngqī le, hái méiyǒu xiěwán.

5) 我的文件不多，很**好**整理。
　　Wǒ de wénjiàn bù duō, hěn hǎo zhěnglǐ.　整理＝片付ける

　　注意：この表現が使える動詞は、物事の動作、作用、状態などに関する

ものが多い。すべての動詞がこの公式を使えるわけではない。日本語の「〜しやすい、〜しにくい」と同じように考えることはできない。主語は人以外のものがあたる場合が多い。

🚫 禁止： × 那里不好旅游。
　　　　 × 我的家乡好生活。

🔗 関連：「**29** 感覚」を参照。

② …容易／不容易／难／不难…

　🐄 意味：〜しやすい、〜しにくい。
　　　　　"难△"は"不好△"、"不容易△"より、より高い難度を表す。

　📖 公式：主語＋"容易"／"不容易"／"难"／"不难"＋動詞

1) 李老师的话容易懂，张校长的话不容易懂，不知道什么意思。
　　Lǐ Lǎoshī de huà róngyì dǒng, Zhāng Xiàozhǎng de huà bù róngyì dǒng, bù zhīdao shénme yìsi.

2) 哲学书非常难读。Zhéxué shū fēicháng nán dú.

3) 那个软件真难用。Nàge ruǎnjiàn zhēn nán yòng. 　软件＝ソフト

4) 你的电脑很难修理。Nǐ de diànnǎo hěn nán xiūlǐ.

　❌ 対比：好…、不好…　　　　*日常会話で多用する*
　　　　　容易…、不容易…　　*"好…"と"容易…"はほぼ同じ意味を表す*

③ …好容易才／好不容易才…

　🐄 意味：やっとのことで、ようやく。
　　　　　"好容易"と"好不容易"、"不容易"は同じ意味を表す。

　📖 公式：主語＋"好容易"／"好不容易"＋"才"＋動詞＋補語（＋目的語）

1) 作业太多了，好容易才写完。Zuòyè tài duō le, hǎo róngyì cái xiěwán.

2) 你家真难找，我好不容易才找到。
　　Nǐ jiā zhēn nán zhǎo, wǒ hǎo bù róngyì cái zhǎodào.

3) 我好容易才买到这本小说。Wǒ hǎo róngyì cái mǎidào zhè běn xiǎoshuō.

42 限界・最上級 (最も〜、少なくとも〜、多くとも〜)

キーワード　最・最少・最多・至少・没有…比

文型一覧

① 俄罗斯面积**最**大，中国人口**最**多。
　　ロシアは領土が一番広いが、中国は人口が一番多い。

② 我们学校的女生，**没有**比丁丽**更**好看**的**。
　　私達の学校の女子生徒のなかで丁麗さんよりきれいな人はいない。

③ 小田**至少**上过高中。是不是上过大学，我不知道。
　　田君は少なくとも高校には通ったことがある。
　　大学に通ったことがあるかどうかは、私には分からない。

④ 每个月老丁**最少**挣一万元。我**最多**挣一千元。
　　毎月丁さんは少なくとも一万元を稼ぐが、私は多くとも一千元しか稼げない。

⑤ 时间**无**限。生命**有**限。　時間には限りがないが、命には限りがある。

用例と説明

① 最…

🐄 意味：一番〜だ。
　　"最"は副詞。故意に用いる場合以外否定形はない。"最"の前に"不""没"はおけない。
　　"最"は比較の表現ともいえる。比較表現の中では最上級を表す。

📖 公式：**主語＋"最"＋形容詞／副詞**

1) 俄罗斯面积**最**大，中国人口**最**多。
　　Éluósī miànjī zuì dà, Zhōngguó rénkǒu zuì duō.　面积＝面積

2) 我们班, 李文中学习最努力, 成绩最好。　　班=クラス
　　Wǒmen bān, Lǐ Wénzhōng xuéxí zuì nǔlì, chéngjì zuì hǎo.

3) 我们学校的女生, 丁丽最好看, 她最不好看。
　　Wǒmen xuéxiào de nǚshēng, Dīng Lì zuì hǎokàn, tā zuì bù hǎokàn.

② …没有比…更…的…

🐷 意味：△△よりさらに〜なものはない⇒△△は一番〜だ。
　　　　　断定を強めるために、否定形で肯定の意味を表す。
　　　　　名詞②は普通名詞で名詞①と同じ種類に属するもの、名詞①は具体なもの。

📕 公式：**"没有比" + 名詞① + "更" + 形容詞／副詞 + "的"（+ 名詞②）**

1) 世界上, 没有比俄罗斯更大的国家。
　　Shìjiè shang, méiyǒu bǐ Éluósī gèng dà de guójiā.

2) 我们学校的女生, 没有比丁丽更好看的。
　　Wǒmen xuéxiào de nǚshēng, méiyǒu bǐ Dīng Lì gèng hǎokàn de.

3) 我们班, 没有比李文中学习更努力的, 成绩没有比他更好的。
　　Wǒmen bān, méiyǒu bǐ Lǐ Wénzhōng xuéxí gèng nǔlì de, chéngjì méiyǒu bǐ tā gèng hǎo de.

③ …至少／至多…

🐷 意味：少なくとも〜、多くとも〜。
　　　　　"至少""至多"は副詞。

📕 公式：**主語 + "至少"／"至多"…時間／数量など**

1) 我一天至多上四节课。Wǒ yì tiān zhìduō shàng sì jié kè.　　节=（量詞）コマ

2) 每天我至少洗一次澡。Měi tiān wǒ zhìshǎo xǐ yí cì zǎo.

3) 小田至少上过高中。上没上过大学, 我不知道。
　　Xiǎo Tián zhìshǎo shàngguo gāozhōng. Shàng méi shàngguo dàxué, wǒ bù zhīdao.

4) 他去过不少国家, 至少去过法国、英国、德国、意大利。　　意大利=イタリア
　　Tā qùguo bù shǎo guójiā, zhìshǎo qùguo Fǎguó, Yīngguó, Déguó, Yìdàlì.

5) 老田至少60岁了。Lǎo Tián zhìshǎo liùshí suì le.

6）现在至少九点半了。Xiànzài zhìshǎo jiǔ diǎn bàn le.

7）他至少喝了四瓶啤酒。Tā zhìshǎo hēle sì píng píjiǔ.

④ 最多／最少…

> 🐄 意味：少なくとも〜、多くとも〜。
>
> 📕 公式： 主語＋"最"＋形容詞…時間の量／数量など

1）我最多吃三个热狗。Wǒ zuì duō chī sān ge règǒu.

2）每个月老丁最少挣一万元。我最多挣一千元。　挣=稼ぐ
　　Měi ge yuè Lǎo Dīng zuì shǎo zhèng yí wàn yuán. Wǒ zuì duō zhèng yì qiān yuán.

3）我游泳最远能游三百米。Wǒ yóuyǒng zuì yuǎn néng yóu sānbǎi mǐ.

4）他跳高最高能跳一米五。Tā tiàogāo zuì gāo néng tiào yì mǐ wǔ.

5）飞机最快一个小时飞多少公里？ Fēijī zuì kuài yí ge xiǎoshí fēi duōshao gōnglǐ?

6）我最晚明天下午四点回来。Wǒ zuì wǎn míngtiān xiàwǔ sì diǎn huílai.

7）老张最迟十点睡觉。Lǎo Zhāng zuì chí shí diǎn shuìjiào.　迟=遅い

> ❗注意："最少"の後ろは具体的な時間や量がくる。時間や量を限定するときに使う。
>
> "至少"の後ろは具体的なもの、抽象的なもの、どちらもおくことができる。抽象的なものは"最少"に言い換えることはできない。
>
> "最少"は"至少"に言い換えることができる。
>
> "最多"は"至多"に言い換えることができる。
>
> "至多"は"最多"に言い換えることができる。
>
> "至少"は"最少"に言い換えることもあるが、すべてを"最少"に言い換えることができるわけではない。
>
> 他至少喝了四瓶啤酒。　　彼は少なくともビール四本飲んだ。
>
> 他最少喝了四瓶啤酒。　　*ほぼ同じ意味を表す*

🚫 禁止： ○ 现在至少十一点了。　　今少なくとも十一時になった。
　　　　 × 现在最少十一点了。
　　　　 ○ 他去过不少国家，至少去过法国、英国、德国、意大利。
　　　　　　 彼は色々な国に行ったことがある。少なくともフランス、イギリス、
　　　　　　 ドイツ、イタリアに行ったことがある。
　　　　 × 他去过不少国家，最少去过法国、英国、德国、意大利。

⑤ …(是)有限／无限(的)

　　🐮 意味：〜に限りがある／〜に限りがない。
　　📐 公式： **主語 +（"是"+）"有限"／"无限"（+"的"）**

1) 时间无限。生命有限。Shíjiān wúxiàn. Shēngmìng yǒuxiàn.

2) 空间是无限的。Kōngjiān shì wúxiàn de.

3) 资源是有限的。Zīyuán shì yǒuxiàn de.

次頁答：① 1) B 2) C 3) H 4) D 5) E, F 6) A 7) G
　　　　② 1) A 2) B 3) A

練習 41・42

① ☐ の選択肢から最も適当なものを選び空欄をうめましょう（それぞれ1度しか使えません）。

> A 最　B 没有比　C 至多　D 至少　E 好　F 不好　G 好容易　H 不容易

1) 世界上_____中国人口更多的国家。

2) 一个苹果220日元。钱包里有1000日元，_____买四个。

3) 德语语法很难，_____学。

4) 每星期老白_____喝三次酒。

5) 平路_____走，山路_____走。　　平路 pínglù なだらかな道
　　　　　　　　　　　　　　　　　　　山路 shānlù 山道

6) 我们家爷爷年纪_____大，已经90多岁了。

7) 衣服太多了，_____才洗完了。

② 正しい文をマークしましょう。

1) A 老王至少六十岁了。
　　B 老王最少六十岁了。

2) A 今年夏天，没有比今天最热的日子了。　　日子 rìzi 日
　　B 今年夏天，没有比今天更热的日子了。

3) A 第一中学很大，至少有五千多学生。
　　B 第一中学很小，最多有五千多学生。

⬅ 練習の解答は前頁にあります。

43 対象（〜に、〜のため、〜対して）

キーワード　対・给・跟・为・向

文型一覧

① 吸烟**对**身体不好。　　　　　　　　　　喫煙は体に良くない。

② 奶奶**给**妹妹讲故事。　　　　　　　　　おばあさんは妹のために物語を話す。

③ 你**跟**我一起去吧。　　　　　　　　　　私と一緒に行きましょう。

④ 大家要热情**为**顾客服务。
　　　　　　　　　　皆さん、お客様のために心からサービスしましょう。

⑤ 丁医生**向**病人说明药物的服用方法。
　　　　　　　　　　丁先生は患者に薬の飲み方を説明する。

用例と説明

① …对…

　🐄 意味：〜に対して。
　　　　　"对"は介詞（前置詞）。「介詞＋名詞」で構成されるフレーズを「介詞フレーズ」（前置詞フレーズ）とよぶ。
　　　　　"对"の前に否定の"不"をおき否定形を作る形は、用例も少ないだけでなく、動詞述語文に限られる。形容詞が述語になる場合は、否定の"不"は形容詞の前におくのが一般的である。

　📖 公式："对"＋名詞＋（"不"＋）形容詞
　　　　　（"没"／"没有"＋）"对"＋名詞＋動詞フレーズ

1）吸烟**对**身体不好。Xīyān duì shēntǐ bù hǎo.

2）小林**对**丁老师说："谢谢您了"。Xiǎo Lín duì Dīng Lǎoshī shuō: xièxie nín le.

3) 气候对水果的产量有明显的影响。　产量=生産高　明显=明らかである
Qìhòu duì shuǐguǒ de chǎnliàng yǒu míngxiǎn de yǐngxiǎng.

4) 她没对我说实话。Tā méi duì wǒ shuō shíhuà.　实话=本当の話、事実

② …给…

> 🐮 意味：　～のために、～に、～へ。
> "给"は介詞（前置詞）。
> 否定形での用例は少ない。"给"を前置詞として用いるときの否定形は"不""没""没有"ともに"给"の前におくのが一般的である。

> 📕 公式：　（"不"／"没"／"没有"+）"给" + 名詞 + 動詞

1) 奶奶给妹妹讲故事。Nǎinai gěi mèimei jiǎng gùshi.　讲故事=物語を話す

2) 小林给行人发广告。　行人=通行人　发=配る　广告=宣伝ビラ、広告
Xiǎo Lín gěi xíngrén fā guǎnggào.

3) 妈妈给我买了一个玩具。Māma gěi wǒ mǎile yí ge wánjù.

4) 昨天, 朋友给我发来了一封电子邮件。
Zuótiān, péngyou gěi wǒ fālai le yì fēng diànzǐ yóujiàn.　电子邮件=電子メール

5) 老王没给我寄来明信片, 寄来了一封信。
Lǎo Wáng méi gěi wǒ jìlai míngxìnpiàn, jìlai le yì fēng xìn.

6) 我不给她打电话。Wǒ bù gěi tā dǎ diànhuà.

> ❗ 注意：　○ 妈妈给我买了一个玩具。　お母さんは私（のため）に玩具を買った。
> × 妈妈为了我买了一个玩具。

③ …跟…

> 🐮 意味：　～と、～に、～について…する。
> "跟"は介詞（前置詞）。否定形での用例は少ない。"跟"を前置詞として用いるときの否定形は、"不""没""没有"ともに"跟"の前後におくことができる。ただし、否定語の位置によって意味が異なる。

> 📕 公式：　"跟" + 名詞 + 動詞フレーズ

1) 你跟我一起去吧。Nǐ gēn wǒ yìqǐ qù ba.

2) 弟弟跟爸爸一样高了。Dìdi gēn bàba yíyàng gāo le.

3) A 你跟谁学画画儿？Nǐ gēn shéi xué huàhuàr?　画画儿＝絵を書く
　　B 我跟王老师学。Wǒ gēn Wáng Lǎoshī xué.

4) 昨天, 她没跟我们一起去吃饭。Zuótiān, tā méi gēn wǒmen yìqǐ qù chīfàn.

5) A 你跟电视学英语吗？Nǐ gēn diànshì xué Yīngyǔ ma?
　　B 我不跟电视学。Wǒ bù gēn diànshì xué.

> 対比：　你跟我一起去吧。　　　　一緒に行きましょう。
> 　　　　你和我一起去吧。　　　　ほぼ同じ意味を表す
> 　　　　你同我一起去吧。　　　　ほぼ同じ意味を表す
> 　　　　我不跟他学画画儿。　　　私は彼には絵を描くことを学ばない。
> 　　　　　　　　　　　　　　　　他の誰かに学ぶ。
> 　　　　我跟他不学画画儿。　　　私は彼に絵を描くことは学ばない。
> 　　　　　　　　　　　　　　　　彼に他のこと、例えば書道などを学ぶ。

> 注意：○ 我跟王老师学画画儿。　私は王先生について絵を書くことを学ぶ。
> 　　　× 我和王老师学画画儿。

④ …为…

> 意味：〜のために。
> 　　　"为"は介詞（前置詞）。否定形はごく稀に用いる。その場合"不"
> 　　　"没""没有"ともに用い、"为"の前におく。

> 公式：　"为" + 名詞 + 動詞フレーズ

1) 大家要热情为顾客服务。
　　Dàjiā yào rèqíng wèi gùkè fúwù.　熱情＝親切である　顾客＝顧客

2) 我到林先生家时, 他们已经为我准备好了午饭。　准备＝用意する
　　Wǒ dào Lín Xiānsheng jiā shí, tāmen yǐjing wèi wǒ zhǔnbèi hǎo le wǔfàn.

3) （警察:）你为谁工作？(Jǐngchá:) Nǐ wèi shéi gōngzuò?
　　（间谍:）我为我的祖国工作。
　　（Jiàndié:) Wǒ wèi wǒ de zǔguó gōngzuò.　间谍＝スパイ

⑤ …向…

> 🐂 意味： 〜に、〜へ。
> "向"は介詞（前置詞）。否定文はごく稀に用いる。その場合"不""没""没有"ともに用い、"向"の前におく。

> 📕 公式： **"向" + 名詞 + 動詞フレーズ**

1) 丁医生向病人说明药物的服用方法。　　药物=薬
　　Dīng Yīshēng xiàng bìngrén shuōmíng yàowù de fúyòng fāngfǎ.

2) 我们要向顾客负责。Wǒmen yào xiàng gùkè fùzé.　　负责=責任を持つ

3) 向世界冠军致敬！Xiàng shìjiè guànjūn zhìjìng!　　致敬=敬意を表する

44 手段・方法・条件 (〜で)

キーワード: 用・花・有・没有

文型一覧

① 美国人**不用**筷子吃饭。　　アメリカ人は箸を使わないで食事をする。

② 林美丽每天**花**很多时间化妆。
　　　　　　　　　　林美麗さんは毎日たいそうな時間を使って化粧をする。

③ 她**骑**自行车上学。　　　　彼女は自転車で通学する。

④ 今天我很忙，**没有**时间看电影。
　　　　　　　　　　今日私は(とても)忙しいので、映画を見る時間がない。

用例と説明

① …(不／没)用…

意味：使う。
　　　　目的語①は道具、手段、材料などに限られる。

公式：主語＋("不"／"没"＋)"用"＋目的語①＋動詞(＋目的語②)

1) 美国人**不用**筷子吃饭。
　　Měiguórén bú yòng kuàizi chīfàn.　用＝使う、用いる　筷子＝箸

2) 我**用**电脑写信，**不用**笔写。Wǒ yòng diànnǎo xiě xìn, bú yòng bǐ xiě.

3) 我们**用**英语谈话，**没用**汉语。Wǒmen yòng Yīngyǔ tánhuà, méi yòng Hànyǔ.

4) 今天，我**用**白菜做了饺子。你尝尝。味道怎么样？　尝＝味わう
　　Jīntiān, wǒ yòng báicài zuòle jiǎozi. Nǐ chángchang. Wèidao zěnmeyàng?

5) 钥匙丢了，**用**什么办法把门打开呢？　办法＝方法　打开＝開ける
　　Yàoshi diū le, yòng shénme bànfa bǎ mén dǎkāi ne?

❇ 対比： 美国人不用筷子吃饭。 アメリカ人は箸を使わないで食事をする。
　　　　 啤酒够了，不用买了。　 ビールは十分だ。買わなくてもよい。

🔗 関連：「28 必要・義務」を参照。「18 連続する行為」を参照、以下同じ。

② …(不／没) 花…

　🐾 意味： 使う、費やす。
　　　　　 目的語①は時間、お金などに限られる。

　📖 公式： **主語＋("不"／"没"＋)"花"＋目的語①＋動詞（＋目的語②）**

1) 老丁花了很多钱买了股票。
　　Lǎo Dīng huāle hěn duō qián mǎile gǔpiào.

2) 林美丽每天花很多时间化妆。
　　Lín Měilì měi tiān huā hěn duō shíjiān huàzhuāng.

3) 我不花时间看电视。Wǒ bù huā shíjiān kàn diànshì.

4) 你买新电脑花了多少钱？Nǐ mǎi xīn diànnǎo huāle duōshao qián?

5) 我没有花钱买票。电影票是朋友送给我的。　票＝入場券、チケット
　　Wǒ méiyǒu huā qián mǎi piào. Diànyǐngpiào shì péngyou sònggěi wǒ de.

③ …(不／没) 坐／骑…

　🐾 意味： 乗る。
　　　　　 目的語①は乗り物などに限られる。

　📖 公式： **主語＋("不"／"没"＋)"坐"／"骑"など＋目的語①＋動詞（＋目的語②）**

1) 丁丽坐飞机去北京。Dīng Lì zuò fēijī qù Běijīng.

2) 她骑自行车上学。Tā qí zìxíngchē shàngxué.

3) 昨天我坐地铁去了美术馆，没坐公共汽车。
　　Zuótiān wǒ zuò dìtiě qùle měishùguǎn, méi zuò gōnggòng qìchē.

4) 下雪时，我不开车上班，坐出租车去。
　　Xiàxuě shí, wǒ bù kāichē shàngbān, zuò chūzūchē qù.

④ …(没)有…動詞…

> 🐄 意味：〜をする…がある／ない。

> 📙 公式： **主語 +（"没"+）"有" + 目的語① + 動詞（+ 目的語②）**

1) 我有钱买电脑，没有钱买汽车。
   Wǒ yǒu qián mǎi diànnǎo, méiyǒu qián mǎi qìchē.

2) 今天我很忙，没有时间看电影。
   Jīntiān wǒ hěn máng, méiyǒu shíjiān kàn diànyǐng.

3) 我有一个问题问丁老师。Wǒ yǒu yí ge wèntí wèn Dīng Lǎoshī.

4) 她有事找你。你知道吗？Tā yǒu shì zhǎo nǐ. Nǐ zhīdao ma?

5) 你有办法买到星期天的足球票吗？
   Nǐ yǒu bànfa mǎidào xīngqītiān de zúqiúpiào ma?

次頁答：① 1) H 2) A 3) F 4) G 5) D 6) B 7) C 8) E
　　　 ② 1) A 2) B 3) A 4) A

練習 43・44

① □ の選択肢から最も適当なものを選び空欄をうめましょう（それぞれ1度しか使えません）。

> A 对　B 跟　C 不用　D 给　E 没有　F 用　G 花　H 坐

1) 你＿＿＿＿什么去北京？

2) 老林＿＿＿＿我说："我有事，先走了"。

3) 你尝尝我做的蛋糕，是＿＿＿＿香蕉做的。

4) 野村＿＿＿＿三万日元买了一件大衣。

5) 妈妈＿＿＿＿孩子编了一件毛衣。

6) 昨天你去看了电影了吧。＿＿＿＿谁一起去的？

7) 我＿＿＿＿热水洗澡，只用凉水。　热水 rèshuǐ お湯

8) 那台电视很好，但是，我现在＿＿＿＿钱买。

② 正しい文をマークしましょう。

1) A 我爸爸给我买了一辆自行车。
　 B 我爸爸对我买了一辆自行车。

2) A 老丁用了一万元买了股票。
　 B 老丁花了一万元买了股票。

3) A 我有一件事问他。
　 B 我问他有一件事。

4) A 林小东骑自行车上学。
　 B 林小东乘自行车上学。

⬅ 練習の解答は前頁にあります。

Column　　　　フレーズ

　フレーズとは複数の単語より成りたち、単語より大きく、文より小さい成分である。

1　我知道**今天星期三**。　　私は今日が水曜日だとわかっている。
2　**学习汉语**很有意思。　　中国語を勉強するのはおもしろい。
3　**我的老家**在北海道。　　私の生家は北海道にある。
4　**妈妈**、**爸爸**、**弟弟**都不在家。　お母さんもお父さんも弟も家にいない。
5　如果**有时间**，就**去看电影**。　時間があれば、映画を見に行く。
6　我觉得**他不是美国人**。　私は彼がアメリカ人ではないと思う。

　フレーズとは語のまとまりであるが、文と同じような構成をとることがある。つまり、主語、述語、目的語などでフレーズが構成される場合である。例えば、例1の"**今天星期三**"は「主＋述」の構造をとる。例2の"**学习汉语**"は「述＋目的」の構造をとる。例3の"**我的老家**"は「限定＋名詞」の構造をとる。例4の"**妈妈、爸爸、弟弟**"は「名詞＋名詞」の並列構造をとる。例5の"**有时间**""**去看电影**"は「述＋目的」の構造をとる。例6の"**他不是美国人**"は「主＋述＋目的」の構造をとる。

　またフレーズは、文中で様々な要素として働く。例1の"**今天星期三**"は文中で目的語となる。例2の"**学习汉语**"は主語となる。例3の"**我的老家**"も主語となる。例4の"**妈妈、爸爸、弟弟**"も主語となる。例5の"**有时间**""**去看电影**"は述語となる。

　例6の"**他不是美国人**"は単独で用いると、文として成立するが、"**我觉得**"の後ろにおくことにより、文全体の目的語となる。

　フレーズは文中で重要な働きをする。

45 存在（ある、いる、おく）

キーワード: 在・有・来・走・着

文型一覧

① 花猫**不在**家，出去了。　三毛ネコは家にはいない、（外へ）出ていった。

② 你们学校**有**体育馆吗？　あなたの学校に体育館はありますか。

③ 桌子上**摆着**一张照片。　机の上に写真が並べてある。

④ 教室里**坐着**十个学生，**站着**一个老师。
　　　　　教室には学生が十人座っており、先生が（一人）立っている。

⑤ 东边**开来**一辆红色的汽车。　東側から赤い車が走って来た。

用例と説明

① …(不)在…

　🐄 意味：ある、いる。
　📖 公式：名詞［物／人／動物］+ "(不)在" + 名詞［場所］

1) 丁丽**在**哪儿？ Dīng Lì zài nǎr?

2) 宾馆**在**车站前边。一直往前走，左边就是。
　　Bīnguǎn zài chēzhàn qiánbian. Yìzhí wǎng qián zǒu, zuǒbian jiù shì.

3) 花猫**不在**家，出去了。Huā māo bú zài jiā, chūqu le.　　花猫=三毛ネコ

4) 我的自行车**不在**这儿，**在**那儿。Wǒ de zìxíngchē bú zài zhèr, zài nàr.

② …(没)有…

　🐄 意味：ある、いる。
　　　　　否定形は、名詞の前に数量詞をおけない。特に数量を強調する

場合は例外である。

公式：名詞［場所］＋ "（没）有" ＋名詞［物／人／動物］

1) 教室里有谁？Jiàoshì li yǒu shéi?
2) 你们学校有体育馆吗？Nǐmen xuéxiào yǒu tǐyùguǎn ma?
3) 汽车里没有人。Qìchē li méiyǒu rén.
4) 桌子上有一本杂志。Zhuōzi shang yǒu yì běn zázhì.

③ …（没）…着…

意味：ある、いる。
否定形は、名詞の前に数量詞をおけない。特に数量を強調する場合は例外である。

公式：名詞［場所］＋ （"没"）＋動詞＋ "着" ＋名詞［物］

1) 桌子上摆着一张照片。Zhuōzi shang bǎizhe yì zhāng zhàopiàn. 摆＝並ぶ、おく
2) 那儿停着一辆汽车，两辆自行车。Nàr tíngzhe yí liàng qìchē, liǎng liàng zìxíngchē.
3) 墙上没贴着广告，贴着三张通知。Qiáng shang méi tiēzhe guǎnggào, tiēzhe sān zhāng tōngzhī. 通知＝知らせ
4) 屋子里放着几件行李。Wūzi li fàngzhe jǐ jiàn xíngli. 行李＝荷物

④ …着…

意味：〜している。
否定形は、数量詞を伴わない。否定には "没有" "没" どちらも使うことができる。

公式：名詞［場所］＋動詞＋ "着" ＋名詞［人／動物］

1) 教室里坐着十个学生，站着一个老师。Jiàoshì li zuòzhe shí ge xuésheng, zhànzhe yí ge lǎoshī.
2) 岸上躺着一只猫。河里游着几条鱼。Àn shang tǎngzhe yì zhī māo. Hé li yóuzhe jǐ tiáo yú.

3) 屋外没有人。屋里坐着老丁和小林。
Wū wài méiyǒu rén, wū li zuòzhe Lǎo Dīng hé Xiǎo Lín.

4) 路上走着几个人。
Lù shang zǒuzhe jǐ ge rén.

⑤ …来／走…

💬 意味：〜して来る、〜して行く。
否定形の用例は少ない。
通常"来"の反意語は"去"だが、ここでは"走"が'去'の役目をはたす。

📦 公式：**場所＋(動詞)＋"来"／"走"＋人／動物／物**

1) 今天，第一宾馆走了很多客人，又来了很多客人。
Jīntiān, Dì-yī Bīnguǎn zǒu le hěn duō kèren, yòu lái le hěn duō kèren.

2) 那边跑来一只狗。这边飞走四只鸟。
Nàbian pǎolai yì zhī gǒu. Zhèbian fēizǒu sì zhī niǎo.

3) 东边开来一辆红色的汽车。
Dōngbian kāilai yí liàng hóngsè de qìchē.

4) 青山公寓搬走了一家人，又搬来了一家人。 公寓＝マンション 搬＝引っ越しする
Qīngshān Gōngyù bānzǒu le yì jiā rén, yòu bānlai le yì jiā rén.

46 空間（〜から、〜まで）

キーワード
离・从…到・朝・往・面积・体积・高・长・宽・厚

文型一覧

① 公园离这儿不远，很近。
公園はここから遠くない、(とても)近い。

② 第一大学离这儿有多远？
第一大学はここからどのくらいですか。

③ 从学校到电影院有一公里。
学校から映画館までは一キロの距離だ。

④ 从东京到札幌坐飞机要一个半小时。
東京から札幌まで飛行機で一時間半かかる。

⑤ 公园在银行旁边，往前走，再往右拐，就到了。
マンションは銀行の傍です。まっすぐ歩いて、右に曲がればすぐです。

⑥ 那辆卡车高 2.5 米，宽 2 米，长 8 米。
あのトラックは高さが2.5メートル、幅が2メートル、長さが8メートルだ。

⑦ 那个箱子的体积为 1.8 立方米。
そのケースの体積は1.8立方メートルだ。

用例と説明

① …离…远／近

🗣 **意味**：▽▽は△△から遠い／近い。
"不离△△" の形は使えない。否定詞は "远" "近" の前におく。

📐 **公式**：場所A ＋ "离" ＋ 場所B ＋ "远" ／ "近"

1) 车站离医院远不远？ Chēzhàn lí yīyuàn yuǎn bu yuǎn?

2) A 公园离这儿远吗? Gōngyuán lí zhèr yuǎn ma?
   B 公园离这儿不远, 很近。Gōngyuán lí zhèr bù yuǎn, hěn jìn.

3) 京都离神户不太远, 离大阪很近。
   Jīngdū lí Shénhù bú tài yuǎn, lí Dàbǎn hěn jìn.

> 禁止: × 车站不离学校远。
>   ○ 车站离医院不远。   駅は病院から遠くない。

② …离…有…

> 意味: ▽▽は△△から〜ある。
>   "不离△△"の形は使えない。
> 公式: 場所A + "离" + 場所B + "有" + 距離

1) 小林家离我家有300多米。
   Xiǎo Lín jiā lí wǒ jiā yǒu sānbǎi duō mǐ.

2) A 第一大学离这儿有多远? Dì-yī Dàxué lí zhèr yǒu duō yuǎn?
   B 有三、四公里。Yǒu sān, sì gōnglǐ.   公里=キロメートル

3) 北京离上海有一千多公里。Běijīng lí Shànghǎi yǒu yì qiān duō gōnglǐ.

③ …从…到…有…

> 意味: ▽▽から△△までは〜ある。
>   否定形は用いない。
> 公式: "从" + 場所A + "到" + 場所B + "有" + 距離

1) 从学校到电影院有一公里。Cóng xuéxiào dào diànyǐngyuàn yǒu yì gōnglǐ.

2) 从北京到天津有100多公里。Cóng Běijīng dào Tiānjīn yǒu yìbǎi duō gōnglǐ.

3) 从你家到机场有多远? Cóng nǐ jiā dào jīchǎng yǒu duō yuǎn?

> 禁止: × 从学校到电影院不远。
>   ○ 从学校到电影院有一公里。 学校から映画館までは一キロある。
>   ○ 学校离电影院不远。   学校は映画館から遠くない。

④ …从…到…(需)要…

> 🐮 意味： ▽▽から△△まで (〜で) …ある。
> 時間を用いて空間的距離を表す。

> 🧱 公式： "从" + 場所A + "到" + 場所B + 動詞 + 交通手段など + "(需)要" + 時間
> 動詞 + 交通手段など + "从" + 場所A + "到" + 場所B + "(需)要" + 時間

1) 从我家到超市走路要五分钟。
　　　Cóng wǒ jiā dào chāoshì zǒulù yào wǔ fēnzhōng.

2) 从东京到札幌坐飞机需要多长时间?
　　　Cóng Dōngjīng dào Zháhuǎng zuò fēijī xūyào duō cháng shíjiān?

3) 骑车从图书馆到体育馆要半个小时。
　　　Qíchē cóng túshūguǎn dào tǐyùguǎn yào bàn ge xiǎoshí.

⑤ 朝／往…

> 🐮 意味： 〜に向かって、〜の方へ。
> 否定形の用例は少ない。否定には "不""没""别" を使うことができる。

> 🧱 公式： "朝"／"往" + 名詞 + 動詞フレーズ

1) 公寓在银行旁边。往前走50米, 再往右拐, 就到了。
　　　Gōngyù zài yínháng pángbiān. Wǎng qián zǒu wǔshí mǐ, zài wǎng yòu guǎi, jiù dào le.　　拐＝曲がる

2) 宾馆在车站前边。一直往前走, 左边就是。
　　　Bīnguǎn zài chēzhàn qiánbian. Yìzhí wǎng qián zǒu, zuǒbian jiù shì.

3) 你朝山上看, 山顶上还有雪呢。
　　　Nǐ cháo shān shang kàn, shāndǐng shang hái yǒu xuě ne.　　山顶＝山頂

4) 他没朝右, 朝左跑了。Tā méi cháo yòu, cháo zuǒ pǎo le.

⑥ 长／宽／高／厚…

> 🐮 意味： 長さ、広さ、高さ、厚さは〜。
> 否定形は "不是" を用いる形に限られる。

> 🧱 公式： "长"／"宽"／"高"／"厚" + 数量語

1) 我的房间长3米,宽4米。Wǒ de fángjiān cháng sān mǐ, kuān sì mǐ.　　宽=幅

2) 那辆卡车高2.5米,宽2米,长8米。
　　Nà liàng kǎchē gāo èr diǎn wǔ mǐ, kuān liǎng mǐ, cháng bā mǐ.

3) 笔记本电脑长25厘米,宽18厘米,厚3厘米。　　笔记本电脑=ノートパソコン
　　Bǐjìběn diànnǎo cháng èrshi wǔ límǐ, kuān shíbā límǐ, hòu sān límǐ.

4) 我们学校的游泳池长60米,不是50米。　　游泳池=プール
　　Wǒmen xuéxiào de yóuyǒngchí cháng liùshí mǐ, bú shì wǔshí mǐ.

⑦ 面积／体积…

　🐄 意味：面積、体積は～。
　　　　否定形は"不是"を用いる形に限られる。
　　　　書面語では"为 (wéi)"を伴う形を多用する。
　📖 公式："面积"／"体积" + "是"／"为" + 数量語

1) 那个箱子的体积为1.8立方米。　　体积=体積　　立方米=立方メートル
　　Nà ge xiāngzi de tǐjī wéi yì diǎn bā lìfāngmǐ.

2) 九州的面积为多少平方公里?
　　Jiǔzhōu de miànjī wéi duō shǎo píngfāng gōnglǐ?　　平方公里=平方キロメートル

3) 第一大学的操场面积是6万平方米,不是8万平方米。
　　Dì-yī Dàxué de cāochǎng miànjī shì liù wàn píngfāngmǐ, bú shì bā wàn píngfāngmǐ.　　操场=グラウンド

47 順番（〜の前、〜の後、〜の時）

キーワード　以前・以后・以来・…的时候・先・后・正在

文型一覧

① 立冬前, 我要买一件大衣。
　　　　　　　　立冬の前に、私はオーバーコートを買いたい。

② 这种药, 饭前吃；那种药, 饭后吃。
　　　　　　　　この薬は食前に服用する。あの薬は食後に服用する。

③ 1881年以来, 这里没有发生过地震。
　　　　　　　　一八八一年以来、ここでは地震がおきたことがない。

④ 上小学的时候, 我们是好朋友。　小学生のとき、私達は親友だった。

⑤ 先吃药, 后吃饭。　　まず薬を飲み、それからご飯を食べる。

⑥ 从早到晚一直下雪。　朝から晩まで、ずっと雪が降っている。

⑦ 正在睡觉, 电话响了。　ちょうど寝ていたとき、電話が鳴った。

用例と説明

① …(以)前／(以)后, …

　🐂 意味：〜の前、〜の後。
　📖 公式：動詞 ＋（目的語＋）"(以)前"／"(以)后", フレーズ

1) 今天放学以后, 我去打工。打工以后, 回家吃饭。
　　Jīntiān fàngxué yǐhòu, wǒ qù dǎgōng.　Dǎgōng yǐhòu, huí jiā chīfàn.

2) 立冬前, 我要买一件大衣。Lìdōng qián, wǒ yào mǎi yí jiàn dàyī.

3) 去年买了自行车以后, 我一直骑车上学。
   Qùnián mǎile zìxíngchē yǐhòu, wǒ yìzhí qíchē shàngxué.

4) 坐公共汽车以前, 请先准备好零钱。
   Zuò gōnggòng qìchē yǐqián, qǐng xiān zhǔnbèihǎo língqián.　　零钱=小銭

> ❗ 注意：“然后”"以后"は共に「〜の後」と訳されるが、用法は多少異なる。
> "然后"はわずかに停頓を表すため、フレーズの後ろで多用する。
> "以后"は動詞句の後ろで多用する。

> 🚫 禁止：× 下课然后, 我去游泳。
> ○ 下课以后, 我去游泳。　授業の後、私は泳ぎに行く。
> ○ 今天我去上课, 然后, 我去游泳。
> 　　　　　　　　　　　　今日私は授業に行き、その後泳ぎに行く。

> 🔗 関連：「18 連続する行為」を参照。

② …前／后, …

　🐄 意味：〜の前、〜の後。

　📖 公式：**名詞 + "前" ／ "后", フレーズ**

1) 课后, 我问了老师几个问题。Kè hòu, wǒ wènle lǎoshī jǐ ge wèntí.

2) 这种药, 饭前吃; 那种药, 饭后吃。
   Zhè zhǒng yào, fàn qián chī; nà zhǒng yào, fàn hòu chī.

3) 下午四点开会。会前, 请把这些资料准备好。
   Xiàwǔ sì diǎn kāihuì. Huì qián, qǐng bǎ zhèxiē zīliào zhǔnbèihǎo.

③ …以来, …

　🐄 意味：〜以来ずっと〜。
　　　　日本語の「以来」とほぼ同じ意味を表す。

　📖 公式：**動詞／名詞 + "以来", フレーズ**

1) 1881年以来, 这里没有发生过地震。
   Yī bā bā yī nián yǐlái, zhèlǐ méiyǒu fāshēngguo dìzhèn.　　发生=発生する

2) 两国建交以来, 经济合作不断发展。　建交=外交関係を結ぶ　不断=絶えず
   Liǎngguó jiànjiāo yǐlái, jīngjì hézuò búduàn fāzhǎn.

3) 立冬以来，天气一直很暖和，还没有下过雪。
   Lìdōng yǐlái, tiānqì yìzhí hěn nuǎnhuo, hái méiyǒu xiàguo xuě.

④ …(的)时候／时…

> 意味：〜のとき…。
> 公式2は公式1の省略形にあたる。公式2はすべて公式1におき換えることができる。公式1は、ごく稀に公式2におき換えることができないものがある。例7)はその用例である。

> 公式： 1 動詞／形容詞／フレーズ＋"(的)时候"，フレーズ
> 2 動詞／形容詞／フレーズ＋"时"，フレーズ

1) 上小学的时候，我们是好朋友。
   Shàng xiǎoxué de shíhou, wǒmen shì hǎo péngyou.

2) 上小学时，我们是好朋友。Shàng xiǎoxué shí, wǒmen shì hǎo péngyou.

3) 昨天买东西的时候，我碰见了丁丽。
   Zuótiān mǎi dōngxi de shíhou, wǒ pèngjian le Dīng Lì.　碰见＝出会う

4) 昨天买东西时，我看见丁丽也在超市里。
   Zuótiān mǎi dōngxi shí, wǒ kànjian Dīng Lì yě zài chāoshì li.

5) 星期天你去图书馆的时候，给我借一本杂志。好吗?
   Xīngqītiān nǐ qù túshūguǎn de shíhou, gěi wǒ jiè yì běn zázhì. Hǎo ma?

6) 星期天你去图书馆时，看看有没有《火星的故事》。好不好?
   Xīngqītiān nǐ qù túshūguǎn shí, kànkan yǒu méi you "Huǒxīng de gùshi". Hǎo bu hao?

7) 小时候，我经常在河里游泳。
   Xiǎo shíhou, wǒ jīngcháng zài hé li yóuyǒng.　河＝川

8) 有时间时，看看电视，打打网球。
   Yǒu shíjiān shí, kànkan diànshì, dǎda wǎngqiú.

9) 昨天，我到他家时，他正在吃晚饭。
   Zuótiān, wǒ dào tā jiā shí, tā zhèngzài chī wǎnfàn.　晚饭＝晩ご飯

⑤ 先…, 后…

　　🐄 意味：まず~それから…。
　　　　　　順序を重視する表現。

　　📕 公式：　"先" + 動詞フレーズ①, "后" + 動詞フレーズ②

1) 先吃药, 后吃饭。Xiān chī yào, hòu chī fàn.

2) 我每天先散步, 后吃早饭。Wǒ měi tiān xiān sànbù, hòu chī zǎofàn.

3) (售票员：) 医院到了, 请先下后上。　售票员=バスの車掌　上=乗る　下=降りる
　　　　(Shòupiàoyuán:) Yīyuàn dào le, qǐng xiān xià hòu shàng.

⑥ 从…到…, (一直)…

　　🐄 意味：▽▽から△△まで(ずっと)~。
　　📕 公式：　"从" + A + "到" + B, ("一直" +) 動詞フレーズ

1) 从早到晚一直下雪。Cóng zǎo dào wǎn yìzhí xiàxuě.　一直=ずっと

2) 从上午九点到下午四点上课。
　　　Cóng shàngwǔ jiǔ diǎn dào xiàwǔ sì diǎn shàngkè.

3) 从98年到去年, 第一电视公司生产了50万台电视。
　　　Cóng jiǔ bā nián dào qùnián, Dì-yī Diànshì Gōngsī shēngchǎn le wǔshí wàn
　　　tái diànshì.　生产=製造する

⑦ 正(在)…(时／的时候), …

　　🐄 意味：ちょうど~している時…、~の最中に…。
　　📕 公式：　"正(在)" + 動詞 (+ "时"／"的时候"), 動詞フレーズ

1) 正在睡觉, 电话响了。Zhèngzài shuìjiào, diànhuà xiǎng le.

2) 正吃着饭, 有人敲门。Zhèng chīzhe fàn, yǒu rén qiāomén.

3) 正吃饭的时候, 老李来了。Zhèng chī fàn de shíhou, Lǎo Lǐ lái le.

次頁答：① 1) F 2) H 3) A 4) C 5) D 6) E 7) G 8) B
　　　　② 1) A 2) B 3) A 4) A

練習 45・46・47

① ▭ の選択肢から最も適当なものを選び空欄をうめましょう（それぞれ1度しか使えません）。

> A 在　B 有　C 着　D 来　E 离　F 到　G 以前　H 以来

1) 今天，林部长从上午十点＿＿＿＿＿下午四点开会。

2) 今年立冬＿＿＿＿＿，天气一直很暖和，没有下过雪。

3) 博物馆＿＿＿＿＿中心公园的西边。

4) 桌子上放＿＿＿＿＿一本杂志，几张纸。

5) 那边走＿＿＿＿＿两个人。

6) 京都＿＿＿＿＿奈良不太远。

7) 我打算开学＿＿＿＿＿去北京旅游一个星期。

8) 从我家到车站＿＿＿＿＿一公里。

② 正しい文をマークしましょう。

1) A 超市离这儿不远。
   B 超市不离这儿远。
2) A 今天下课以来，我去打工。
   B 今天下课以后，我去打工。
3) A 食堂里坐着几个人。
   B 食堂里坐在几个人。
4) A 图书馆离体育馆很近。
   B 图书馆到体育馆很近。

⬅ 練習の解答は前頁にあります。

48 疑問（〜か、だれ、いつ、どこ、どれ、いくつ、どのように、どうやって）

キーワード：吗・…不…・…没…・是不是・还是・好不好・对不对・哪・什么・谁・哪儿・怎么・怎么样・什么时候・多少・几・为什么

文型一覧

① 你吃辣椒吗？　　　　　　　　あなたは唐辛子を食べますか。

② 你渴不渴？　　　　　　　　　のどが渇いてますか。

③ 邮局在银行东边不在？　　　　郵便局は銀行の東側にありますか。

④ 明天天气怎么样，晴天还是阴天？
　　　　明日の天気はどうですか。晴れですかそれとも曇りですか。

⑤ 公共汽车还不来，怎么办？
　　　　バスがまだ来ないですね、どうしましょう。

⑥ 你还没有结婚，是不是？　　　あなたはまだ結婚していないですよね。

⑦ 星期天来我家打麻将，好不好？
　　　　日曜日我が家に麻雀をしに来ませんか。

用例と説明

① …吗？

　🐷 意味："吗"？=「〜か」
　　　文末に語気助詞の"吗"をつけることで疑問文が成立する。

　📖 公式：**肯定文／否定文 ＋"吗"？**

1）你是学生吗？　Nǐ shì xuésheng ma?

2）你有电视吗？　Nǐ yǒu diànshì ma?

3）你吃辣椒吗？　Nǐ chī làjiāo ma?

4) 今天星期三吗? Jīntiān xīngqīsān ma?

5) 你没有电脑吗? Nǐ méiyǒu diànnǎo ma?

6) 你不喝啤酒吗? Nǐ bù hē píjiǔ ma?

7) 你不喜欢踢足球吗? Nǐ bù xǐhuan tī zúqiú ma?

8) 你不觉得热吗? Nǐ bù juéde rè ma?

② …肯定形 + 否定形…?

> 🐮 意味： 肯定と否定の二つの可能性への疑問を表す。述語の否定形を目的語の前におく形。
>
> 📓 公式： **主語 + 述語の肯定形 + 述語の否定形 (+ 目的語)?**

1) 你是不是北京人? Nǐ shì bu shì Běijīngrén?

2) 你有没有女朋友? Nǐ yǒu mei yǒu nǚpéngyou?

3) 你吃不吃苦瓜? Nǐ chī bu chī kǔguā?

4) 今天是不是星期五? Jīntiān shì bu shì xīngqīwǔ?

5) 你今天喝没喝咖啡? Nǐ jīntiān hē mei hē kāfēi?

6) 你喜欢不喜欢上网? Nǐ xǐhuan bu xǐhuan shàngwǎng?

7) 你觉得不觉得冷? Nǐ juéde bu juéde lěng?

8) 你渴不渴? Nǐ kě bu kě?

9) 星期六你休息不休息? Xīngqīliù nǐ xiūxi bu xiūxi?

> ❗ 注意： ○ 你觉得不觉得冷? 寒いですか。(寒さを感じるかどうかへの問い)
> ○ 你觉得冷不冷? ほぼ同じ意味を表す (寒いか寒くないかへの問い)
> 可能性を選択するニュアンスを含む。
>
> ✖ 対比： 你渴吗? のどが渇いてますか。 *普通*
> 你渴不渴? ほぼ同じ意味を表す、日常会話で多用し、"渴"と"不渴"の二つの可能性を尋ねる

③ *述語の肯定形 + 目的語 + 述語の否定形?*

🐄 意味： 肯定と否定の二つの可能性への疑問を表す。述語の否定形を目的語の後ろにおく形。

📖 公式： **主語 + 述語の肯定形 + 目的語 + 述語の否定形？**

1) 你是北京人不是？　Nǐ shì Běijīngrén bú shì?
2) 邮局在银行东边不在？　Yóujú zài yínháng dōngbian bú zài?
3) 你有电脑没有？　Nǐ yǒu diànnǎo méiyǒu?
4) 昨天, 你喝牛奶没喝？　Zuótiān, nǐ hē niúnǎi méi hē?
5) 你会游泳不会？　Nǐ huì yóuyǒng bú huì?
6) 你今天能去看电影不能？　Nǐ jīntiān néng qù kàn diànyǐng bù néng?
7) 你想打篮球不想？　Nǐ xiǎng dǎ lánqiú bù xiǎng?
8) 你吃苦瓜不吃？　Nǐ chī kǔguā bù chī?
9) 今天是星期五不是？　Jīntiān shì xīngqīwǔ bú shì?
10) 你喜欢上网不喜欢？　Nǐ xǐhuan shàngwǎng bù xǐhuan?

❗注意： 述語の否定形を目的語の前におく公式②を、後ろにおく公式③に、すべておき換えることができるわけではない。

④ (是)…还是…？

🐄 意味： 〜かそれとも…。
選択疑問文。A、B は同じ性質を持つものが来る。

📖 公式： **("是"+) A "还是" + B…？**

1) 你是学生还是老师？　Nǐ shì xuésheng háishì lǎoshī?
2) 明天是星期六还是星期天？　Míngtiān shì xīngqīliù háishì xīngqītiān?
3) 你喝咖啡还是喝红茶？　Nǐ hē kāfēi háishì hē hóngchá?
4) 她是中国人还是日本人？　Tā shì Zhōngguórén háishì Rìběnrén?
5) 明年你去哪儿留学, 美国还是英国？
　　Míngnián nǐ qù nǎr liúxué, Měiguó háishì Yīngguó?

6) 明天天气怎么样, 晴天还是阴天?
   Míngtiān tiānqì zěnmeyàng, qíngtiān háishì yīntiān?

7) 你喜欢打网球, 还是喜欢打篮球?
   Nǐ xǐhuan dǎ wǎngqiú, háishì xǐhuan dǎ lánqiú?

⑤ …疑問詞…?

🐄 **意味**: 疑問詞を伴う疑問文。
疑問詞は話者が未定の知りたい部分に入る。疑問詞は、主語（例1）～2））、目的語（例3）～5））、状態語（例6）～8））、限定語（例9）～16））、述語（例17）～19））になることができる。
文中の様々な要素となる。

📐 **公式**:
1 疑問詞 + 述語 (+ 目的語)?
2 主語 + 述語 + 疑問詞?
3 主語 + 疑問詞 + 述語 (+ 目的語)?
4 疑問詞 + 主語 + 述語 (+ 目的語)?
5 主語 + 述語 + 疑問詞 + 目的語?
6 主語 + 疑問詞?

1) 谁教你们英语?　Shéi jiāo nǐmen Yīngyǔ?

2) 哪个大?　Nǎge dà?

3) 他是谁?　Tā shì shéi?

4) 钥匙在哪儿?　Yàoshi zài nǎr?

5) 你买什么?　Nǐ mǎi shénme?

6) 你为什么不去学校?　Nǐ wèishénme bú qù xuéxiào?

7) 什么时候你去城里看电影?　Shénme shíhou nǐ qù chénglǐ kàn diànyǐng?

8) 你怎么上网?　Nǐ zěnme shàngwǎng?

9) 哪本词典是你的?　Nǎ běn cídiǎn shì nǐ de?

10) 哪件大衣好看?　Nǎ jiàn dàyī hǎokàn?

11) 哪个人是校长?　Nǎge rén shì xiàozhǎng?

12) 你有几辆自行车？　Nǐ yǒu jǐ liàng zìxíngchē?

13) 你们班有多少学生？　Nǐmen bān yǒu duōshao xuésheng?

14) 一个西瓜多少钱？　Yí ge xīguā duōshao qián?

15) 你看了多长时间电视？　Nǐ kànle duō cháng shíjiān diànshì?

16) 你去哪家超市？　Nǐ qù nǎ jiā chāoshì?

17) 今天星期几，现在几点？　Jīntiān xīngqī jǐ, xiànzài jǐ diǎn?

18) 昨天的比赛怎么样？　Zuótiān de bǐsài zěnmeyàng?

19) 公共汽车还不来，怎么办？　Gōnggòng qìchē hái bù lái, zěnme bàn?

　　🐍関連：コラム「文の構成」（(1) 45ページ、(2) 60ページ）を参照。

⑥ …, 对不对／是不是？

　　🐄意味：話者が判断を確認するために用いる疑問文。
　　📕公式：肯定文／否定文，"对不对"／"是不是"？

1) 你是天津人，对不对？　Nǐ shì Tiānjīnrén, duì bu duì?

2) 明天说不定下雨，是不是？　Míngtiān shuōbudìng xiàyǔ, shì bu shì?

3) 你不喜欢喝咖啡，对不对？　Nǐ bù xǐhuan hē kāfēi, duì bu duì?

4) 你还没有结婚，是不是？　Nǐ hái méiyǒu jiéhūn, shì bu shì?

⑦ …, 好不好？

　　🐄意味：話者が相手に提案するために用いる疑問文。
　　📕公式：肯定文／否定文，"好不好"？

1) 一起去喝酒，好不好？　Yìqǐ qù hējiǔ, hǎo bu hǎo?

2) 星期天来我家打麻将，好不好？
　　Xīngqītiān lái wǒ jiā dǎ májiàng, hǎo bu hǎo?

3) 你不要在家里吸烟，好不好？　Nǐ búyào zài jiā li xīyān, hǎo bu hǎo?

49 蓋然（〜かそれとも…、あるいは〜）

キーワード　或者・不是〜就是…

文型一覧

① 星期天上午，我**或者**看书，**或者**写信。
　　　　　　　日曜日の午前中、私は本を読むか手紙を書く。

② 小李住在三楼。**不是**303号，**就是**305号。
　　　　　李さんは三階に住んでいる。303号室でなければ305号室だ。

用例と説明

① …或者／或／或是…

　🐂 **意味**：〜かそれとも…。

　　A、B、Cには名詞、動詞、動詞フレーズなどをおくことができるが、Aが名詞のときはBも名詞、同じ性質のものがくる。

　📖 **公式**：　1　（"或者"+）A（，）+ "或者" + B（， + "或者" + C）
　　　　　　　2　（"或"+）A（，）+ "或" + B（， + "或" + C）
　　　　　　　3　（"或是"+）A（，）+ "或是" + B（， + "或是" + C）

1) 天气预报说：明天下雨或下雪。
　　Tiānqì yùbào shuō: míngtiān xiàyǔ huò xiàxuě.

2) 星期天上午，我或者看书，或者写信。
　　Xīngqītiān shàngwǔ, wǒ huòzhě kàn shū, huòzhě xiě xìn.

3) 或是你来，或是我去，怎么都可以。
　　Huòshi nǐ lái, huòshi wǒ qù, zěnme dōu kěyǐ.

4) 星期六或星期天，小李来我家玩儿。
　　Xīngqīliù huò xīngqītiān, Xiǎo Lǐ lái wǒ jiā wánr.

5) 有时间时，我去图书馆。或是看报纸，或是看杂志，或是看画报。
　　Yǒu shíjiān shí, wǒ qù túshūguǎn. Huòshi kàn bàozhǐ, huòshi kàn zázhì, huòshi kàn huàbào.　　画报＝グラフ雑誌

6) 毕业以后，在学校工作或是在公司工作，都不错。
　　Bìyè yǐhòu, zài xuéxiào gōngzuò huòshi zài gōngsī gōngzuò, dōu búcuò.

② …不是～就是…

　🐂 意味：AとBの二者択一を表す。他の選択肢への用意がない。Aの方がわずかに可能性が高い。「限定蓋然」と考えられる。

　📖 公式： "不是" ＋ A, "就是" ＋ B

1) 丁丽每天喝茶，不是绿茶，就是乌龙茶。
　　Dīng Lì měi tiān hē chá, bú shì lǜchá, jiùshì wūlóngchá.

2) 老林最近身体不好，不是头疼，就是咳嗽。
　　Lǎo Lín zuìjìn shēntǐ bù hǎo, bú shì tóuténg, jiùshì késou.

3) 小李住在三楼。不是303号，就是305号。
　　Xiǎo Lǐ zhùzai sān lóu.　Bú shì sān líng sān hào, jiùshì sān líng wǔ hào.

次頁答：① 1) C 2) E 3) A 4) H 5) F 6) G 7) B 8) D
　　　　② 1) A 2) A 3) B 4) A

練習 48・49

① ◻ の選択肢から最も適当なものを選び空欄をうめましょう（それぞれ1度しか使えません）。

> A 吗　B 不在　C 还是　D 怎么办　E 是不是　F 就是　G 或者　H 好不好

1) 你学经济_____学金融？　　金融 jīnróng 金融

2) 已经十点多了，_____？

3) 丁丽会说德语_____？

4) 星期天你来我家吃饭，_____？

5) 小林今天来学校了。她现在不是在教室，_____在图书馆。

6) 午饭我吃米饭，_____吃面包。

7) 公园在车站前边_____？

8) 我的手机不见了，_____？　　不见 bújiàn（物が）なくなる

② 正しい文をマークしましょう。

1) A 你有没有电脑？
   B 你有没有电脑吗？

2) A 星期五或者星期六，我去商店打工。
   B 星期五还是星期六，我去商店打工。

3) A 老李是北京人，好不好？
   B 老李是北京人，对不对？

4) A 昨天，你喝没喝啤酒？
   B 昨天，你喝没喝了啤酒？

◀ 練習の解答は前頁にあります。

50 任意・限定・指定（自由意志を表す）

キーワード: 什么…什么・哪儿…哪儿・怎么…怎么・谁…谁・什么时候…什么时候・哪…哪

文型一覧

① 她非常有钱，想买什么就买什么。
　　　　　　　　彼女は大金持ちなので、買いたいものは何でも買える。

② 退休了，有很多时间，想去哪儿去哪儿。
　　　　　　　　定年退職したら、たくさん時間ができるので、行きたいところへ行ける。

③ 怎么想怎么说。　　　　　　　　考えたように話す。

④ 谁有时间谁去。　　　　　　　　時間のある人が行く。

⑤ 什么时候凉快，什么时候打网球。
　　　　　　　　涼しい時にテニスをする。

⑥ 哪个人先到终点，哪个人是冠军。
　　　　　　　　先にゴールに着く人が優勝する。

用例と説明

① …什么…（就…）什么…

意味: 前後二つの"什么"を呼応させ、後者の内容が前者によって決定されることを表す。二つの"什么"はフレーズ内で主語、限定語、目的語になることができる。前の"什么"は任意のものを指し、後ろの"什么"は前の"什么"が指定したものを指す。

公式: …"什么"…（"就"）…"什么"…

1) 她非常有钱，想买什么就买什么。
　　Tā fēicháng yǒuqián, xiǎng mǎi shénme jiù mǎi shénme.

2) 这家饭店菜很多, 你想吃什么就吃什么吧。
   Zhè jiā fàndiàn cài hěn duō, nǐ xiǎng chī shénme jiù chī shénme ba.

3) 不用去买菜。冰箱里有什么吃什么。
   Búyòng qù mǎi cài. Bīngxiāng li yǒu shénme chī shénme.

4) 图书馆有很多杂志。什么好看就看什么。
   Túshūguǎn yǒu hěn duō zázhì. Shénme hǎokàn jiù kàn shénme.

5) 你喝什么酒, 我也喝什么酒。Nǐ hē shénme jiǔ, wǒ yě hē shénme jiǔ.

6) 那个作家写什么小说, 什么小说走红。　　走红=人気がでる
   Nàge zuòjiā xiě shénme xiǎoshuō, shénme xiǎoshuō zǒuhóng.

   🔗 関連：コラム「文の構成」((1) 45ページ、(2) 60ページ) を参照。以下同じ。

② 哪儿…(就)…哪儿…

   🐷 意味：前後二つの"哪儿"を呼応させ、条件を表現する。前の"哪儿"は任意の場所を指し、後ろの"哪儿"は前の"哪儿"が指定した場所を指す。
   二つの"哪儿"はフレーズ内で主語、限定語、目的語になることができる。

   📄 公式：…"哪儿"…("就")…"哪儿"…

1) 退休了, 有很多时间, 想去哪儿去哪儿。
   Tuìxiū le, yǒu hěn duō shíjiān, xiǎng qù nǎr qù nǎr.

2) 放假了, 你想到哪儿去就到哪儿去吧。
   Fàngjià le, nǐ xiǎng dào nǎr qù jiù dào nǎr qù ba.

3) A 毕业以后你去哪儿工作？Bìyè yǐhòu nǐ qù nǎr gōngzuò?
   B 哪儿需要工程师, 我就去哪儿工作。
   Nǎr xūyào gōngchéngshī, wǒ jiù qù nǎr gōngzuò.　　工程师=技師、エンジニア

4) 哪儿漂亮, 我去哪儿旅游。Nǎr piàoliang, wǒ qù nǎr lǚyóu.

5) 哪儿人多, 哪儿热闹。Nǎr rén duō, nǎr rènao.　　热闹=にぎやかだ

6) 你去哪儿, 我也去哪儿。Nǐ qù nǎr, wǒ yě qù nǎr.

7) 哪儿的土地便宜, 我在哪儿买房子。
   Nǎr de tǔdì piányi, wǒ zài nǎr mǎi fángzi.

③ 怎么…(就)怎么…

> 🐄 意味： 前後二つの"怎么"を呼応させ、条件を表現する。
> 　　　　二つの"怎么"はフレーズ内で状態語になることができる。

> 📕 公式： …"怎么"…，("就")"怎么"…

1）怎么想就怎么说。Zěnme xiǎng jiù zěnme shuō.

2）上次怎么去那儿的, 这次还怎么去。
　　　Shàng cì zěnme qù nàr de, zhè cì hái zěnme qù.

3）怎么容易怎么写。Zěnme róngyi zěnme xiě.

4）请跟我读。我怎么读, 你们怎么读。
　　　Qǐng gēn wǒ dú.　Wǒ zěnme dú, nǐmen zěnme dú.　　读=朗読する

④ 谁…谁…

> 🐄 意味： 前後二つの"谁"を呼応させ、条件を表現する。前の"谁"は任意の人を指し、後ろの"谁"は前の"谁"が指定した人を指す。
> 　　　　二つの"谁"はフレーズ内で主語、限定語、目的語になることができる。

> 📕 公式： …"谁"…，…"谁"…

1）谁有时间谁去。Shéi yǒu shíjiān shéi qù.

2）谁想休息谁就休息吧。Shéi xiǎng xiūxi shéi jiù xiūxi ba.

3）谁先到终点, 谁是冠军。
　　　Shéi xiān dào zhōngdiǎn, shéi shì guànjūn.　　终点=ゴール　到=到着する

4）你喜欢谁, 就和谁结婚吧。Nǐ xǐhuan shéi, jiù hé shéi jiéhūn ba.

5）谁的汽车大, 我们坐谁的汽车去。
　　　Shéi de qìchē dà, wǒmen zuò shéi de qìchē qù.

⑤ 什么时候…什么时候…

> 🐄 意味： 前後二つの"什么时候"を呼応させ、条件を表現する。前の"什么时候"は任意の時を指し、後ろの"什么时候"は前の"什么时候"が指定した時を指す。二つの"什么时候"はフレーズ内で主

語になることができる。

🐖 公式： "什么时候"…，"什么时候"…

1) 什么时候有空儿，什么时候去看电影。
   Shénme shíhou yǒu kòngr, shénme shíhou qù kàn diànyǐng.　空儿=暇

2) 什么时候飞机票便宜，什么时候去外国旅游。　飞机票=航空チケット
   Shénme shíhou fēijīpiào piányi, shénme shíhou qù wàiguó lǚyóu.

3) 什么时候凉快，什么时候打网球。
   Shénme shíhou liángkuài, shénme shíhou dǎ wǎngqiú.　凉快=涼しい

⑥ 哪△…哪△…

🐖 意味： 前後二つの"哪△"を呼応させ、条件を表現する。前の"哪△"は任意のものを指し、後ろの"哪△"は前の"哪△"が指定したものを指す。
二つの"哪△"はフレーズ内で主語、目的語になることができる。

🐖 公式： …"哪"＋量詞＋名詞…，…"哪"＋量詞＋名詞…

1) 哪家超市东西多，去哪家超市买东西。
   Nǎ jiā chāoshì dōngxi duō, qù nǎ jiā chāoshì mǎi dōngxi.

2) 哪件大衣漂亮，我今天就穿哪件大衣。
   Nǎ jiàn dàyī piàoliang, wǒ jīntiān jiù chuān nǎ jiàn dàyī.

3) 哪门外语有用，我学哪门外语。　有用=役に立つ、実用的である
   Nǎ mén wàiyǔ yǒuyòng, wǒ xué nǎ mén wàiyǔ.

4) 哪个人先到终点，哪个人是冠军。
   Nǎge rén xiān dào zhōngdiǎn, nǎge rén shì guànjūn.

5) 哪条毯子厚，哪条毯子暖和。
   Nǎ tiáo tǎnzi hòu, nǎ tiáo tǎnzi nuǎnhuo.　条=（量詞）　毯子=毛布

6) 张老师用哪本词典，我用哪本词典。
   Zhāng Lǎoshī yòng nǎ běn cídiǎn, wǒ yòng nǎ běn cídiǎn.

51 強調・誇張（～も、～でも、～でさえも）

キーワード　…都・…也・连…都・连…也

文型一覧

① 冰箱里**什么也**没有，吃什么呀？
　　　　　　　　　冷蔵庫には何もないけど、何を食べるの。

② 日记是自由的文体，**怎么**写**都**可以。
　　　　　　　　　日記は自由文だから、どのように書いてもよい。

③ 天气太冷了。我在家里看电视，**哪儿也**不去。
　　　　　　　　　すごく寒いので、私は家でテレビを見て、どこへも行かない。

④ 那个人很有名，**谁都**知道。
　　　　　　　　　あの人はとても有名だから、誰もが知っている。

⑤ 你明天**什么时候**来**都**可以。　あなたは明日いつ来てもよろしい。

⑥ **哪辆**汽车**都**不错。　　　　どの車もなかなか良い。

⑦ 这事**连**孩子**都**知道。你不知道！
　　　　　　　　　このことは子供でさえも知っているというのに、あなたは知らないの！

⑧ 你**连**苹果**也**没吃过吗！　あなたはリンゴすらも食べたことがないの！

⑨ 教室里**一个**人**都**没有。　教室には一人もいない。

用例と説明

① 什么…也／都…

　意味：何でも～、如何なるものも～。ある範囲では例外がないことを表現する否定表現。

📖 **公式**："什么" +（名詞 +）"都"…
　　　　　"什么" +（名詞 +）"也" + "没有" ／ "没" ／ "不"…

1) 老白很懒，什么工作也不做。
　　　Lǎo Bái hěn lǎn, shénme gōngzuò yě bú zuò.　　懒＝ものぐさだ

2) 丁丽感冒了，什么也不想吃。Dīng Lì gǎnmào le, shénme yě bù xiǎng chī.

3) 他最近没有钱，什么衣服也不买。
　　　Tā zuìjìn méiyǒu qián, shénme yīfu yě bù mǎi.

4) 小马是个烟鬼。什么烟都吸。
　　　Xiǎo Mǎ shì ge yānguǐ.　Shénme yān dōu xī.　　烟鬼＝ヘビースモーカー

5) A 冰箱里什么也没有，吃什么呀？
　　　　Bīngxiāng li shénme yě méiyǒu, chī shénme ya?
　　B 什么都可以。无所谓。
　　　　Shénme dōu kěyǐ.　Wúsuǒwèi.　　无所谓＝大したことではない

❗**注意**："都"と"也"の用法は要注意。ポイントは三つ。①"都"と"也"はおき換え可能な用例とそうでないものがある。②"都"は"也"より一般的に使用範囲が広い。③"都"は肯定文で、"也"は否定文で用いることが多い。

✳️ **対比**：◎ 他什么烟都吸。　　　彼はどんなタバコでも吸う。
　　　　　△ 他什么烟也吸。
　　　　　◎ 他什么烟也不吸。　　彼はどんなタバコも吸わない。
　　　　　◯ 他什么烟都不吸。　　　*ほぼ同じ意味を表す。*

② 怎么…也／都…

🐷 **意味**：どんなに（〜しても）、いかに（〜でも）。ある範囲では例外がないことを表現する。

📖 **公式**："怎么"…"都"…
　　　　　"怎么"…"也" + "不" ／ "没有" ／ "没"…

1) 日本人的姓名太难记了，怎么也记不住。
　　　Rìběnrén de xìngmíng tài nán jì le, zěnme yě jìbuzhù.　　记＝覚える

2) 他太固执了。怎么解释也没用。他还是生气。
    Tā tài gùzhí le. Zěnme jiěshì yě méi yòng. Tā háishì shēngqì.
    固执=頑固だ　解释=説明する　生气=怒る

3) 今天的盘子太多了，怎么洗也洗不完。
    Jīntiān de pánzi tài duō le, zěnme xǐ yě xǐbuwán.　盘子=大きい皿

4) 日记是自由的文体，怎么写都可以。
    Rìjì shì zìyóu de wéntǐ, zěnme xiě dōu kěyǐ.

③ 哪儿…也／都…

🐑 意味：どこも〜、どこでも〜。ある範囲では例外がないことを表現する。

📙 公式："哪儿"＋"都"…
　　　　　"哪儿"＋"也"＋"没有"／"没"／"不"…

1) A 你去过什么地方？ Nǐ qùguo shénme dìfāng?
    B 我哪儿也没去过。Wǒ nǎr yě méi qùguo.

2) A 去哪儿吃饭？ Qù nǎr chīfàn?
    B 去哪儿都行。Qù nǎr dōu xíng.

3) 天气太冷了。我在家里看电视，哪儿也不去。
    Tiānqì tài lěng le. Wǒ zài jiā li kàn diànshì, nǎr yě bú qù.

④ 谁也／谁都…

🐑 意味：誰も〜、誰でも〜。ある範囲では例外がないことを表現する。

📙 公式："谁"＋"都"…
　　　　　"谁"＋"也"＋"没有"／"没"／"不"…

1) 那个人很有名，谁都知道。Nàge rén hěn yǒumíng, shéi dōu zhīdao.

2) 她经常撒谎，谁也不相信她。Tā jīngcháng sāhuǎng, shéi yě bù xiāngxìn tā.

3) 丁丽性格非常好，谁都喜欢她。
    Dīng Lì xìnggé fēicháng hǎo, shéi dōu xǐhuan tā.

4) 谁也没去过旭川。Shéi yě méi qùguo Xùchuān.

⑤ 什么时候…也／都…

> 🐮 意味： いつも〜、いつでも〜。ある範囲では例外がないことを表現する。
> 📕 公式： "什么时候"…"都"…
> "什么时候"…"也"+"没有"／"没"／"不"…

1) 你明天什么时候来都可以。Nǐ míngtiān shénme shíhou lái dōu kěyǐ.

2) A 咱们什么时候走？ Zánmen shénme shíhou zǒu?
   B 什么时候都行。Shénme shíhou dōu xíng.

3) 今天什么时候也没空儿。Jīntiān shénme shíhou yě méi kòngr.

⑥ 哪△…也／都…

> 🐮 意味： どれも〜、どれでも〜。ある範囲では例外がないことを表現する。
> 📕 公式： "哪"+量詞+名詞+"都"…
> "哪"+量詞+名詞+"也"+"没有"／"没"／"不"…

1) 哪本杂志也不好看。Nǎ běn zázhì yě bù hǎokàn.

2) 哪支笔都可以用。Nǎ zhī bǐ dōu kěyǐ yòng.

3) 哪辆汽车都不错。Nǎ liàng qìchē dōu búcuò.

4) A 哪个菜好吃？ Nǎge cài hǎochī?
   B 哪个也不好吃。Nǎge yě bù hǎochī.
   C 是吗？ 我觉得哪个菜都好吃。Shì ma? Wǒ juéde nǎge cài dōu hǎochī.

⑦ 连…也／都…

> 🐮 意味： 〜でさえも…、〜ですら…。包括するものの中で、極端な例をとり立てて強調する表現。
> "连"と呼応するとき、"都"と"也"は相互におき換えることができる。
> 📕 公式： "连"+名詞+"也"／"都"…

1) 老林连鱼骨头都吃。Lǎo Lín lián yú gǔtou dōu chī.　骨头＝骨

2) 这事连孩子也知道。你不知道！
　　Zhè shì lián háizi yě zhīdao.　Nǐ bù zhīdào!

3) 广州人连蛇都吃。Guǎngzhōurén lián shé dōu chī.　蛇＝ヘビ

4) 现在的携带电话连照相机的功能都有。　功能＝機能
　　Xiànzài de xiédài diànhuà lián zhàoxiàngjī de gōngnéng dōu yǒu.

⑧ 连…也不／也没／都不／都没…

🐄 意味：〜でさえも…ない、〜ですら…ない。包括するものの中で、極端な例をとり立てて強調する表現。

📖 公式："连"＋名詞＋"也不"／"也没"／"也没有"／"都不"／"都没"／"都没有"…

1) 你连苹果也没吃过吗！　Nǐ lián píngguǒ yě méi chīguo ma!

2) 为了减肥，丁丽连牛奶也不喝。Wèile jiǎnféi, Dīng Lì lián niúnǎi yě bù hē.

3) 太郎不喜欢旅游，连东京都没去过。
　　Tàiláng bù xǐhuan lǚyóu, lián Dōngjīng dōu méi qùguo.

4) 小林在英国留学了五年。今天的英语考试太难了，连小林也不懂。
　　Xiǎo Lín zài Yīngguó liúxuéle wǔ nián.　Jīntiān de Yīngyǔ kǎoshì tài nán le, lián Xiǎo Lín yě bù dǒng.

5) 我今天非常忙，连喝水的时间都没有。
　　Wǒ jīntiān fēicháng máng, lián hē shuǐ de shíjiān dōu méiyǒu.

⑨ 一…也没／一…也不／一…都没／一…都不

🐄 意味：一（人、回、冊など）も〜ない／一（人、回、冊など）も〜なかった。

📖 公式：目的語＋主語＋"(连)一△△也没(有)"／"(连)一△△都没(有)"…
　　　　目的語＋主語＋"一△△也不"／"一△△都不"…

1) 那个人我一次都没见过。Nàge rén wǒ yí cì dōu méi jiànguo.

2) 他一本词典也没有。Tā yì běn cídiǎn yě méiyǒu.

3) 教室里连一个人都没有。Jiàoshì li lián yí ge rén dōu méiyǒu.

4) 电子游戏我一次也不玩！　Diànzǐ yóuxì wǒ yí cì yě bù wán!

⚠️ 注意： 否定を強調するために、目的語を文の先頭におくことが多い。

❌ 対比： 他没有词典。　　　　　彼は辞書を持っていない。
　　　　　　　　　　　　　　　　　一般的な否定

　　　　他一本词典也没有。　　彼は一冊の辞書も持っていない。
　　　　　　　　　　　　　　　　　否定を強調する表現

　　　　我没见过那个人。　　　私はあの人に会ったことがない。
　　　　　　　　　　　　　　　　　一般的な否定

　　　　那个人我一次也没见过。あの人に私は一度も会ったことがない。
　　　　　　　　　　　　　　　　　否定を強調する表現

🔗 関連：「17 回数・頻度」を参照。

Column　　程度語句の比較

　中国語において、形容詞の程度を限定する方法は主に二つある。
1　形容詞の前に状態語をおく。その形は「副詞+形容詞」となる。常用される程度副詞をその強さで比較すると、"最">"非常">"真">"相当">"很"となる。
2　形容詞の後ろに補語をおく。その形は「形容詞+"得很"」「形容詞+"极了"」となる。"极了"は"得很"より強い程度を表す。
"好"を伴い、その程度を比較してみると、図のようになる。

好＝不错　　很好　　好得很　　相当好　　真好　　非常好　　好极了　　最好

次頁答：① 1) B 2) H 3) A 4) E 5) F 6) D 7) G 8) C
　　　　② 1) A 2) A 3) B 4) B

練習 50・51

① ☐ の選択肢から最も適当なものを選び空欄をうめましょう（それぞれ1度しか使えません）。

> A 什么　B 哪儿　C 谁都　D 也　E 怎么　F 连　G 也不　H 都没

1) 暑假我去旅游。_____凉快我去哪儿。
2) 什么！你连西瓜_____吃过！
3) 小王喜欢看小说，又有很多时间，想看_____小说看什么小说。
4) 小林去哪儿了？我在找他，可是_____找也找不到。
5) 他很穷，有时_____吃的东西也没有。　穷 qióng 貧しい
6) 你不要问我。我什么_____不知道。
7) 他没有学过日语，连"こんにちは"_____会说。
8) 中国的首都是北京，这_____知道。

② 正しい文をマークしましょう。

1) A 你喜欢哪个就买哪个吧。
   B 你喜欢哪个就买什么吧。
2) A 你想怎么去就怎么去吧。
   B 你想哪儿去就哪儿去吧。
3) A 他连香蕉也吃。　香蕉 xiāngjiāo バナナ
   B 他连香蕉也不吃。
4) A 奈良我一次也去过。
   B 奈良我一次也没去过。

⬅ 練習の解答は前頁にあります。

52 逆接 (しかし、〜なのに)

キーワード 但是・可是・虽然・尽管・却・不过・然而

文型一覧

① 虽然是夏天，但是札幌很凉快。　夏だが、札幌はとても涼しい。

② 昨天尽管下了雪，但是今天不太冷。
　　　　　　　　　　　昨日雪が降ったけれど、今日はあまり寒くない。

③ 法国葡萄酒非常好喝，不过有点儿贵。
　　　　　　　　　　フランスのワインはとても美味しいが、すこし高い。

④ 这孩子年纪不大，却很懂事。
　　　　　　　　　この子は年端はいかないのに、分別がある。

用例と説明

① 虽然…, 但是…

- **意味**: しかし〜。
  "虽然""但是"は単文やフレーズを接続し、単文間の意味関係を明確にし、複文として成立させる働きをする接続詞である。
  接続詞は単独で使用するものと、呼応して使用するものがある。
  この文型は前後二つの接続詞を呼応させて使うタイプである。

- **公式**: "虽然"＋主語＋述語,"但是"＋単文
  主語＋"虽然"＋述語,"但是"＋単文

1) 虽然蔬菜很有营养，但是妹妹不想吃。
   Suīrán shūcài hěn yǒu yíngyǎng, dànshì mèimei bù xiǎng chī.

2) 小王虽然不太聪明，但是努力学习, 成绩很不错。
   Xiǎo Wáng suīrán bú tài cōngming, dànshì nǔlì xuéxí, chéngjì hěn búcuò.

233

3) 虽然是夏天，但是札幌很凉快。
   Suīrán shì xiàtiān, dànshì Zháhuǎng hěn liángkuai.

   🛑 注意： 接続詞の位置は注意を要する。
   "虽然"は、前文の先頭か主語のすぐ後ろにおく。"但是"は後文の先頭におく。

   🚫 禁止： × 虽然蔬菜很有营养，妹妹但是不想吃。
   ○ 蔬菜虽然很有营养，但是妹妹不想吃。
   野菜は栄養があるが、妹は(野菜を)食べたくない。
   ○ 虽然蔬菜很有营养，但是妹妹不想吃。
   ほぼ同じ意味を表す

   🔗 関連： コラム「複文」(237ページ) を参照。

② 尽管…，(但是)…

   意味： しかし、～なのに…。
   "尽管""但是"は接続詞。

   公式： "尽管" + 主語 + 述語, ("但是") + 文／フレーズ
   主語 + "尽管" + 述語, ("但是") + 文／フレーズ

1) 尽管不会说英语，我想去美国旅游。
   Jǐnguǎn bú huì shuō Yīngyǔ, wǒ xiǎng qù Měiguó lǚyóu.

2) 昨天尽管下了雪，但是今天不太冷。
   Zuótiān jǐnguǎn xiàle xuě, dànshì jīntiān bú tài lěng.

3) 尽管今天很冷，林美丽穿着短裙。
   Jǐnguǎn jīntiān hěn lěng, Lín Měilì chuānzhe duǎnqún.　　短裙＝ミニスカート

③ …, 但(是)／可(是)／然而／不过…

   意味： しかし～。
   "但是""但""可是""可""然而""不过"は接続詞、単独で用いる。これらは、後文の先頭におく。

   公式： 文／フレーズ, "但(是)"／"可(是)"／
   "然而"／"不过" + 文／フレーズ

1) 小李个子不高, 但是篮球打得很好。
    Xiǎo Lǐ gèzi bù gāo, dànshì lánqiú dǎ de hěn hǎo.

2) 新汽车非常好看, 可是太贵了。Xīn qìchē fēicháng hǎokàn, kěshì tài guì le.

3) 老马喜欢丁丽, 然而, 丁丽不喜欢老马。
    Lǎo Mǎ xǐhuan Dīng Lì, rán'ér, Dīng Lì bù xǐhuan Lǎo Mǎ.

4) 小白不笨, 可因为贪玩儿, 成绩很差。　笨=頭が悪い　贪玩儿=遊んでばかりいる
    Xiǎo Bái bú bèn, kě yīnwèi tānwánr, chéngjì hěn chà.

5) 法国葡萄酒非常好喝, 不过有点儿贵。
    Fǎguó pútaojiǔ fēicháng hǎohē, búguò yǒudiǎnr guì.

> 🌀 対比： 接続詞の効能には程度差がある。
>   ① 可、但
>   ② 可是、但是、然而、尽管、不过
>   ③ 虽然…但是、尽管…但是
>   接続詞は単独で使用するよりも呼応して使用する方が強い語気を表現する。①〜③は下へいく程、語気の程度は強くなる。

（弱 → 強）

④ …却…

> 🐷 意味： しかし〜。
>   "却"は逆接の意味を表す副詞である。

> 📙 公式： 文／フレーズ,（主語 +）"却" + 述語

1) 这孩子年纪不大, 却很懂事。
    Zhè háizi niánjì bú dà, què hěn dǒngshì.　懂事=物がわかる

2) 老白有很多钱, 却非常小气。
    Lǎo Bái yǒu hěn duō qián, què fēicháng xiǎoqì.　小气=けちである

3) 今天的饺子很好吃, 她却不吃。Jīntiān de jiǎozi hěn hǎochī, tā què bù chī.

4) 这里经常下雨, 空气却有点儿干燥。　干燥=乾燥している
    Zhèli jīngcháng xiàyǔ, kōngqì què yǒudiǎnr gānzào.

> ❗ 注意： "却"は副詞であるため、述語の前におき、主語の前におくことはできない。

🚫 禁止： × 饺子很好吃，却她不吃。
○ 饺子很好吃，她却不吃。
餃子は美味しいけれども、彼女は食べない。
× 小马身体不好，却他每天吸烟。
○ 小马身体不好，他却每天吸烟。
馬くんは体が丈夫でないのに、毎日タバコを吸う。

Column　　　　　　　複　文

　複文とは二つ、または二つ以上の意味上の関係が深い単文が結びつき、より複雑な意味を持つ一つの文が構成されたものをさす。また、単文が互いにその他の文の成分とならないことも重要なポイントである。単文間の意味的な結びつきは、両者が同様に中心となるものと、どちらかの文にその比重が偏るものとがある。

　複文は形の上からも、大きく二つに分けられる。

1　単文が結合するとき、単文間を関係づける語句を用いるもの
2　単文が結合するとき、関係づける語句を用いず、ただ単に結合したもの

　単文間を関連づける語句は、接続詞、副詞、連接語句などがあげられる。接続詞の位置によって複文を分類すると、以下の三つに分けられる。

1　**接続詞前置型**

　　如果明天不下雨，我去打网球。
　　明日雨が降らなければ、私はテニスをしに行く。

2　**接続詞後置型**

　　我今天不想吃饺子，因此，你不要买饺子，买些包子吧。
　　私は今日餃子を食べたくないので、餃子を買わないで、中華マンを買って下さい。

3　**接続詞両置型**

　　虽然天气很热，但是她穿着大衣。
　　暑いのに、彼女はコートを着ている。

　　既然他不会说英语，那么不要让他去美国出差了。
　　彼が英語を話せないのなら、アメリカへ出張に行かせないようにしましょう。

　一般的に、接続詞両置形（呼応して使用するもの）は単置形（単独で使用するもの）より強い語気を表す。

53 仮定（もしも〜、〜したら、〜の場合、万一〜）

キーワード　如果・要是・假如・万一・…的话・就

文型一覧

① **如果**有钱**的话**，买一台新电脑。

　　　　　　　　　　　お金があれば、新しいパソコンを買う。

② 你**要是**有事，不去也行。　用事があるなら、行かなくてもよろしい。

③ **假如**我是市长，**就**新建一个图书馆。

　　　　　　　　　　　もしも私が市長なら、図書館を新設する。

④ 你喜欢这条裙子**的话**，**就**送给你吧。

　　　　　　　　　　　君がこのスカートを好きなら、あなたにプレゼントしましょう。

⑤ **万一**出了事故，请马上给 110 打电话。

　　　　　　　　　　　万一事故がおきたら、すぐ 110 番に電話をかけて下さい。

用例と説明

① 如果…(的话),(就)…

　🐄 **意味**：もし〜なら…する。
　　　　　"如果"は接続詞、"如果"に続くフレーズは仮定条件を示す。
　　　　　"就"は副詞、"就"に続くフレーズは仮定条件内でおこり得る結果を示す。"的话"は仮定の意味を表す助詞である。
　　　　　"的话"は話し言葉で使われることが多く、やわらかなニュアンスを含む。

　🔑 **公式**：　"如果"＋フレーズ（＋"的话"），主語＋（"就"＋）フレーズ
　　　　　　　"如果"＋フレーズ（＋"的话"），（"就"＋）フレーズ

1) 如果有钱的话，买一台新电脑。
   　　Rúguǒ yǒuqián dehuà, mǎi yì tái xīn diànnǎo.

2) 如果明天晴天, 你去海边钓鱼吗?
   　　Rúguǒ míngtiān qíngtiān, nǐ qù hǎibiān diàoyú ma?

3) 如果星期天有时间, 我就去公园散步。
   　　Rúguǒ xīngqītiān yǒu shíjiān, wǒ jiù qù gōngyuán sànbù.

4) 我如果是你, 就不去那儿旅游。Wǒ rúguǒ shì nǐ, jiù bú qù nàr lǚyóu.

　　❗注意： 接続詞の位置には注意を要する。
　　　　　　"如果"は文頭か第一フレーズの主語のすぐ後ろにおく。副詞の
　　　　　　"就"は、第二フレーズの主語のすぐ後ろにおく。主語が省略さ
　　　　　　れるとき"就"は、第二フレーズの先頭におく。
　　🚫禁止： ✕ 如果星期天有时间, 就我去公园散步。
　　　　　　○ 如果星期天有时间, 我就去公园散步。
　　　　　　　　　日曜日時間があれば、私は公園へ散歩に行く。
　　　　　　○ 星期天如果有时间, 就去公园散步。
　　　　　　　　　　ほぼ同じ意味を表す

② 要是…(的话), (就)…

　　🐄意味： もし～なら…する。
　　　　　　"要是"は接続詞、"要是"に続くフレーズは仮定条件を示す。
　　📖公式： "要是"＋フレーズ (＋"的话")，主語＋("就"＋)フレーズ
　　　　　　"要是"＋フレーズ (＋"的话")，("就"＋)フレーズ

1) 要是不喜欢吃鱼, 就不要勉强。
   　　Yàoshi bù xǐhuan chī yú, jiù búyào miǎnqiáng.　勉强＝無理にする

2) 你要是有事, 不去也行。Nǐ yàoshi yǒushì, bú qù yě xíng.　行＝よろしい

3) 要是有人找我的话, 你就说我十点回来。
   　　Yàoshi yǒu rén zhǎo wǒ dehuà, nǐ jiù shuō wǒ shí diǎn huílai.

4) 要是不想喝绿茶, 你喝红茶吧。Yàoshi bù xiǎng hē lǜchá, nǐ hē hóngchá ba.

③ 假如…,（就）…

🐮 意味： もし〜なら…する。

"假如"は接続詞、"假如"に続くフレーズは仮定条件を示す。

📖 公式： "假如" + フレーズ，主語 + （"就" +）フレーズ
"假如" + フレーズ，（"就" +）フレーズ

1) 假如你是市长，你怎么办？ Jiǎrú nǐ shì shìzhǎng, nǐ zěnme bàn?

2) 假如我是市长，就新建一个图书馆。
Jiǎrú wǒ shì shìzhǎng, jiù xīn jiàn yí ge túshūguǎn.

3) 假如考上了研究生，我就辞职。
Jiǎrú kǎoshang le yánjiūshēng, wǒ jiù cízhí.　研究生＝大学院生

❗ 注意： 書面語として使うことが多い"假如"は、"的话"と併用しないほうがよい。

④ …的话,（就）…

🐮 意味： 〜ということであれば…する。

"的话"の前フレーズは仮定条件を示す。"的话"は助詞であり、文、フレーズの終わりにつけて、次の文やフレーズを導く。

📖 公式： フレーズ + "的话"，主語 + （"就" +）フレーズ
フレーズ + "的话"，（"就"）フレーズ

1) 你喜欢这条裙子的话，就送给你吧。
Nǐ xǐhuan zhè tiáo qúnzi dehuà, jiù sònggěi nǐ ba.

2) 下雪的话，我们坐火车去。Xiàxuě dehuà, wǒmen zuò huǒchē qù.

3) 想学好法语的话，最好去法国留学。
Xiǎng xuéhǎo Fǎyǔ dehuà, zuìhǎo qù Fǎguó liúxué.　学好＝マスターする

❌ 対比： ① "〜的话"，　　　① "〜的话"，"就"　　弱
② "要是〜"，　　② "要是〜"，"就"
③ "如果〜"，　　③ "如果〜"，"就"
④ "假如〜"，　　④ "假如〜"，"就"　　強

以上は仮定条件を導き、ほぼ同じ意味を表すが、語気の強さに

差がある。下へいくに従いその程度が強くなり、書面語に近づく。
"就"との併用も、語気を強める働きがある。

⑤ 万一…, (就)…

🐄 意味： 万一〜なら…する。
"万一"は接続詞、"万一"に続くフレーズは仮定条件を示す。
"万一"は可能性がきわめて低く、起こりそうもない仮定を表現する。好ましくないことに使用する頻度が高い。

📖 公式： "万一" + フレーズ，主語 + ("就" +) フレーズ
"万一" + フレーズ，("就" +) フレーズ

1) 万一出了事故，请马上给110打电话。
　　Wànyī chūle shìgu, qǐng mǎshàng gěi yāo yāo líng dǎ diànhuà.

2) 万一下大雨，就不去兜风了。Wànyī xià dà yǔ, jiù bú qù dōufēng le.

3) 万一中了彩，我就送给你一条金项链。
　　Wànyī zhòngle cǎi, wǒ jiù sònggěi nǐ yì tiáo jīn xiàngliàn.
　　中彩=宝くじなどに当たる　项链=ネックレス

次頁答：① 1) F 2) G 3) E 4) B 5) A 6) H 7) C 8) D
　　　　② 1) B 2) A 3) B 4) A

練習 52・53

① ___ の選択肢から最も適当なものを選び空欄をうめましょう（それぞれ1度しか使えません）。

> A 但是　B 就　C 的话　D 不过　E 却　F 虽然　G 如果　H 万一

1) _____已经放假了，可是小林每天来大学图书馆看书。
2) _____明天你们有时间，咱们一起去西湖公园吧。
3) 她是美国人，_____喜欢用筷子吃饭。
4) 要是我有很多钱的话，_____去世界各国旅游。
5) 虽然已经到了七月，_____天气还不太热。
6) _____停电了，请给供电局打电话。　供电局 gōngdiànjú 電力会社
7) 商店没有白酒_____，你就买几瓶啤酒吧。
8) 这件衣服样子不错，_____颜色不太好看。　样子 yàngzi 格好、形

② 正しい文をマークしましょう。

1) A 虽然是冬天，却香港很暖和。
   B 虽然是冬天，但是香港很暖和。
2) A 如果我是校长，我就开办艺术学院。　艺术 yìshu 芸術
   B 如果我是校长，就我开办艺术学院。
3) A 天气很冷，然而，丁丽穿着大衣。
   B 天气很冷，然而，丁丽穿着短裙。
4) A 要是星期天不去打工的话，我在家里看小说。
   B 万一星期天不去打工的话，我在家里看小说。

← 練習の解答は前頁にあります。

54 並列（〜し…する）

キーワード: 也・还・又…又・既…又・一来…二来

文型一覧

① 王小美**像**爸爸。王小东**像**妈妈。
　　　　　　　王小美さんは父似で、王小東さんは母似だ。

② 小林学习汉语，**也**学习英语，**还**学习法语。
　　　　　　　小林さんは中国語を学び、英語も学び、その上フランス語も学ぶ。

③ 星期天，**洗洗**衣服，**打扫打扫**房间，**收拾收拾**院子。
　　　　　　　日曜日洗濯をしたり、掃除をしたり、庭を片付けたりする。

④ 西瓜**又**凉**又**甜，真好吃。スイカは冷たくてしかも甘い、本当に美味しい。

⑤ 吸烟**既**浪费钱，**又**损害健康。
　　　　　　　喫煙はお金をむだにするばかりではなく、健康にも害を与える。

⑥ 咱们坐船去吧。**一来**可以看风景，**二来**很便宜。
　　　　　　　私達は船で行きましょう。一つには、景色が眺められるし、二つには、安いですから。

⑦ **一方面**要补充营养，**另一方面**也要注意减肥。
　　　　　　　栄養をとる一方で、減量にも注意しましょう。

用例と説明

① …*動詞*…，…*動詞*…

　🔑 意味：〜し…する。
　　　　前後の動詞は同一動詞か、または同じ属性を持つ動詞に限られる。関連性がない動詞では成り立たない。

> 📖 公式： 名詞① + 動詞 (+ 目的語①), 名詞② + 動詞 (+ 目的語②)
> 名詞① + 動詞① (+ 目的語①), 名詞② + 動詞② (+ 目的語②)

1) 王小美像爸爸。王小东像妈妈。
　　Wáng Xiǎoměi xiàng bàba. Wáng Xiǎodōng xiàng māma. 像=似ている

2) 他吃鱼, 我吃鸡。Tā chī yú, wǒ chī jī. 鸡=にわとり、チキン

3) 上午学习数学, 下午学习物理。Shàngwǔ xuéxí shùxué, xiàwǔ xuéxí wùlǐ.

4) 教室里, 王文中在写信, 丁新林在看书。
　　Jiàoshì li, Wáng Wénzhōng zài xiě xìn, Dīng Xīnlín zài kàn shū.

5) 他们都不好好学习英语。小李不做作业, 小张不听录音。
　　Tāmen dōu bù hǎohao xuéxí Yīngyǔ, Xiǎo Lǐ bú zuò zuòyè, Xiǎo Zhāng bù tīng lùyīn.

② …, 也…, 还…

> 🐄 意味： 〜する、〜もする、そして…もする。
> 前後の動詞は同一動詞か、または同じ属性を持つ動詞が適当である。関連性がない動詞では成り立たないことがある。

> 📖 公式： 主語 + 動詞 (+ 目的語①), "也" + 動詞 (+ 目的語②), "还" + 動詞 (+ 目的語③)

1) 小林学习汉语, 也学习英语, 还学习法语。
　　Xiǎolín xuéxí Hànyǔ, yě xuéxí Yīngyǔ, hái xuéxí Fǎyǔ.

2) 我看报纸, 也看杂志, 还看画报。
　　Wǒ kàn bàozhǐ, yě kàn zázhì, hái kàn huàbào.

3) 林雨山会弹钢琴, 也会吹笛子, 还会拉二胡。
　　Lín Yǔshān huì tán gāngqín, yě huì chuī dízi, hái huì lā èrhú.
　　弹=弾く　钢琴=ピアノ　吹=吹く　笛子=笛　拉=弾く

③ *動詞の重ね型①…, 動詞の重ね型②…*

> 🐄 意味： 〜したり、〜したり、…したりする。
> 前後の動詞は同一動詞か、または同じ属性を持つ動詞が適当である。関連性がない動詞では成り立たないことがある。

> 📖 公式： (主語+) 動詞重ね型① (+目的語①), 動詞重ね型② (+目的語②), …

1) 星期天，洗洗衣服，打扫打扫房间，收拾收拾院子。　　院子=庭
　　Xīngqītiān, xǐxi yīfu, dǎsao dǎsao fángjiān, shōushi shōushi yuànzi.

2) 放假时，每天散散步，钓钓鱼，打打网球。
　　Fàngjià shí, měi tiān sànsanbù, diàodiaoyú, dǎda wǎngqiú.

3) 上英语课时，背背单词，读读课文，听听录音，做做练习。　　背=暗唱する
　　Shàng Yīngyǔ kè shí, bèibei dāncí, dúdu kèwén, tīngting lùyīn, zuòzuo liànxí.

🔗 関連：「**18** 連続する行為」、コラム「動詞の重ね型」(157ページ) を参照。

④ 又／既…, 又…

　🐮 意味：～だけでなく…だ。
　📖 公式："又"＋形容詞①，"又"＋形容詞②
　　　　　"既"＋形容詞①，"又"＋形容詞②

1) 西瓜又凉又甜，真好吃。Xīguā yòu liáng yòu tián, zhēn hǎochī.

2) 丁丽又聪明又漂亮。Dīng Lì yòu cōngming yòu piàoliang.

3) 你的自行车既轻又快。Nǐ de zìxíngchē jì qīng yòu kuài.

4) 第一医院的护士既热心又亲切。Dì-yī Yīyuàn de hùshi jì rèxīn yòu qīnqiè.

5) 今天买的蛋糕既难吃又贵。Jīntiān mǎi de dàngāo jì nánchī yòu guì.

⑤ 既…, 又…

　🐮 意味：～だけでなく…だ。
　📖 公式："既"＋動詞①（＋目的語），"又"＋動詞②（＋目的語）

1) 吸烟既浪费钱，又损害健康。
　　Xīyān jì làngfèi qián, yòu sǔnhài jiànkāng.　浪费=むだ遣いをする　损害=害する

2) 小田既会说英语，又会说法语。Xiǎo Tián jì huì shuō Yīngyǔ, yòu huì shuō Fǎyǔ.

3) 丁丽既喜欢唱歌，又喜欢跳舞。Dīng Lì jì xǐhuan chànggē, yòu xǐhuan tiàowǔ.

4) 卫生所只有她一个人。她既当医生，又当护士。
　　Wèishēngsuǒ zhǐ yǒu tā yí ge rén.　Tā jì dāng yīshēng, yòu dāng hùshi.
　　卫生所=保健室　当＝～として働く

⑥ "一来"…, "二来"…

> 🐷 意味： 一つには〜、二つには…。
> 説明をするために、原因や目的を列挙、並列するときに用いる。
> "二来"までを用いるパターンが多用される。"三来""四来"と用いることも可能である。
> "一来"などの後ろは語、句、単文など比較的自由におくことが可能である。

> 📦 公式： "一来" + フレーズ, "二来" + フレーズ (, "三来" + フレーズ)

1) 暑假我去北海道旅游。北海道一来很漂亮, 二来非常凉快。
   Shǔjià wǒ qù Běihǎidào lǚyóu. Běihǎidào yìlái hěn piàoliang, èrlái fēicháng liángkuai.

2) 明天你来我家吧。一来小田他们也来, 二来我妈妈明天包饺子。
   Míngtiān nǐ lái wǒ jiā ba. Yìlái Xiǎo Tián tāmen yě lái, èrlái wǒ māma míngtiān bāo jiǎozi.

3) 这件毛衣我不想买。一来颜色不好, 二来有点儿长, 三来有点儿贵。
   Zhè jiàn máoyī wǒ bù xiǎng mǎi. Yìlái yánsè bù hǎo, èrlái yǒudiǎnr cháng, sānlái yǒudiǎnr guì.

4) 咱们坐船去吧。一来可以看风景, 二来很便宜。
   Zánmen zuò chuán qù ba. Yìlái kěyǐ kàn fēngjǐng, èrlái hěn piányi.

⑦ "一方面"…, "(另)一方面"…

> 🐷 意味： 一方では〜、他方では…。
> 二つの関連のある事物を並列したり、一事物内で二つの側面から物事を表現するときに用いる。

> 📦 公式： "一方面" + フレーズ, "(另)一方面" + フレーズ

1) 大学毕业了。我一方面想马上工作, 一方面不想离开大学。
   Dàxué bìyè le. Wǒ yìfāngmiàn xiǎng mǎshàng gōngzuò, yìfāngmiàn bù xiǎng líkāi dàxué.　离开=離れる

2) 一方面要补充营养, 另一方面也要注意减肥。
   Yìfāngmiàn yào bǔchōng yíngyǎng, lìng yìfāngmiàn yě yào zhùyì jiǎnféi.
   补充=補充する　营养=栄養

55 累加（〜だけではなくさらに…）

キーワード　不仅・不但・而且・还・反而

文型一覧

① 丁丽**不但**漂亮，**而且**时髦。　丁麗さんは美しいだけでなく、モダンだ。

② 肖梅**不仅**喜欢吃蛋糕，**还**会做蛋糕。
　　　　　　肖梅さんはケーキを食べるのが好きなだけでなく、作ることもできる。

③ 老林去过美国，**还**去过加拿大。
　　　　　　林さんはアメリカに行ったことがあるし、カナダにも行ったことがある。

④ 今天的菜很辣，但他**不但**不说难吃，**反而**说味道很好。
　　　　　　今日のおかずはかなり辛いのに、彼は文句を言わないばかりか、
　　　　　　　　　　　　　　　　　　　　　かえって美味しいと言った。

用例と説明

① 不但／不仅…，而且…

　🐄 意味：〜だけではなくさらに…、〜の上にさらに…。
　📙 公式："不但"／"不仅" + 形容詞①，"而且" + ("还"+) 形容詞②

1) 丁丽不但漂亮，而且时髦。
　　Dīng Lì búdàn piàoliang, érqiě shímáo.　　时髦=モダンだ

2) 这家饭店的菜不但好吃，而且很便宜。
　　Zhè jiā fàndiàn de cài búdàn hǎochī, érqiě hěn piányi.

3) 豆腐不仅好吃，而且很有营养。Dòufu bùjǐn hǎochī, érqiě hěn yǒu yíngyǎng.

4) 学习汉语不仅有用，而且有意思。Xuéxí Hànyǔ bùjǐn yǒuyòng, érqiě yǒu yìsi.

247

② 不但／不仅…，而且还…

> 🐮 意味： ～だけではなくさらに…。
>
> 📕 公式： "不仅"／"不但"＋動詞①（＋目的），"而且"＋動詞②（＋目的）
> "不仅"／"不但"＋動詞①（＋目的），"还"＋動詞②（＋目的）
> "不仅"／"不但"＋動詞①（＋目的），"而且"＋"还"＋動詞②（＋目的）

1) 李冬不仅会滑雪，而且滑得很好。
    Lǐ Dōng bùjǐn huì huáxuě, érqiě huá de hěn hǎo.

2) 童雨山不仅喜欢听音乐，而且会弹钢琴。
    Tóng Yǔshān bùjǐn xǐhuan tīng yīnyuè, érqiě huì tán gāngqín.

3) 肖梅不仅喜欢吃蛋糕，还会做蛋糕。
    Xiāo Méi bùjǐn xǐhuan chī dàngāo, hái huì zuò dàngāo.

4) 小马不但每天吸烟，还经常喝酒。太不注意身体了。
    Xiǎo Mǎ búdàn měi tiān xīyān, hái jīngcháng hē jiǔ. Tài bú zhùyì shēntǐ le.

5) 吸烟不仅损害个人的健康，而且还污染公共环境。　　污染＝污染する
    Xīyān bùjǐn sǔnhài gèrén de jiànkāng, érqiě hái wūrǎn gōnggòng huánjìng.

6) 小林不但会说英语，而且还会说法语和西班牙语。　　西班牙语＝スペイン語
    Xiǎo Lín búdàn huì shuō Yīngyǔ, érqiě hái huì shuō Fǎyǔ hé Xībānyáyǔ.

③ …，而且／还…

> 🐮 意味： ～だけではなくさらに…。
>
> 📕 公式： 動詞（＋目的），"而且"＋動詞（＋目的）
> 動詞（＋目的），"还"＋動詞（＋目的）
> 動詞（＋目的），"而且还"＋動詞（＋目的）

1) 老林去过美国，还去过加拿大。Lǎo Lín qùguo Měiguó, hái qùguo Jiānádà.

2) 小丁会说日语，而且会说德语。
    Xiǎo Dīng huì shuō Rìyǔ, érqiě huì shuō Déyǔ.

3) 他喜欢喝啤酒，而且还喜欢喝白酒。
    Tā xǐhuan hē píjiǔ, érqiě hái xǐhuan hē báijiǔ.

> ❗ 注意： 接続詞と呼応させて使うとき、前後二つの文は、動詞フレーズ、形容詞フレーズ、いずれも使用可能である。単独で後ろに接続詞

や副詞のみを使うときは、動詞フレーズのみに限られる。また使用できる動詞にも制限があるため注意を要する。

🚫 禁止： ×苹果好吃, 而且有营养。
　　　　　○苹果不仅好吃, 而且有营养。
　　　　　　　　　　リンゴは美味しいだけではなく、栄養もある。
　　　　　×他会滑雪, 而且滑得很好。
　　　　　○他不但会滑雪, 而且滑得很好。
　　　　　　　　　　彼はスキーができるだけではなく、上手に滑れる。
　　　　　○她会说英语, 而且会说法语。
　　　　　　　　　　彼女は英語を話せるし、(さらに) フランス語も話せる。
　　　　　○她不仅会说英语, 而且会说法语。
　　　　　　　　　同じ意味を表すが、より強い語気を含む

④ 不但不／不但没…, 反而…

🐷 意味： 〜だけでなく、かえって…。
　　　　　予想に反する結果を表現する。

📘 公式： "不但不"／"不但没"＋ 動詞① (＋ 目的),"反而"＋ 動詞② (＋ 目的)

1) 今天的菜很辣, 但他不但不说难吃, 反而说味道很好。
　　Jīntiān de cài hěn là, dàn tā búdàn bù shuō nánchī, fǎn'ér shuō wèidao hěn hǎo.

2) 我不但不觉得冷, 反而觉得很热。Wǒ búdàn bù juéde lěng, fǎn'ér juéde hěn rè.

3) 弟弟打扫教室, 弄脏了衣服。妈妈不但没批评他, 反而表扬了他。
　　Dìdi dǎsǎo jiàoshì, nòngzāng le yīfu.　Māma búdàn méi pīpíng tā, fǎn'ér biǎoyáng le tā.

次頁答：① 1) C 2) G 3) B 4) D 5) F 6) H 7) A 8) E
　　　　② 1) B 2) A 3) A 4) B

練習 54・55

① ☐ の選択肢から最も適当なものを選び空欄をうめましょう（それぞれ1度しか使えません）。

> A 卖　B 还　C 写写　D 又　E 既　F 不但　G 而且　H 一来

1) 晚上，我在家里看看电视，_____日记。
2) 新干线不仅速度很快，_____很舒服。
3) 丁小北会滑雪，也会滑冰，_____会滑雪橇。　　雪橇 xuěqiào　そり
4) 这件大衣又便宜_____好看，真不错。
5) 林教授_____会说日语，还会说德语和法语。
6) 我打算明天去城里。_____想买书，二来想看电影。

　　　　　　　　　　　　　　　　　　城里 chénglǐ　町の中心部

7) 市场里，有的人买东西，有的人_____东西。
8) 你应该多吃蔬菜。蔬菜_____有营养又好消化。

② 正しい文をマークしましょう。

1) A 坐飞机去旅游，不仅比电车贵，反而比电车便宜。
   B 坐飞机去旅游，不仅不比电车贵，反而比电车便宜。
2) A 王梅既聪明又好看。
   B 王梅既聪明又难看。
3) A 星期天，散散步，看看电影，买买东西。
   B 星期天，不仅散散步，也看看电影，还买买东西。
4) A 林老师热心也亲切。
   B 林老师既热心又亲切。

⬅ 練習の解答は前頁にあります。

56 原因・理由（〜なので、〜だから）

キーワード: 由于・所以・因为・因此・于是・怪不得・原来・一…就

文型一覧

① **由于**太忙，**所以**一个多月没有回家。
　　　　　　　　すごく忙しいので、一ヶ月あまり家に戻っていない。

② **因为**老林喜欢丁丽，**所以**经常给她礼物。
　　　　　　　　林さんは丁麗さんが好きなので、よく彼女にプレゼントをする。

③ 丁丽**一**喝酒，脸**就**红；**一**生气，脸**就**白。
　　　　　　　　丁麗さんはお酒を飲むと顔が真っ赤になり、怒ると顔が蒼白になる。

④ 田中觉得学汉语肯定有前途，**因此**，他决定去中国留学。
　田中さんは中国語を学ぶことは将来性があると考え、中国へ留学に行くことを決意した。

⑤ **因为**下雪，比赛延期了。　　　　雪のため、試合は延期された。

⑥ 王小丽钱包里没钱了，**于是**，她去银行取钱。
　　　　　王小麗さんは財布にお金がなくなったので、銀行にお金をおろしに行く。

⑦ 大东经常和中国人聊天儿，**因为**她想说好汉语。
　大東さんがよく中国人とおしゃべりをするのは、彼女が中国語を上手に話したいからだ。

⑧ **怪不得**他今天没来，**原来**生病了。
　　　　　　　彼が今日来なかったのも無理もない、病気だったのだから。

⑨ **原来**她是中国人，**怪不得**说汉语说得那么流利。
　彼女は中国人なのだから、なるほど中国語を話すのがあんなに流暢なはずだ。

用例と説明

① **由于…, 因此／所以…**

> 🐄 意味： 〜なので、〜だから。
> "由于"の後ろは原因や理由を表し、"因此"と"所以"の後ろは結果を表す。
> 複文の前半に"由于"を用いて原因、理由を表すフレーズを作り、後半に"因此"や"所以"を呼応させて結果を表す。

> 📖 公式： "由于" + フレーズ, "因此"／"所以" + フレーズ

1) 由于吸烟太多, 因此小马生病了。
   Yóuyú xīyān tài duō, yīncǐ Xiǎo Mǎ shēngbìng le.

2) 由于太忙, 所以我一个多月没有回家。
   Yóuyú tài máng, suǒyǐ wǒ yí ge duō yuè méiyǒu huíjiā.

3) 由于他决心减肥, 所以开始不吃肉, 不吃鱼。　　减肥=減量する
   Yóuyú tā juéxīn jiǎnféi, suǒyǐ kāishǐ bù chī ròu, bù chī yú.

4) 由于今天非常冷, 所以大家都穿着大衣。
   Yóuyú jīntiān fēicháng lěng, suǒyǐ dàjiā dōu chuānzhe dàyī.

② **因为…, 所以…**

> 🐄 意味： 〜なので…。
> "因为"の後ろは原因、理由を表すフレーズが、"所以"に続くフレーズは結果を表す。

> 📖 公式： "因为" + フレーズ, "所以" + フレーズ

1) 因为老林喜欢丁丽, 所以经常给她礼物。
   Yīnwèi Lǎo Lín xǐhuan Dīng Lì, suǒyǐ jīngcháng gěi tā lǐwù.

2) 因为他想买新电脑, 所以拼命打工。　　拼命=一生懸命
   Yīnwèi tā xiǎng mǎi xīn diànnǎo, suǒyǐ pīnmìng dǎgōng.

3) 因为牛肉太贵了, 所以我没买牛肉, 买了鸡肉。
   Yīnwèi niúròu tài guì le, suǒyǐ wǒ méi mǎi niúròu, mǎile jīròu.

- 🚫 禁止： × 因为老林喜欢丁丽，因此经常给她礼物。
  - ○ 因为老林喜欢丁丽，所以经常给她礼物。
    - 林さんは丁麗さんが好きなので、よく彼女にプレゼントをする。

③ 一…就…

- 🐄 意味： 〜すると…する。
  - "一"の後ろにくる動作により、"就"の後ろの結果が導かれることを表す。"就"は副詞であり、主語の前におくことはできない。
- 📖 公式： （主語+）"一"＋フレーズ，"就"＋フレーズ

1）丁丽一喝酒，脸就红；一生气，脸就白。
Dīng Lì yì hē jiǔ, liǎn jiù hóng; yì shēngqì, liǎn jiù bái.

2）我不能吃西瓜。一吃西瓜就肚子疼。
Wǒ bù néng chī xīguā. Yì chī xīguā jiù dùzi téng.　　肚子=腹

3）她一进考场就觉得紧张。
Tā yì jìn kǎochǎng jiù juéde jǐnzhāng.　考场=試験場

4）老马一生气，就拼命喝酒。Lǎo Mǎ yì shēngqì, jiù pīnmìng hējiǔ.

- ❗ 注意： "一"と"就"から導かれる動作は、語か句に限り、単文をおくことはできない。
- 🚫 禁止： × 一老马生气，就喝酒。
  - × 一生气，就老马喝酒。
  - ○ 老马一生气，就喝酒。　馬さんは怒ると、お酒を飲む。
- ✖ 対比： 我一下班就回家。　　仕事が終わると、すぐに家に帰る。
  - *時間による動作の連続*
  - 我一生气就喝酒。　　私は怒ると、お酒を飲む。
  - *結果への動作の必然性*
- 🔗 関連：「57 条件」「53 仮定」を参照。

④ …因此／所以…

- 🐄 意味： 〜なので、〜だから。
  - "因此""所以"は結果を述べるフレーズの前に用いる。
  - 呼応させて用いるものより、語気が弱い。

📖 公式: …,"因此"／"所以"＋ フレーズ

1) 今天天气不好, 因此, 我不去看花了。
Jīntiān tiānqì bù hǎo, yīncǐ, wǒ bú qù kànhuā le.

2) 小王在英国留学了三年, 所以, 英语说得很好。
Xiǎo Wáng zài Yīngguó liúxué le sān nián, suǒyǐ, Yīngyǔ shuō de hěn hǎo.

3) 田中觉得学汉语肯定有前途, 因此, 他决定去中国留学。
Tiánzhōng juéde xué Hànyǔ kěndìng yǒu qiántú, yīncǐ, tā juédìng qù Zhōngguó liúxué.

⑤ 因为／由于…

🐷 意味: ～なので、～だから。
"因为""由于"に続くフレーズは原因や理由を述べる。

📖 公式: "因为"／"由于"＋ フレーズ,……

1) 因为下雪, 比赛延期了。Yīnwèi xiàxuě, bǐsài yánqī le.

2) 由于自行车坏了, 我今天走路来学校。
Yóuyú zìxíngchē huài le, wǒ jīntiān zǒulù lái xuéxiào.

3) 因为弟弟弄坏了他的相机, 他很生气。　相机＝カメラ　弄坏＝いじって壊す
Yīnwèi dìdi nòng huài le tā de xiàngjī, tā hěn shēngqì.

⑥ …于是…

🐷 意味: そこで～、それで～。
"于是"を挟む前フレーズは原因を、後ろのフレーズはそれに伴う結果を表す。接続詞"于是"は、原因を表現するものの中で、その語気は比較的弱い。

📖 公式: フレーズ,"于是"＋ フレーズ

1) 他想看今天的报纸, 于是, 去了图书馆。
Tā xiǎng kàn jīntiān de bàozhǐ, yúshì, qù le túshūguǎn.

2) 王小丽钱包里没钱了,（于是,）她去银行取钱。
Wáng Xiǎolì qiánbāo li méi qián le, (yúshì,) tā qù yínháng qǔ qián.

⑦ …因为…

- 意味： 〜なので、〜だから。
  結果に重きをおくため、結果を前半に述べ、"因为"に続くフレーズで原因や理由を述べる。

- 公式： フレーズ，"因为" + フレーズ

1) 老林觉得非常失望，因为丁丽不喜欢他。
   Lǎo Lín juéde fēicháng shīwàng, yīnwèi Dīng Lì bù xǐhuan tā.

2) 大东经常和中国人聊天儿，因为她想说好汉语。
   Dàdōng jīngcháng hé Zhōngguórén liáotiānr, yīnwèi tā xiǎng shuōhǎo Hànyǔ.

3) 小张给妈妈寄去了药，因为妈妈最近身体不太好。
   Xiǎo Zhāng gěi māma jìqu le yào, yīnwèi māma zuìjìn shēntǐ bú tài hǎo.

4) 老王今天吃得很多，因为太饿了。
   Lǎo Wáng jīntiān chī de hěn duō, yīnwèi tài è le.　饿=お腹がすく

⑧ 怪不得…，原来…

- 意味： なるほど〜だ、道理で〜だ。
  かなり強い語気を表す。⑨も同じ。
  "怪不得"に続くフレーズは結果を述べ、"原来"に続くフレーズは原因や理由を述べる。

- 公式： "怪不得" + フレーズ，"原来" + フレーズ

1) 怪不得他今天没来，原来生病了。
   Guàibude tā jīntiān méi lái, yuánlái shēngbìng le.

2) 怪不得她说英语说得那么好，原来她是英国人。　那么=そんなに
   Guàibude tā shuō Yīngyǔ shuō de nàme hǎo, yuánlái tā shì Yīngguórén.

3) 怪不得最近没看到老白，原来他去上海出差了。
   Guàibude zuìjìn méi kàndao Lǎo Bái, yuánlái tā qù Shànghǎi chūchāi le.

⑨ （原来）…，怪不得…

- 意味： なるほど〜だ、道理で〜だ。
  "怪不得"に続くフレーズは結果を述べ、"原来"に続くフレーズは

原因や理由を述べる。

📖 公式： （"原来"+）フレーズ，"怪不得"+ フレーズ

1) 考试不及格，怪不得他情绪很不好。　　及格＝合格する　情绪＝気持ち
   Kǎoshì bù jígé, guàibude tā qíngxù hěn bù hǎo.

2) 原来她感冒了，怪不得今天穿着大衣。
   Yuánlái tā gǎnmào le, guàibude jīntiān chuānzhe dàyī.

3) 原来她是中国人，怪不得说汉语说得那么流利。
   Yuánlái tā shì Zhōngguórén, guàibude shuō Hànyǔ shuō de nàme liúlì.

4) 原来老林喜欢丁丽，怪不得常常给她礼物。
   Yuánlái Lǎo Lín xǐhuan Dīng Lì, guàibude chángcháng gěi tā lǐwù.

57 条件 (〜すれば…だ、〜してはじめて…だ)

キーワード: 只有・只要・就・越…越

文型一覧

① **只有**经常打字，**才能**打得快。
　絶えずタイプを練習してはじめて、速く (タイプを) 打つことができるようになる。

② **只要**好好休息，吃药，感冒**就**好了。
　よく休み、薬を飲みさえすれば、風邪はよくなる。

③ 按这个按钮，灯**就**亮了。　このボタンを押せば、明かりはつく。

④ 生鱼片**越**新鲜**越**好吃。　刺身は新鮮なら新鮮なほど美味しい。

用例と説明

① 只有…，才能…

　🐄 **意味**：〜してはじめて…だ。
　　　　　結果を得るための唯一の条件を表す。
　　　　　"只有" の後ろは唯一の条件、"才能" に続くフレーズは結果を述べる。

　📖 **公式**： "只有" + フレーズ，"才能" + フレーズ

1) **只有**经常打字，**才能**打得快。Zhǐyǒu jīngcháng dǎzì, cáinéng dǎ de kuài.

2) **只有**去汽车驾驶学校，**才能**得到驾驶执照。　驾驶＝運転する　执照＝許可書
　　Zhǐyǒu qù qìchē jiàshǐ xuéxiào, cáinéng dédào jiàshǐ zhízhào.

3) **只有**努力学习，**才能**得到好成绩。
　　Zhǐyǒu nǔlì xuéxí, cáinéng dédào hǎo chéngjì.

4) **只有**经常说英语，**才能**说好英语。
　　Zhǐyǒu jīngcháng shuō Yīngyǔ, cáinéng shuōhǎo Yīngyǔ.

5) 你只有中午去, 才能找到林部长。
　　Nǐ zhǐyǒu zhōngwǔ qù, cáinéng zhǎodao Lín Bùzhǎng.

② 只要…, 就…

🐷 意味：　～さえすれば、きっと…だ。
　　　　　　結果を得るための必要条件を表す。
　　　　　　"只要"の後ろは必要条件、"就"を含むフレーズは結果を述べる。"就"は副詞、主語の前におくことはできない。

📖 公式：　"只要" + フレーズ, "就" + フレーズ

1) 她说：只要去中国留学, 就能学会汉语。
　　Tā shuō: zhǐyào qù Zhōngguó liúxué, jiù néng xuéhuì Hànyǔ.

2) 只要好好休息, 吃药, 感冒就好了。
　　Zhǐyào hǎohao xiūxi, chī yào, gǎnmào jiù hǎo le.

3) 只要认真检查, 就不会出错儿。
　　Zhǐyào rènzhēn jiǎnchá, jiù bú huì chūcuòr.
　　认真＝真剣に、本気に　　检查＝検査する

③ …, 就…了

🐷 意味：　～すれば…だ。
　　　　　　条件と結論がスムーズに結びつくことを表す。
　　　　　　前文やフレーズは条件、"就"を含むフレーズや文は結論を述べる。"就"は副詞、主語の前におくことはできない。

📖 公式：　フレーズ, "就" + 形容詞／動詞 + "了"

1) 按这个按钮, 灯就亮了。
　　Àn zhège ànniǔ, dēng jiù liàng le.　　按＝押す　按钮＝押しボタン

2) 下了雪, 天气就冷了。Xiàle xuě, tiānqì jiù lěng le.

3) 你快点儿戒烟吧。戒了烟, 身体慢慢就好了。
　　Nǐ kuài diǎnr jièyān ba. Jièle yān, shēntǐ mànmān jiù hǎo le.

4) 你不喝酒, 胃病就好了。Nǐ bù hē jiǔ, wèibìng jiù hǎo le.

5) 你给她打电话, 她就来了。Nǐ gěi tā dǎ diànhuà, tā jiù lái le.

- 対比：你不喝酒，胃病就好了。　**条件と結論に注目**
  　　　　　　　　　　　　　　　あなたは酒を飲まなければ、胃はよくなる。

  　　　王东一喝酒脸就红。　　**結果の必然性に注目**
  　　　　　　　　　　　　　　　王東さんはお酒を飲むと、顔が真っ赤になる。

  　　　我一下课就去打网球。　**時間の流れに注目**
  　　　　　　　　　　　　　　　私は授業が終わると、すぐにテニスをしに行く。

- 関連：「18 連続する動作」「56 原因・理由」「53 仮定」を参照。

④ …越…越…

- 意味：〜すればするほど、ますます…。
  　　　前半の"越"に続けて条件を、後半の"越"に続けて結果を述べる。

- 公式：(主語+)"越"+形容詞／動詞／フレーズ，"越"+形容詞／動詞／フレーズ
  　　　"越"+形容詞／動詞／フレーズ，(主語+)"越"+形容詞／動詞／フレーズ

1) 生鱼片越新鲜越好吃。Shēngyúpiàn yuè xīnxiān yuè hǎochī.　　生鱼片＝刺身

2) 城市越大人越多。Chéngshì yuè dà rén yuè duō.　　城市＝都市、町

3) 越锻炼身体越好。Yuè duànliàn shēntǐ yuè hǎo.　　锻炼＝（体を）鍛える

4) 越学习知识越多。Yuè xuéxí zhīshí yuè duō.　　知识＝知識

5) 读书越多，越觉得自己无知。
   Dúshū yuè duō, yuè juéde zìjǐ wúzhī.　　无知＝無知

6) A 商品越贵质量越好吗？
   Shāngpǐn yuè guì zhìliàng yuè hǎo ma?　　质量＝品質
   B 那不一定。Nà bù yídìng.

- 対比："越…越…"と"越来越…"は使い方に注意。
  　　　天气越来越热。　　　　ますます暑くなってきた。
  　　　生鱼片越新鲜越好吃。　刺身は新鮮なら新鮮なほど美味しい。

- 関連：「08 変化」を参照。

次頁答：① 1) A　2) D　3) B　4) E　5) G　6) C　7) F
　　　　② 1) A　2) A　3) A　4) B　5) B

練習 56・57

① ☐ の選択肢から最も適当なものを選び空欄をうめましょう（それぞれ1度しか使えません）。

> A 因此　B 因为　C 所以　D 只有　E 就　F 越　G 原来

1) 王东在法国留学了五年，_____他说法语说得很好。
2) _____经常说英语，才能说好英语。
3) 昨天我睡觉睡得很早，_____有点儿头疼。
4) 只要经常打字，_____能打得快。
5) 怪不得她说日语说得那么好，_____她是日本人。
6) 因为小李喜欢丁丽，_____经常送给她礼物。
7) 水果_____新鲜越好吃。

② 正しい文をマークしましょう。

1) A 我喝了很多茶，因为太渴了。
   B 我喝了很多茶，因此太渴了。
2) A 老王一生气，就喝酒。
   B 老王一不生气，就不喝酒。
3) A 因为我生病了，所以去医院看病，不去学校。
   B 因为我生病了，因此去医院看病，不去学校。
4) A 豆岛很小，没有飞机场。只要坐船，才能上岛。　上岛 shàngdǎo 島に入る
   B 豆岛很小，没有飞机场。只有坐船，才能上岛。
5) A 原来小张今天没有来上班，怪不得她去北京出差了。
   B 怪不得小张今天没有来上班，原来她去北京出差了。

練習の解答は前頁にあります。

58 目的 (〜のために)

キーワード: 为了・为的是

文型一覧

① **为了**上名牌大学，我努力学习。
有名な大学に入るために、私は一生懸命勉強する。

② 丁丽经常去东京，**为的是**买漂亮的衣服。
丁麗さんがよく東京に行くのは綺麗な服を買うためだ。

③ 他**来**京都**看**展览。　　　彼は京都へ展覧会を見にくる。

用例と説明

① 为(了)…，…

🐄 意味：〜のために…。
"为"の方がより書面語に近い。
"为"に続くフレーズは行為の目的や目標を表し、後ろのフレーズはその行為を表す。

📖 公式：**"为(了)"＋名詞性動詞／フレーズ，フレーズ。**

1) **为了**去外国旅游，小李每天打工。Wèile qù wàiguó lǚyóu, Xiǎo Lǐ měi tiān dǎgōng.

2) **为了**减肥，老白每天游泳。Wèile jiǎnféi, Lǎo Bái měi tiān yóuyǒng.

3) A 你为什么努力学习? Nǐ wèishénme nǔlì xuéxí?
   B **为了**上名牌大学，我努力学习。
   Wèile shàng míngpái dàxué, wǒ nǔlì xuéxí.　名牌＝名門、有名な

4) **为**保护环境，应该发展公共交通。　保护＝保護（する）　环境＝環境
   Wèi bǎohù huánjìng, yīnggāi fāzhǎn gōnggòng jiāotōng.

② …, 为的是…

🐄 意味： 〜する目的とは…である。
第一フレーズや単文は動作行為そのものを表し、"为的是"に続くフレーズは行為の目的や目標を表す。

📖 公式： フレーズ，"为的是"＋名詞性動詞／フレーズ

1) 小李每天打工，为的是去外国旅游。
　　Xiǎo Lǐ měi tiān dǎgōng, wèide shì qù wàiguó lǚyóu.

2) 老白每天游泳，为的是减肥。Lǎo Bái měi tiān yóuyǒng, wèide shì jiǎnféi.

3) 丁丽经常去东京，为的是买漂亮衣服。
　　Dīng Lì jīngcháng qù Dōngjīng, wèide shì mǎi piàoliang yīfu.

4) 去英国留学，为的是学会说英语。
　　Qù Yīngguó liúxué, wèide shì xuéhuì shuō Yīngyǔ.

5) 老李不吸烟，不喝酒，为的是保持身体健康。
　　Lǎo Lǐ bù xīyān, bù hē jiǔ, wèide shì bǎochí shēntǐ jiànkāng.

③ …動詞…動詞…

🐄 意味： 〜しに行く、来る。
ゆるやかな形ではあるが、最後の動詞フレーズがその前の動詞フレーズの目的を表す。

📖 公式： 主語＋動詞①＋（目的語①＋）動詞②＋（目的語②＋）動詞③＋（目的語③）

1) 吴梅开车去郊外兜风。Wú Méi kāi chē qù jiāowài dōufēng.

2) Q 林海来京都干什么？Lín Hǎi lái Jīngdū gàn shénme?
　　A 他来京都看展览。Tā lái Jīngdū kàn zhǎnlǎn.

3) 老王去汽车站坐汽车到公司上班。
　　Lǎo Wáng qù qìchēzhàn zuò qìchē dào gōngsī shàngbān.

🔗 関連：「18 連続する行為」を参照。

59 譲歩・妥協（〜したからには）

キーワード　既然・就・即使・再…也要・无论如何

文型一覧

① 你**既然**家里有事，**就**先回家吧。
　　　　　　　　　　家で用事があるなら、さきに帰って下さい。

② **既然**下雨了，**那么就**不去看花了。
　　　　　　　　　　雨が降ったので、花見にはいかないことにする。

③ **即使**冷得发抖，林美丽**也**要穿裙子。
　　　　　　　　　　たとえ寒くて震えたとしても、林美麗さんはスカートをはく。

④ 这条裙子真漂亮，**再**贵我**也**要买。
　　　　　　　　　　このスカートはとても綺麗なので、どんなに高くても買う。

⑤ **无论如何**，我明年要去留学。　何がなんでも、私は来年留学に行く。

用例と説明

① 既然…，就…

　🐷 **意味**：〜したからには…。
　　　　　前提にもとづく意思や提案を表す。
　　　　　"既然"に続くフレーズに事実や前提を述べ、"就"の後ろに事実や前提にもとづく譲歩や結論を述べる。

　💎 **公式**：　"既然" + フレーズ，"就" + フレーズ

1) 你**既然**家里有事，**就**先回家吧。Nǐ jìrán jiā li yǒu shì, jiù xiān huíjiā ba.

2) **既然**孩子想吃西瓜，**就**买一个吧。
　　Jìrán háizi xiǎng chī xīguā, jiù mǎi yí ge ba.

3) 既然她不愿意上大学，就不要让她考大学了。　　考＝受験する
Jìrán tā bú yuànyì shàng dàxué, jiù búyào ràng tā kǎo dàxué le.

② 既然…, 那么(就)…

🐷 意味：　〜したからには…。
　　　　　　　前提にもとづく意思や提案を表す。
　　　　　　　"既然"に続くフレーズに事実や前提を述べ、"那么"の後ろに事実や前提にもとづく譲歩や結論を述べる。"那么"は"那么就"とも言える。

📖 公式：　"既然" + フレーズ, "那么(就)" + フレーズ

1) 既然下雨了，那么就不去看花了。Jìrán xiàyǔ le, nàme jiù bú qù kànhuā le.

2) 既然你感冒了，那么好好休息吧。Jìrán nǐ gǎnmào le, nàme hǎohāo xiūxi ba.

3) 既然小李不喜欢吃西餐，那么咱们吃中餐吧。
Jìrán Xiǎo Lǐ bù xǐhuan chī xīcān, nàme zánmen chī zhōngcān ba.
西餐＝西洋料理　　中餐＝中華料理

③ 即使…, 也…

🐷 意味：　たとえ〜しても…。
　　　　　　　仮定文内での譲歩しない態度を表す。"也"は副詞、述語の前に置く。

📖 公式：　"即使" + フレーズ, (主語+) "也" + フレーズ

1) 即使下雪，我也要开车去兜风。Jíshǐ xiàxuě, wǒ yě yào kāichē qù dōufēng.

2) 即使冷得发抖，林美丽也要穿裙子。
Jíshǐ lěng de fādǒu, Lín Měilì yě yào chuān qúnzi.　　发抖＝身震いする

3) 即使部长来说情，我也要批评他。
Jíshǐ bùzhǎng lái shuōqíng, wǒ yě yào pīpíng tā.　　说情＝取りなす

4) 即使得不到冠军，也得跑到终点。　　得＝獲得する　　跑到＝〜まで走る
Jíshǐ débudào guànjūn, yě děi pǎodào zhōngdiǎn.

④ 再…, 也…

🐷 意味：　どんなに〜でも…。
　　　　　　　"再"の後ろは譲歩に関する程度を表すものがくる。

"也"の後ろにくるフレーズで妥協や譲歩しない決意や態度を表す。

📖 公式: "再" + 形容詞／副詞, "也" + フレーズ

1) 这条裙子真漂亮, 再贵我也要买。
   Zhè tiáo qúnzi zhēn piàoliang, zài guì wǒ yě yào mǎi.

2) 雪再大也要开车去山上滑雪。
   Xuě zài dà yě yào kāichē qù shān shang huáxuě.

3) 那件大衣不好看, 再便宜也不买。
   Nà jiàn dàyī bù hǎokàn, zài piányi yě bù mǎi.

4) 新干线再快, 也没有飞机快。Xīngànxiàn zài kuài, yě méiyǒu fēijī kuài.

🔗 関連:「33 決意」「04 比較」を参照。
例1)～3)は話者の決意を表現、例4)は比較を表現する。

⑤ 无论如何／不管怎样, …

🐄 意味: どうでもこうでも〜。
③④⑤に共通する譲歩しない態度を表現する中では、最も強い語気を表す。
"无论如何"は"不管怎样"より書面語として多用する。

📖 公式: "无论如何"／"不管怎样", フレーズ

1) 无论如何, 我明年要去留学。Wúlùn-rúhé, wǒ míngnián yào qù liúxué.

2) 不管怎样, 你不能在这里停车。
   Bùguǎn zěnyàng, nǐ bù néng zài zhèli tíngchē.

3) 无论如何, 今天不吃西餐。Wúlùn-rúhé, jīntiān bù chī xīcān.

4) 不管怎样, 你得去出差。Bùguǎn zěnyàng, nǐ děi qù chūchāi.

次頁答:① 1) E 2) D 3) B 4) F 5) C 6) A
② 1) B 2) B 3) A 4) B

練習 58・59

① ☐ の選択肢から最も適当なものを選び空欄をうめましょう（それぞれ1度しか使えません）。

> A 既然　B 即使　C 为的是　D 无论如何　E 再　F 为了

1) 这台电脑好极了，_____贵我也要买。

2) _____，我明年要考上大学。

3) 那个人性格太不好，_____不结婚，我也不和他结婚。

4) _____买新汽车，我每天打工。

5) 我去英国留学，_____研究英国历史。

6) _____你想吃烤鸭，那么咱们去第一烤鸭店吧。

② 正しい文をマークしましょう。

1) A 我去邮局，因为买了邮票。
   B 我去邮局，为的是买邮票。

2) A 纳豆不好吃。再贵我也不买。
   B 纳豆不好吃。再便宜我也不买。

3) A 无论如何，我明年要去法国旅游。
   B 如何无论，我明年要去法国旅游。

4) A 既然下雪了，于是你坐电车去上学吧。
   B 既然下雪了，那么你坐电车去上学吧。

練習の解答は前頁にあります。

60 範囲（〜だけ、すべての〜、〜以外、その他の〜）

キーワード　只・只有・所有・全都・除了…还・除了…都・其他

文型一覧

① 我只会说汉语。　　　　　私は中国語しか話せない。

② 只有中国有野生大熊猫。　中国にだけ野生のパンダが生息している。

③ 没有人生病，所有的学生都很健康。
　　　　　病気の人は一人もいない。すべての学生がとても健康だ。

④ 围棋俱乐部的人全都是男生。　囲碁クラブのメンバーは全員男子学生だ。

⑤ 除了他，我们都没有去过冲绳。
　　　　　彼以外、私達は誰も沖縄に行ったことがない。

⑥ 老田喜欢喝茶。除了绿茶以外，还喜欢红茶和乌龙茶。
　　　田さんはお茶を飲むのが好きだ。緑茶以外、紅茶もウーロン茶も好きだ。

⑦ 今天的菜，有的好吃，有的不好吃。
　　　　　今日の料理は、美味しいものもあれば、美味しくないものもある。

⑧ 老王和小林吃米饭，其他三个人吃饺子。
　　　　　王さんと林さんはご飯を食べ、その他三人は餃子を食べる

用例と説明

① 只…

　🐷 意味：〜だけ、〜しかない。
　　　　　"只"は副詞、範囲の制限を表現する。

　📘 公式：主語＋"只"＋動詞（＋目的語）

1) 老王只喝白酒，不喝别的酒。
   Lǎo Wáng zhǐ hē báijiǔ, bù hē biéde jiǔ.　　别的=他の

2) 我只去过北京和上海，没有去过其他地方。
   Wǒ zhǐ qùguo Běijīng hé Shànghǎi, méiyǒu qùguo qítā dìfang.

3) 小林只学过滑雪，没学过滑冰。Xiǎolín zhǐ xuéguo huáxuě, méi xuéguo huábīng.

4) 我只会说汉语。Wǒ zhǐ huì shuō Hànyǔ.

5) 他是素食主义者，只吃蔬菜和水果，绝对不吃肉和鱼。
   Tā shì sùshízhǔyìzhě, zhǐ chī shūcài hé shuǐguǒ, juéduì bù chī ròu hé yú.
   素食主义者=菜食主義者

② 只有…

🐑 意味：～だけ…だ、～しかない。範囲を制限した上での判断を表す。

📖 公式： "只有" + 名詞 + フレーズ

1) 教室里只有田中一个人是日本人。
   Jiàoshì li zhǐyǒu Tiánzhōng yí ge rén shì Rìběnrén.

2) 我们都是北京人，只有她是上海人。
   Wǒmen dōu shì Běijīngrén, zhǐyǒu tā shì Shànghǎirén.

3) 只有日本人穿和服。Zhǐyǒu Rìběnrén chuān héfú.

4) 只有中国有野生熊猫。Zhǐyǒu Zhōngguó yǒu yěshēng xióngmāo.

   ❌ 対比："只有"は多数の意味を持つ。
   ①副詞の"只有"
   只有我有词典。　　　　　私だけが辞書を持っている。
   　　　　　　　　　　　　（他の人は誰も辞書を持っていない。）
   ②接続詞の"只有"は、"才能"と呼応して使う
   只有经常打字，才能打得快。　絶えずタイプを練習する以外に、(タイプを)
   　　　　　　　　　　　　　　打つスピードを速くする方法はない。*唯一の条件*

   ❗ 注意：以下の"只有"は「"只"+"有"」、副詞の"只"は、動詞"有"を修飾して限定する。

   ❌ 対比：①、②の"只有"と用法が異なる。"我只有词典"の"只"がなくても文法上では問題ないが、他の"只有"は一つの単語であり

"有"だけが残る形は存在しない。もちろん"只"のある無しでは意味は異なる。

我只有词典。　　　　　　　　私は辞書だけを持っている。
　　　　　　　　　　　　　　　（テキストなど他のものは持っていない。）

🔖 関連：「57 条件」を参照。

③ 所有(的)…，(都)…

🐷 意味：　すべての〜。
"所有"は形容詞、"所有"が修飾できるものは名詞に限られる。
"所有"を含む名詞フレーズは、文の主語や目的語になる。

📐 公式：　**"所有(的)" + 名詞 + ("都"+) 詞／フレーズ**

1) 没有人生病, 所有的学生都很健康。
　　Méiyǒu rén shēngbìng, suǒyǒu de xuésheng dōu hěn jiànkāng.

2) 所有的盘子都洗干净了。Suǒyǒu de pánzi dōu xǐ gānjìng le.

3) 我把所有的资料都看了。Wǒ bǎ suǒyǒu de zīliào dōu kàn le.

④ (全)都…

🐷 意味：　すべて、全部。
"全都""都"は副詞、範囲内に例外のないことを表す。

📐 公式：　**主語 +"全都"／"都"+ 動詞 (+ 目的語)**
　　　　　主語 +"全都"／"都"+ 形容詞

1) 米饭全都吃完了。Mǐfàn quándōu chīwán le.

2) 人都来了, 开会吧。Rén dōu lái le, kāihuì ba.

3) 围棋俱乐部的人全都是男生。Wéiqí jùlèbù de rén quándōu shì nánshēng.

4) 苹果全都红了。Píngguǒ quándōu hóng le.

⑤ 除了…(以外),…都…

🐷 意味：　〜を除いてすべて…。
"除了"は介詞、"除了"に導かれる特殊な事例を除き、その他が

一致することを表す。その他を表す名詞は省略される時がある。

📕 公式： "除了"＋名詞①（"以外"），名詞②＋"都"＋動詞（＋目的語）

1) 除了童南云以外，全班同学都来了。
　　　Chúle Tóng Nányún yǐwài, quán bān tóngxué dōu lái le.

2) 除了老白，大家都努力工作。Chúle Lǎo Bái, dàjiā dōu nǔlì gōngzuò.

3) 除了小田以外，他们都献了血。Chúle Xiǎo Tián yǐwài, tāmen dōu xiànle xuè.

4) 除了他，我们都没去过冲绳。Chúle tā, wǒmen dōu méi qùguo Chōngshéng.

5) 除了王铁，都是女生。Chúle Wáng Tiě, dōu shì nǚshēng.

⑥ 除了…(以外)，还…

🐄 意味： 〜を除いてさらに…。
　　　　"除了"は介詞、"除了"に導かれる事例を除き、さらに他の事例を補足する表現である。

📕 公式： "除了"＋名詞①（"以外"），"还"＋動詞＋名詞②

1) 老林喜欢喝酒。除了啤酒，还喜欢烧酒和白酒。
　　　Lǎo Lín xǐhuan hē jiǔ. Chúle píjiǔ, hái xǐhuan shāojiǔ hé báijiǔ.

2) 老田喜欢喝茶。除了绿茶以外，还喜欢红茶和乌龙茶。
　　　Lǎo tián xǐhuan hē chá. Chúle lǜchá yǐwài, hái xǐhuan hóngchá hé wūlóngchá.

3) 这次旅游我们去了不少地方。除了京都和大阪，还去了奈良和神户。
　　　Zhè cì lǚyóu wǒmen qùle bù shǎo dìfang. Chúle Jīngdū hé Dàbǎn, hái qùle Nàiliáng hé Shénhù.

⑦ "有的"／"有些"…，"有的"／"有些"…

🐄 意味： ある▽▽は〜、またある△△は…。
　　　　"有的""有些"に続く名詞は、その名詞を容易に推測できるときは省略できる。該当する名詞が複数のとき"有些"を使う。

📕 公式： "有的"＋(名詞＋)動詞／形容詞，"有的"＋(名詞＋)動詞／形容詞…
　　　　"有些"＋(名詞＋)動詞／形容詞，"有些"＋(名詞＋)動詞／形容詞…

1) 教室里的学生，有些是日本人，有些是中国人。
　　　Jiàoshì li de xuésheng, yǒuxiē shì Rìběnrén, yǒuxiē shì Zhōngguórén.

2) 今天的菜, 有的好吃, 有的不好吃。
   Jīntiān de cài, yǒu de hǎochī, yǒude bù hǎochī.

3) 有些人去东京, 有些人去京都。
   Yǒuxiē rén qù Dōngjīng, yǒuxiē rén qù Jīngdū.

4) 公园里有很多孩子。有的孩子跑, 有的孩子跳, 有的孩子在喝水。
   Gōngyuán li yǒu hěn duō háizi. Yǒude háizi pǎo, yǒude háizi tiào, yǒude háizi zài hē shuǐ.

⑧ …其他(的)…／别的…

　🐄 意味： 他の～、その他の～。
　　　　　　"其他(的)""别的"に続く名詞は、話者が意図する一定の範囲の外にある事柄を表す。

　📕 公式： …,"其他(的)"／"别的"＋ 名詞 ＋ 動詞フレーズ
　　　　　　…,"其他(的)"／"别的"＋ 名詞 ＋ 形容詞
　　　　　　主語 ＋ 動詞 ＋"其他(的)"／"别的"＋ 名詞

1) 老王和小林吃米饭, 其他三个人吃饺子。
   Lǎo Wáng hé Xiǎo Lín chī mǐfàn, qítā sān ge rén chī jiǎozi.

2) 我们只去了东京, 没去其他的地方。
   Wǒmen zhǐ qùle Dōngjīng, méi qù qítā de dìfang.

3) 网球俱乐部有八个人。除了我, 别的人都是一年级学生。
   Wǎngqiú jùlèbù yǒu bā ge rén. Chúle wǒ, biéde rén dōu shì yī niánjí xuésheng.

4) 小李, 别的课本买了吗? Xiǎo Lǐ, biéde kèběn mǎi le ma?

5) 别的菜很好吃。Biéde cài hěn hǎochī.

　❗ 注意： 「"其他"＋ 数量詞 ＋ 名詞」は可能。「"别的"＋ 数量詞 ＋ 名詞」は不可。
　🚫 禁止： × 林力吃饺子, 别的三个人吃米饭。
　　　　　　○ 林力吃饺子, 其他三个人吃米饭。
　　　　　　　　林力さんは餃子を食べ、その他三人はご飯を食べる。
　　　　　　○ 林力吃饺子, 别的人吃米饭。
　　　　　　　　林力さんは餃子を食べ、その他の人はご飯を食べる。

61 取捨（～のほうが…、むしろ～しても）

キーワード: 与其…不如・宁可…也要・宁肯…也不

文型一覧

① 那个展览很有名。**与其**去看电影，**不如**去看展览。
あの展覧会はとても有名なので、映画を見に行くより、展覧会を見に行くほうがよい。

② 我今天**宁可**不睡觉，**也要**把报告写完。
私は今日寝なくても、報告書を書き上げる。

③ 我**宁可**不吃饭，**也不**吃纳豆。
私はご飯を食べなくても、納豆を食べるようなことはしない。

用例と説明

① 与其…，不如…

意味： AよりBのほうが～。
二つの選択肢の中で、Aを選ばずにBの事例を選択することを表現する。
"与其"は接続詞、A、Bともにフレーズがくる。

公式： "与其" + A, "不如" + B

1) **与其**喝咖啡，**不如**喝红茶。Yǔqí hē kāfēi, bùrú hē hóngchá.

2) 你**与其**去美国留学，**不如**去英国。Nǐ yǔqí qù Měiguó liúxué, bùrú qù Yīngguó.

3) **与其**在这儿等出租车，**不如**去坐地铁。
   Yǔqí zài zhèr děng chūzūchē, bùrú qù zuò dìtiě.

4) **与其**这样做，**不如**那样做。Yǔqí zhèyang zuò, bùrú nàyang zuò.

5) 那个展览很有名。与其去看电影，不如去看展览。
　　Nàge zhǎnlǎn hěn yǒumíng. Yǔqí qù kàn diànyǐng, bùrú qù kàn zhǎnlǎn.

② 宁肯／宁可…, 也要…

意味： ～してでも…する。
二つの事例の得失を検討した後、Bを選択することを表す誇張的な表現である。A、Bともにフレーズがくる。

公式： "宁肯"／"宁可"＋A,"也要"＋B

1) 我今天宁可不睡觉, 也要把报告写完。
　　Wǒ jīntiān nìngkě bú shuìjiào, yě yào bǎ bàogào xiěwán.

2) A 今天已经没有公共汽车了, 你明天再去那儿吧。
　　Jīntiān yǐjīng méiyǒu gōnggòng qìchē le, nǐ míngtiān zài qù nàr ba.
　 B 我宁肯走着去, 也要今天到那儿。
　　Wǒ nìngkěn zǒuzhe qù, yě yào jīntiān dào nàr.

③ 宁肯／宁可…, 也(决)不…

意味： むしろ～しても…しない。
二つの事例の得失を検討した後、Bだけは選択しないことを表す。A、Bともにフレーズがくる。

公式： "宁肯"／"宁可"＋A,"也(决)不"＋B

1) 我宁可不吃饭, 也不吃纳豆。Wǒ nìngkě bù chīfàn, yě bù chī nàdòu.

2) 白酒太厉害。我宁肯不喝酒, 也决不喝白酒。　厉害＝強い、激しい
　　Báijiǔ tài lìhai. Wǒ nìngkěn bù hē jiǔ, yě juébù hē báijiǔ.

3) 林美丽宁肯冷得发抖, 也不穿大衣。
　　Lín Měilì nìngkěn lěng de fādǒu, yě bù chuān dàyī.

次頁答：① 1) G 2) E 3) C 4) A 5) F 6) B 7) D
　　　　② 1) B 2) B 3) A

練習 60・61

① ☐ の選択肢から最も適当なものを選び空欄をうめましょう（それぞれ1度しか使えません）。

> A 宁可　B 只有　C 所有的　D 只　E 与其　F 除了　G 以外

1) 除了老林_____，谁也没吃过烤鸭。
2) 飞机票不太贵。_____坐电车去旅游，不如坐飞机去。
3) 没有人迟到，_____人都来了。
4) 那个人性格太不好，我_____不结婚，也不和他结婚。
5) 冰箱里有很多水果。_____苹果、梨、还有香蕉。
6) 在日本，_____北海道能看到北极光。　　北极光 běijíguāng オーロラ
7) 他_____会说法语。

② 正しい文をマークしましょう。

1) A 我宁肯不买新衣服，就不借钱。　　借钱 jièqián 借金をする
   B 我宁肯不买新衣服，也不借钱。
2) A 丁丽和林梅去北京，别的五个人去上海。
   B 丁丽和林梅去北京，其他五个人去上海。
3) A 今天天气不好。与其去公园看花，不如在家里看电视。
   B 今天天气不好。宁可去公园看花，不如在家里看电视。

◀ 練習の解答は前頁にあります。

訳文一覧

01 判断
① 1, 私は医者で、妹は学生だ。
　2, 彼女は丁麗さんだ。
　3, 彼は有名な政治家だ。
　4, 秋は美しい季節だ。
　5, それは丁麗さんの携帯電話だ。
② 1, 今日は十月三十一日だ。
　2, 今五時三十七分だ。
　3, 今日は何曜日ですか。
　4, 今日は曇りだ。
　5, 彼は上海出身で、私は北京出身だ。
　6, 私は今年で二十三歳だ。
　7, この辞書は五十元だ。
③ 1, 彼は医者ではなく、看護士だ。
　2, 私は香港出身ではない。
　3, 今日は金曜日で、土曜日ではない。
　4, 今日は三月七日で、三月八日ではない。
④ 1, 私の帽子は毛で作られている。
　2, 地球は丸い。
　3, 彼女のセーターは白い色ので、黄色のではない。
　4, 中華饅頭は蒸しものだ。
⑤ 1, 林勝男は男子学生ではなく、女子学生だ。
　2, 丁麗さんの車は国産ではなく、輸入車だ。
　3, 中華饅頭は煮ものではなく、蒸しものだ。
　4, 私は旅行を好まないのではなく、旅行の暇がないのだ。

02 所有
① 1, 私は自転車を持っている。
　2, 彼女はパソコンを持っていない。
　3, 丁麗さんは財布を五個持っているが、六個は持っていない。
　4, 日本にはたくさんの島がある。
② 1, あの時代、軍人政府が膨大な権利を持っていた。
　2, 彼女の家は工場三軒と店を二軒持っている。
　3, 第三銀行は第一会社の半分の株券を所有している。
③ 1, 北方四島は日本に属する。
　2, アラスカはもとはロシアに属し、現在はアメリカに属する。
　3, イギリス文学科は外国語学部に属し、文学部に属さない。
④ 1, あの自転車は私のものだ。
　2, あの商店は第一会社のものだ。
　3, この辞書は誰のか。
　4, アラスカはカナダの領土ではない。

03 程度

① 1,彼の身長は高く、私は低い。
　 2,新茶は美味しい。
　 3,喫煙は良くない。

② 1,西湖はとても美しい。
　 2,映画を見ることはとても面白い。
　 3,毎年一月が最も寒い。
　 4,あなたの帽子は少し小さい。
　 5,その小説はあまり面白くない。

③ 1,このスカートは長すぎる。
　 2,その辞書は高すぎる。
　 3,あなたの部屋は汚すぎる。
　 4,今日は餃子だ。やった！
　 5,スイカはとても美味しい。

④ 1,夜中の風はすごく強かった。
　 2,札幌の夏はとても涼しい。
　 3,今日はとても暑く、喉がすごく渇く。
　 4,今週私は毎日残業したので、とても疲れた。
　 5,餃子はとても美味しい。

⑤ 1,田さんは速く走るし、高く跳ぶ。
　 2,彼はたくさん食べるが、私は小食だ。
　 3,飛行機は（飛行するのが）本当に速い。

⑥ 1,李さんは日本語を話すのがとても流暢だ。
　 2,李さんは日本語を話すのがとても流暢だ。
　 3,李さんは日本語を話すのがとても流暢だ。
　 4,李さんは日本語を話すのがとても流暢だ。

04 比較

① 1,彼は私より聡明だ。
　 2,アメリカは日本より大きい。
　 3,雪が降る時、地下鉄に乗る方が車を運転するより気楽だ。

② 1,妹は兄より、より背が高い。
　 2,冬の旭川は札幌より更に寒い。
　 3,お茶は水よりさらにのどの渇きをいやす。

③ 1,今日は昨日より三度寒い。
　 2,杉は松より少し高い。
　 3,李東さんは王南さんより三歳年上だ。

④ 1,中国はイギリスよりずっと大きい。
　 2,夜中大雪が降ったので、今日は昨日よりずっと寒い。
　 3,夏の札幌は京都よりずっと涼しい。
　 4,飛行機は汽車よりずっと速い。

⑤ 1,鷹は雀より高く飛ぶ。
　 2,兎は亀より速く走る。
　 3,今日の彼女はふだんよりたくさん食べる。

⑥ 1,丁麗さんは字を書くのが彼よりうまい。
　 2,丁麗さんは字を書くのが彼よりうまい。
　 3,丁麗さんは彼より書く字がうまい。
　 4,丁麗さんは書く字が彼よりうまい。
　 5,丁麗さんは字を書くのが彼よりずっとうまい。
　 6,丁麗さんは字を書くのが彼よりずっとうまい。
　 7,丁麗さんは書く字が彼よりずっとうまい。
⑦ 1,私は彼女より聡明ではない。
　 2,羊は馬より高くない。
　 3,北京は上海ほど大きくない。
　 4,妹は姉ほど綺麗ではない。
⑧ 1,梨はリンゴより（値段が）高いわけではない。
　 2,アメリカは中国より大きいわけではない。
　 3,飛行機で東京に行くのは船より（値段が）高いわけではない。
⑨ 1,犬が走る速度は兎より速くない。
　 2,犬は兎ほど速く走れない。
　 3,彼のサッカー（レベル）はあなたほど上手ではない。
⑩ 1,兄が跳ぶ高さは弟ほど高いわけではない。
　 2,兄は弟より高く跳ぶわけではない。
　 3,李さんがキーボードを打つ速さは王さんほど速いわけではない。

05 異同

① 1,彼女たちの性格は同じではない。
　 2,二着のオーバーの色は同じだ。
　 3,二冊の本の値段は同じではない。
② 1,彼女たち三人は同じ歳だ。
　 2,二冊の本は同じ厚さだ。
　 3,二本の木は同じ高さではない。
　 4,二人は同じように綺麗だ。
③ 1,丁麗さんの髪型はあなたの髪型と同じで、私の髪型とは違う。
　 2,丁麗さんの血液型はあなたの（血液型）と同じだ。
　 3,あなたは彼女と違う！彼女は女優で、あなたは学生だ。
　 4,私の（専門）は李東さんの専門と違う。彼は政治を学び、私は経済を学ぶ。
④ 1,北京と東京は同じ様に有名だ。
　 2,この中華饅頭とあれは同じ大きさではない。
　 3,彼女の年齢は私と同じだ。
⑤ 1,李さんと王さんは大体同じような背丈だ。
　 2,電車に乗って行くのは車を運転して行くのと大体同じような速さだ。
　 3,東京の大きさは上海の大きさと大体同じだ。
　 4,彼はあなたと大体同じぐらい聡明だ。
⑥ 1,A 家常豆腐は麻婆豆腐と同じぐらい美味しいですか。
　　　B 家常豆腐は麻婆豆腐と同じぐらい美味しい。
　 2,子供はお母さんと同じぐらいの背丈になった。

    3，リンゴはテニスボールと同じぐらい大きくなった。
    4，彼女は丁麗さんほど綺麗ではない。
    5，今年は去年ほど忙しくはない。
    6，英語を学ぶことはドイツ語を学ぶほど難しくはない。

06 類比

① 1，丁麗さんは女優のように綺麗だ。
   2，今日は冬のように寒い。
   3，彼は（まるで）教授のようだ。
② 1，彼は和尚さんのように肉も食べないし魚も食べない。
   2，李さんはまるで子供と同じように漫画を見るのが好きだ。
   3，彼女はイギリス人のように毎日紅茶を飲む。
③ 1，娘は母と瓜二つだ。
   2，子燕は親燕と同じように高く飛べるようになった。
   3，彼は兎のように走るのが速い。
④ 1，彼女の歌は歌手のように上手だ。
   2，あなたの泳ぎはまるで魚と同じだ。
   3，丁麗さんの話す英語はイギリス人のように流暢だ。

07 習慣的な行為

① 1，学生は勉強し、農民は労働する。
   2，鳥は飛び、犬は吠える。
   3，先生は話し、学生は聞く。
   4，今日は休むが、明日は休まない。
② 1，私は新聞を読むが、雑誌は読まない。
   2，彼女はタバコを吸うが、お酒は飲まない。
   3，私はお酒を飲むが、蒸留酒は飲まない。
③ 1，李さんは散歩をするが、ランニングはしない。
   2，私はアルバイトをするが、彼はしない。
   3，彼女は泳ぐが、私は泳がない。
④ 1，あなたは毎日テレビを見ますか。
   2，私は朝七時に起きる。
   3，私達は英語を勉強するが、毎日英語の授業にでるわけではない。
   4，私は一度も川で泳いだことがない。
   5，林さんは絶えず図書館で雑誌を読む。

08 変化

① 1，彼女は十八歳になった。
   2，十二時半になった。
   3，秋になった。
② 1，暖かくなってきた。
   2，リンゴが赤くなった。
   3，スイカが安くなった。
   4，祖父は歳をとったので、睡眠が短くなった。
③ 1，寒くなくなった。
   2，薬を飲んだら頭が痛くなくなった。

3, お茶は熱くなくなったので、飲んでください。

④ 1, 試合が始まった。
2, 飛行機が離陸した。
3, 雨が降ってきた。
4, (あなたの) 息子さんは大学に入りましたか。

⑤ 1, おばあさんは歳をとったので、車の運転をしなくなった。
2, 彼女は明日来ないことになった。
3, 風は吹かなくなったが、雪はまだやんでいない。

⑥ 1, 月が丸くなった。
2, 彼女は慎重になった。
3, 秋になり、木の葉が黄色くなった。

⑦ 1, ますます暑くなってきた。
2, 人がますます少なくなってきた。
3, 弟はますます背が高くなってきた。

09 行為の完了

① 1, 昨日、私は図書館で映画を見た。
2, 夏休みを利用して彼女は香港と広州に行った。
3, 今日午前中、私は洗濯をし、部屋を掃除し、買い物をした。
4, ちょっと待って、ご飯を食べたらすぐあなたの家に行くから。
5, 丁麗さんはお店に行き服と財布を買った。

② 1, 私はもう宿題を書き終えた。
2, 林さんは『日本近代史』を読み終えた。
3, 昨日買ったビールをあなたは飲んでしまいましたか。

③ 1, 私はまだ今日の日記を書き終えていない。
2, あの小説を私はまだ読み終えていない。

④ 1, 昼の薬はもう飲んだ。
2, A 今日の新聞を見ましたか。
　 B 見ました。
3, A 麗ちゃん、歯を磨いたの？
　 B 磨いた。

10 過去の行為

① 1, 丁麗さんは昨日街へ行って映画を見た。
2, 李さんは去年アメリカへ留学に行った。
3, 先ほど王さんは来たが、また行ってしまった。

② 1, 今日、丁麗さんは町に出かけなかった。彼女は家で何通かの手紙を書いた。
2, 私は昨日牛乳を飲まなかった。
3, 王さんは午前中来なかった。午後来るかどうかわからない。

③ 1, 若い時、私はよく川で泳いだ。
2, 高校生のとき、私は毎日自転車に乗って登校した。
3, 去年、林さんは毎週南京に出張した。

④ 1, 京都にいた時、私は徒歩で登校していて、バスには乗らなかった。
2, 子供の時、私はたまごを食べなかった。

3,若いとき、彼はお酒を飲まなかったし、タバコも吸わなかった。
⑤ 1,A あなたはどのようにして来たのですか。
　　　　B 私はバスに乗って来ました。
　　2,丁麗さんは図書館でその雑誌を見た。
　　3,私は先月フランスへ旅行に行った。
　　4,彼は北京の大学に通学し、上海の大学に通学したのではない。
⑥ 1,彼は昨日病気になった。
　　2,先月、私の自転車が壊れた。
　　3,さっき、彼の部屋の明かりがついた。
⑦ 1,午前中、ヒーターは熱くなっていない。
　　2,最近私の自転車は壊れていない。
　　3,A (医師) 今日はどうでしょうか。頭が痛くなりましたか。
　　　　B 今日は、頭は痛くなっていません。

11　経験

① 1,丁麗さんは日本に来たことがある。
　　2,私は蒸留酒を飲んだことがあるが、味はなかなかよかった。
　　3,あなたは富士山に登ったことがありますか。
　　4,私は北京ダックを食べたことがない。
　　5,北京ダックを私は食べたことがない。
　　6,私は飛行機に乗って東京へ行ったことはあるが、船に乗って行ったことはない。
　　7,あの小説はとても面白い、私は二回読んだことがある。
② 1,このようなことは以前発生したことがある。
　　2,今月私は一度休暇をとった。
　　3,あそこではこれまで地震が起きたことがない。
③ 1,彼女はスキーをしたことがないが、私はスキーをしたことがある。
　　2,丁麗さんは外国へ行ったことがある。
　　3,私は海で泳いだことがある。
④ 1,今日、彼の部屋の明かりがついた。
　　2,今年の冬はまだ寒かったことがない。
　　3,原因はわからないが、最近彼はずっと機嫌がよかったことがない。
　　4,午前中、暖房は一度熱くなった。

12　未来

① 1,林さんは来週北京に行く。
　　2,私は十時半に寝る。
　　3,私は明日あなたに電話する。
　　4,王さんは息子が将来科学者になることを望んでいる。
　　5,彼らは来年十月に結婚する。
② 1,飛行機は予定通り離陸する。
　　2,張小文さんは京都へ出張に行かなければならない。
　　3,A あなたはお風呂に入りましたか。
　　　　B まだです。私はちょうど浴室に行くところです。
③ 1,王君は明日私の家に来るだろう。
　　2,来週私は上海に旅行に行く予定だ。

    3, 2008 年、北京はオリンピックを開催する予定だ。
④ 1, 来年私は留学に行かない。
    2, 今晩あなたはビールを飲まないのですか。
    3, 私達は明後日授業がない。
⑤ 1, 春がまもなく到来する。
    2, 空がもうすぐ明るくなる。
    3, 図書館がまもなく閉館する。
    4, 水がまもなく沸騰する。
    5, もうすぐ雨が降る。

13 行為の進行

① 1, 彼は上着を着ている。
    2, ここ数日、私はテストの準備で、とても忙しい。
    3, あなたは何を探しているのですか。
    4, 王さんはテレビを見ているところだ。
    5, 私は宿題をしているので、ラジオをつけないでください。
    6, 王先生は授業をしているところだ。
② 1, 彼女は休んでいるところだ。
    2, 丁麗さんが散歩をしている時に、携帯が鳴った。
    3, 王さんは泳いでいるところだ。
③ 1, 子供たちは外で遊んでいるところだ。
    2, あなたは何を読んでいるところですか。
    3, 聞いて、誰かがドアを叩いているよ。
④ 1, 私はニュースを見ているのではない、テレビドラマを見ている。
    2, 李さんは眠っているのではない、日記を書いている。
    3, 最近彼女はアルバイトをしていない。何をしているのか、私はよく知らない。
⑤ 1, 林さんはお風呂に入っているのであって、洗濯をしているのではない。
    2, 彼女はテレビゲームをしているのであって、パソコンでレポートを書いているのではない。
    3, 彼女は雑誌を読んでいるので、小説を読んでいるのではない。

14 同時行為

① 1, 彼女はテレビを見ながらセーターを編む。
    2, 子供たちは歌を歌いながらダンスをする。
    3, 林さんはコーヒーを飲みながら新聞を読む。
    4, 私はアルバイトをしながら、大学院生として学校に通う。
    5, 丁さんは英語を勉強する一方で、ドイツ語も勉強する。
    6, 美さんは力くんと恋愛をする一方で、夫に離婚訴訟を起こしている。
② 1, 彼女たちは語り笑い、とても楽しい。
    2, 林先生は紙に字を書き絵を描く。
    3, 子供たちは歌って踊る。

15 状況の持続

① 1, テレビはついているが、ラジオはついていない。
    2, A 雪は降っていますか。
       B 雪は降っています。

3,呉雲さんはゆっくり歩いている。
　　4,王さんは立ってご飯を作っている。王ちゃんは座ってビールを飲んでいる。
　　5,遊園地で、子供が泣きながら母親を探している。
　　6,彼は横になってテレビを見ている。
②　1,林さんは黒いオーバーを着て、白い帽子をかぶっている。
　　2,丁麗さんは数冊の雑誌を持っている。
　　3,あなたは財布を持っていますか。
　　4,彼は眼鏡をかけているが、腕時計はしていない。
　　5,壁には絵は飾ってあるが、地図は掛かっていない。
③　1,空はまだ暗い。もうしばらく寝なさい。
　　2,彼女は顔を赤くして、何も言わなかった。
　　3,A 方さんの部屋の明かりはついていますか。
　　　B ついていません。
　　4,A 丁さんは最近（忙しく）何をしているの。
　　　B 彼女はアメリカに留学したくて、（忙しく）アルバイトをして貯金をしている。

16　時間的な量

①　1,運動会が三日間開催された。
　　2,子供たちはそこで一時間余り遊んだ。
　　3,彼女は毎日三十分ランニングをする。
　　4,雨は一時間降ったので、二時間降ったのではない。
②　1,昨日、私は小説を二時間読んだ。
　　2,私は中学に三年、高校に三年通った。
　　3,丁麗さんは二年余りフランス語を勉強した。
　　4,あなたは毎日どのくらい日本語を勉強しますか。
　　5,私は来年半年書道を学ぼうと思っている。
③　1,林さんは毎日新聞を三十分読む。
　　2,王小明さんは宿題をして四十分経った。
　　3,丁麗さんはフランス語を勉強して三年余りになった。
　　4,私達は彼女を待って三十分経った。
　　5,私はあなたを探して一時間余り経ちました。どこにいたの。
　　6,私は鍵を探して一時間経った。
④　1,A 昨日、あなたはどのくらいの時間インターネットをしましたか。
　　　B 四時間しました。
　　2,彼女は毎日一時間泳ぐ。
　　3,旧正月は五日間休みになる。
⑤　1,去年私は一ヶ月の休暇をとった。
　　2,毎週私は三日アルバイトをする。
　　3,今日の午前中、私は三時間インターネットをした。

17　回数・頻度

①　1,ヒーターは毎日三回熱くなるのに、昨日は一回熱くなっただけだ。
　　2,ヒーターは今日二回熱くなった。
　　3,木の葉は毎年秋に一度紅くなる。
②　1,郵便配達人は毎日一度来る。

2，あなたは何度失敗したことがありますか。
　　3，今日、子供は三度泣いた。
　　4，桜は毎年一度咲く。
③ 1，私は奈良に三度行ったことがある。
　　2，今日の午前中、私は友達に三回電話をかけた。
　　3，あの映画はとても面白いので、私は二度見た。
　　4，この薬は一日に四度飲む。
　　5，昨日、私は三度王先生を探したが、彼女はいつもいなかった。
　　6，李さんは入院した。私は病院に二度李さんを見舞いに行った。
④ 1，私は奈良に三度行ったことがある。
　　2，私の息子は北京で仕事をしている、私は毎年二度北京へ行く。
　　3，昨日、私は三度あなたを探したが、あなたはすべていなかった。
　　4，私は病院に二度李さんを見舞いに行った。
⑤ 1，私は三度奈良に行ったことがある。
　　2，丁麗さんはあの小説を五回読んだことがある。
　　3，私は北京ダックを二度食べたことがある。
　　4，私は一週間に三回買い物をする。
　　5，昨日、私はあなたを三度探したが、あなたはいつもいなかった。
⑥ 1，A あなたは毎日何度インターネットをしますか。
　　　 B 私は毎日三度インターネットをします。
　　2，去年私は二回休暇をとった。
　　3，彼は二度結婚したことがある。
　　4，私は海で三度泳いだことがある。
⑦ 1，今日私は歯一度を磨いた。
　　2，第一大学は一年に二回休みがある。
　　3，毎週私は三度アルバイトをする。
　　4，私は海で一度泳いだことがある。
⑧ 1，今日の午前中、彼は二回トイレに行ったのであって、一回ではない。
　　2，去年四回大雪が降ったのであって、三回ではない。
　　3，彼は毎月三回映画を見に行くのであって、二回ではない。
　　4，ヒーターは一日に三回熱くなるのであって、四回ではない。
　　5，私はあの小説を二回読んだことがあるわけで、三回ではない。
　　6，午前中、私は五本タバコを吸ったのであって、六本ではない。
⑨ 1，私はアメリカに一度行ったことがあるだけで、二度行ってはいない。
　　2，私は二回王校長に会ったことがあるだけで、三回会ったことはない。
　　3，私はあの映画を三回見たことがあるだけで、四回見たことはない。
⑩ 1，寿司を私は一度食べたことがあるが、とても美味しかったので、もう一度食べたい。
　　2，聞き取れなかったので、もう一度話してください。
　　3，この漢字をもう三回書きなさい。
　　4，先週私はあの映画を見たが、昨日もう一度見た。
　　5，また雨が降ってきた。
　　6，李さんは午前中来て、午後にもまた来た。
　　7，あの紙を丁ちゃんが一度見て、丁さんもまた一度見た。
　　8，私はもう一度インターネットに接続した。

18 連続する動作

① 1, 呉君は車を運転して郊外へドライブに行く。
　 2, A 林東さんは京都へ何をしに来ますか。
　　　B 彼は京都へ展覧会を見に来ます。
　 3, 私はお店へ果物を買いに行って来る。
　 4, 呉さんはバス停へ行き、バスに乗り、会社へ出勤する。

② 1, 丁麗さんはパンを食べ、続けてお茶を飲んだ。
　 2, 学生たちは三十分録音を聴き、続けて一時間本文を読んだ。
　 3, 林君は授業に出席するために学校へ行き、アルバイトにでかけ、その後家に帰る。

③ 1, 林さんは起きるとすぐランニングに行く。
　 2, 丁麗さんは仕事が終わるとすぐ家に帰る。家に着くとすぐにご飯を作る。
　 3, 彼は電車に乗るとすぐに眠り始める。

19 動作の方向

① 1, 彼は入って来た。彼女は出て行かなかった。
　 2, 李君は上って来た。林さんは下りて行った。
　 3, 私は今日帰らないで、明日帰る。

② 1, 田中さんは今日、日本へ帰って来る。李君は明日、中国へ帰って行く。
　 2, 王君は家に帰って来た。王さんはフロアを上って行った。
　 3, 彼女は橋を渡って来た。彼は橋を渡って行かなかった。
　 4, 私は一昨日山に来たが、昨日下山しなかったし、今日も下山しない。

③ 1, 李さんは丁麗さんに花を送って来た。
　 2, 私は彼女に本を一冊送り、彼女は私に雑誌を二冊送って来る。
　 3, 王君はリンゴを数個持って来た。林君はビールを何本か買って来た。
　 4, 私はケーキを買って来たが、コーヒーは買って来なかった。

④ 1, 林先生は教室に入って行った。丁君は教室から出て行った。
　 2, 弟は家に走って帰って来て、それから、走ってフロアを上って行き、また走って下りて来た。
　 3, 王君は新聞を手にとったが、雑誌は手にとらなかった。
　 4, 自動車が橋を渡った。

⑤ 1, 彼女は歩いて来た。
　 2, 王さんは立ち上がった。
　 3, 弟は走って来た。
　 4, 白い鳩は（飛び）戻って来た。グレーの鳩はまだ戻って来ていない。

⑥ 1, 子豚は走って巣に入って行った。成豚は走って巣に入っていかなかった。
　 2, 自動車が橋を渡って来た。
　 3, 鳥が木に飛び上って行った。

⑦ 1, 彼女は下のフロアから服を何枚か持って来た。
　 2, 彼は本を手に取った。
　 3, 李さんは本屋で辞書を買って帰って来た。
　 4, 姉は国外からはがきを送って来た。
　 5, 私はまだ薬を飲んでいなかった。
　 6, 彼の帽子はビルを落ちて行った。
　 7, (あなたの) パスポートを取り出して下さい。

20 動作の結果

① 1,彼女は歩き疲れたので、座ってしばらく休憩した。
　2,今日は遊び足りたでしょう。
　3,すみません、私は遅刻しました。
　4,馮君はビールを五本飲んで、酔っ払った。

② 1,子供がまだ寝ついていないから、ラジオをつけないで。
　2,A お腹いっぱいになりましたか。
　　 B まだです。ご飯のお代わりをお願いします。
　3,子猫はまだ大きくなっていない。

③ 1,子供は服を汚して、おもちゃも壊した。
　2,テレビニュースをあなたは聞き取れましたか。
　3,丁麗さんは電車を乗り間違えて、遅刻した。
　4,彼の名前をあなたは書き間違えた。
　5,昨日、映画を見た時、彼は私の前に座った。
　6,窓をあけて、ドアを閉めてください。
　7,私は昨日街へでかけ、あのCDを買い求めた。
　8,彼の電話番号をあなたは覚えましたか。
　9,鍵を探し当てた。
　10,私はあの小説を読み終えた。

④ 1,お母さんは服を洗って綺麗にしたが、料理はまだ作りあげていない。
　2,私は今日丁さんと会っていない。
　3,鍵はまだ見つかっていない。

⑤ 1,私はお風呂で（身体を）洗いあげた。
　2,あなたは車に給油して満タンにしましたか。
　3,李さんは今日寝坊したので、ご飯を食べずに出勤した。
　4,彼は散歩をし終えた。

⑥ 1,王君は寝坊しなかったが、車を乗り間違えて遅刻した。
　2,彼はまだ目覚めていないから、あと三十分寝かせてあげましょう。

21 対象を処置

① 1,泥棒は彼の財布を盗んだ。
　2,警察は泥棒を逮捕した。
　3,すみません、私は鍵をなくしてしまいました。

② 1,私は今日必ず宿題を書き終える。
　2,あなたは明日部屋を掃除してきれいにしなさい。
　3,王さん、お酒を飲み干してしまって下さい。
　4,風が吹いてきたので、ドアを閉めて下さい。
　5,私はこれらの新聞を捨ててしまいたい。

③ 1,弟はスイカを全部食べてしまった。
　2,彼はドアに鍵をかけた。
　3,私は服を洗ってきれいにした。

④ 1,誰がこの件をあなたに教えたの。
　2,私は明日彼女に服を送ります。
　3,丁君は雑誌を図書館に返却した。

⑤ 1, 私はまだ鍵を見つけられないから、失くしたのかもしれない。
　 2, 彼はずっとテレビを見ていて、まだ宿題をやり終えていない。
　 3, 姉はご飯を食べ終えていない。半分も残した。
　 4, 私は今日、この小説を読み終えるまで、眠らない。
　 5, A この件を彼女に教えないでくださいね。わかりましたか。
　　　B わかりました。私はこの件を彼女に教えません。
⑥ 1, あなたは部屋を掃除しましょう。
　 2, ちょっと今日の新聞をご覧になって下さい。
　 3, 卵を炒めてちょうだい。
　 4, 彼は顔を洗ったが、ご飯を食べずに会社にでかけた。

22　感情

① 1, 林美麗さんは口紅が好きだ。一番好きなのはフランスの口紅だ。
　 2, 方さんは西山市が好きではない。彼はあそこで働きたくない。
　 3, A 君は彼女が好きなの。
　　　B 彼女を好きだったことはあるよ。でも、今はそんなに好きじゃなくなった。
② 1, 母は子どもを愛し、子供も母を愛する。
　 2, A 君は彼女を愛しているの。
　　　B もとは彼女をとても愛していたけど、今は愛していなくなった。
　 3, 私は彼だけ愛し、他の人は愛したことがない。
　 4, 丁麗さんは綺麗にすることが好きだ（おしゃれが好きだ）。
③ 1, 私はタバコのにおいが嫌いだ。
　 2, 彼女は蚊がすごく嫌いだ。
　 3, A 彼女が嫌いなの。
　　　B 嫌いじゃないよ。
　　　A それじゃ、彼女を好きなのでしょう。
　　　B そうでもないよ。
　 4, 私は夏が嫌いだし、騒音も嫌いだ。
④ 1, 彼はあの犯人を恨んでいる。
　 2, 私達は敵を恨む。
　 3, 私は彼を恨んでいたが、今はそんなに恨んでいなくなった。

23　興味・嗜好

① 1, 林美麗さんは化粧が好きだし、香水を買うのも好きだ。
　 2, 方君はスキー（をするの）が好きではない。
　 3, あなたはアニメ（を見るの）が好きですか。
　 4, 林東さんはとても海で泳ぐのが好きだ。
　 5, 私は紅茶（を飲むの）が好きだが、緑茶（を飲むの）は好きではない。
　 6, 彼は魚（を食べるの）が好きだが、肉（を食べるの）はあまり好きではない。
　 7, 私は、蒸留酒（を飲むの）が好きだったことがある。
② 1, 王君の趣味はスキーだ。
　 2, 私の趣味は切手の収集だ。
　 3, 丁麗さんの趣味はオペラを見ることで、映画を見ることではない。
③ 1, 私はパソコンに興味がない。
　 2, 彼は数学にとても興味がある。

  3，A あなたは国際政治に関心がありますか。
   B 私は政治に興味がない。
  4，私はスキーに興味がない。
④ 1，彼の道楽は喫煙だ。
  2，私の道楽はお酒を飲むことではなくて、お茶を飲むことだ。
  3，あなたの道楽は何ですか。
⑤ 1，王君にはスキーの趣味がある。
  2，私には切手収集の趣味がある。
  3，私は喫煙の習慣がない。
  4，あなたにはどんな道楽がありますか。

24 予定

① 1，彼らは来年結婚するつもりで、今年結婚するつもりではない。
  2，私は夏休みに国外旅行に行くつもりだ。
  3，あなたはいつ新車を買うつもりですか。
  4，私は今年定年退職するつもりがない。
② 1，私はアメリカに二年間留学する予定だ。英語を学びながら、パソコンを勉強するつもりだ。
  2，休暇中どこに旅行に行くかを計画しましたか。
  3，丁先生は今年本を書くつもりだ。
③ 1，私の予定は、まずご飯を食べて、それから買い物に行くことだ。
  2，第一大学の計画は、再来年に映画学部を開設することだ。
  3，あなたの日曜日の予定は何ですか。
④ 1，私は車を買う計画がない。
  2，第一大学は新しい図書館を建てる計画がない。
  3，彼は大学に進学するプランを持っている。

25 希望・意欲

① 1，妹はケーキを食べたいが、野菜は食べたくない。
  2，A 今日あなたは何をしたいの。
   B 私は映画が見たい。
② 1，A 音楽クラブに入りませんか。
   B 入りたいです。
  2，李君は林さんと結婚したくない。
  3，王東明さんはすごく上海へ出張に行きたい。
③ 1，A 何が欲しいの。私が買ってあげるよ。
   B サッカーボールが欲しい。
   A おもちゃの車が欲しいの。
   B おもちゃの車はいらないけど、おもちゃの汽車が欲しい。
  2，お母さん、新しいスカートが欲しいよ。
  3，王君は絶えず父母に手紙を書いてお金を無心する。
④ 1，今日の新聞を見ないの。
  2，A お茶はほどよく熱いよ。飲まないの。
   B いらない。ありがとう。
  3，少し休むね。

⑤ 1, 明日晴れるといいね。
　 2, 私は今年君が第一大学に合格することを切望する。
　 3, 人々は世界平和を切望し、戦争が起きることを望まない。
⑥ 1, 何さんの望みは子供が将来科学者になることだ。
　 2, 私の望みは、大学卒業後デザイナーになることだ。
　 3, 妹の夢は、映画スターになることだ。

26 能力・可能

① 1, 鳥は飛べるが、人間は飛べない。人間は話せるが、鳥は話せない。
　 2, 飛行機は飛べるが、自動車は飛べない。
　 3, 私のパソコンは日本語を読めるが、彼のパソコンは読めない。
② 1, 私は今日運転するから、お酒を飲めない。
　 2, 今日はとても忙しいから、テニスに行くことができなくなったけど、明日は行ける。
　 3, 彼は用事で、来られなくなった。
　 4, 君、今日映画を見に行ける？
　 5, 私は今日喉が痛いから話せない。
③ 1, 王さんは大酒飲みで、ビール10本も飲める。
　 2, 林美麗さんは饒舌だ。
　 3, 丁さんはとても文章を書くのが速い。
　 4, 彼は大食だが、私は小食だ。
④ 1, 子供は一歳半になって、話せるようになった。
　 2, 成鳥は飛べるが、幼鳥はまだ飛べない。
　 3, A 丁麗さんは日本語を話せますか。
　　　B 丁麗さんは日本語を話せます。
　 4, 私は車を運転できるが、飛行機は操縦できない。
⑤ 1, 林先生は文章を書くのが上手だ。彼の（書く）文章はとても面白いよ。
　 2, 彼女は料理を作るのが非常に上手い。
　 3, 私が失礼な事を言ってしまいました。申し訳ありません。
　 4, 田さんは歌があまり上手くない。
⑥ 1, 鳥は飛べるが、人間は飛べない。
　 2, 成鳥は飛べるが、幼鳥はまだ飛べない。
　 3, 私は車を運転できるが、飛行機は操縦できない。
　 4, 丁麗さんは泳げるが、スキーは滑れない。
　 5, 林さんはビールを飲めるが、焼酎は飲めない。
　 6, 私のパソコンは日本語を読めるが、彼のパソコンは読めない。
⑦ 1, 私は、ホットドッグ一個を食べられるが、五個は食べられない。
　 2, 二日間でスキーをマスターできないが、二週間ではマスターできる。
　 3, 彼は中国語を聞き取れるが、英語は聞き取れない。
　 4, ドイツ製の車はとても高いので、私には買えない。
　 5, 彼は貧乏人を軽視する。
　 6, 中学生の喫煙は、私には目障りだ。

27 許可・禁止

① 1, 先生はお酒を飲んでよいが、"中学"の生徒は飲んではいけない。
　 2, A ここでタバコを吸ってもよろしいですか。

Bここでタバコを吸ってはいけません。あそこでは吸ってもよろしい。
　3, A 入ってもいいですか。
　　Bどうぞ、どうぞお入りください。
　4, 北湖では泳いではいけないが、南湖は泳いでもよい。

② 1, 君は今年16才だから、お酒を飲んではいけない。
　2, あそこでは電話をかけてもよいが、ここでは電話かけてはいけない。
　3, あれは貴賓待合室なので、私たちは入れません。
　4, ここに車を停めてはいけない。
　5, 機内ではタバコを吸ってはいけない。

③ 1, 機内では電話をかけられない。
　2, ここに駐車してはいけない。
　3, ここで喫煙はしてはいけない。
　4, もう一度無断欠席したら許さないから。

④ 1, 禁煙。
　2, 危険！立ち入り禁止！
　3, 飲酒後の運転、絶対禁止！
　4, A 東湖公園での釣りは禁止ですか。
　　B 禁止されていません。

28　必要・義務

① 1, 地震被災地区は、私達の支援を非常に必要としている。
　2, 冬が来た。彼らは石炭と食糧が必要だ。
　3, 私は（まとまった）お金が必要だ。
　4, 外国語を勉強するには、テープ・レコーダーが必要だ。
　5, 私は自転車を必要でない。
　6, 明日私が車であなたを送りましょうか。

② 1, 今日は少し暑いので、窓を開けましょうか。
　2, 李さんに電話をかける必要がありますか。
　3, この件を私はゆっくり考えることが必要だ。
　4, 私の車はガス欠なので、給油が必要だ。

③ 1, 学生は一生懸命勉強をすべきだ。
　2, あなたは絶えず両親に手紙を書くべきだ。
　3, あなたは外国語を勉強すべきだ。
　4, 外国語を学ぶには、よく読み、よく話し、よく聴くことが大切だ。

④ 1, 十二時になりました。私は帰らなければいけなくなった。
　2, 明日はテストだ。私は教室へ行き、本を読み復習しないといけない。
　3, 今日彼は病院へ診察に行かないといけないので、仕事に来られない。
　4, 明日あなたは市役所へ会議に行かないといけない。

⑤ 1, 海外旅行に行く時、必ずパスポートを携帯しなければならない。
　2, 魚は必ず水の中で生活しなければならない。
　3, 人は必ずご飯を食べ、水を飲み、眠らなければならない。

⑥ 1, でかける時、鍵をかけるのを忘れないで。
　2, もう七時になったよ。書くのは止めて、晩ご飯にしましょう。
　3, 今日泳ぎに行くのはやめて、家でよく休みなさい。

4, ラジオを聴きながら、宿題をするのはやめなさい。
　　5, 毎日アイスクリームを食べるのはやめなさい。
　　6, 明日はたぶん雪が降るから、来ないように。
⑦ 1, つまらない事ですから、気にしないで。
　　2, まだ一時間余りあるから、あわてる必要はない。
　　3, 体の具合はかなり良くなったので、毎日お見舞いに来なくていいよ。
⑧ 1, あなたは明日来なくてもよい。
　　2, ビールは十分だから、もう買わなくてもよい。
　　3, 私の車はガソリンを入れなくてもよいですよ。一昨日給油したばかりだから。
⑨ 1, 新しいパソコンを買う必要がありますか。
　　2, 事故の原因解明にはさらなる調査が必要だ。
　　3, 彼にこの件を伝える必要がない。
⑩ 1, あなたはそういうふうに言うべきではなかった。
　　2, あなたはこのセーターを買わない方がよい。
　　3, 私は昨日あの映画を見なければよかった。ぜんぜん面白くなかったから。

29 感覚

① 1, A 疲れましたか。
　　　B 疲れていませんよ、でものどが渇きました。
　　2, 暑いですか。
　　3, 餃子は塩辛くないですか。
　　4, A どうですか、大丈夫ですか。
　　　B あまり調子がよくないですが、たいしたことではない。
　　5, 李君は悲しくて、つらい。
② 1, A お腹が空きましたか。のどが渇きましたか。
　　　B お腹は空いていませんが、のどが少し渇きました。
　　2, 子供たちはとても嬉しい。
　　3, 私は少し調子がよくない、頭が痛いし、腰も痛い。
③ 1, 彼女は綺麗だが、彼は格好がよくない。
　　2, この歌は（聞いて）気持ちがよいが、あの歌は耳障りだ。
　　3, 今日のお茶は美味しいが、昨日のお茶はあまり美味しくなかった。
　　4, ゲームは面白いですか。
　　5, あの映画はとても面白い。あなたは見ましたか。
　　6, A 今日の料理の味はどうですか。
　　　B 北京ダックはとても美味しいが、麻婆豆腐は美味しくない。

30 意見・主張

① 1, 私は李さんが行った方がよいと思う。
　　2, 私は彼が今日来ないと思う。
　　3, 私は今回の事故は彼の責任だと思う。
　　4, 私はコーヒーをたくさん飲むことは体に良くないと思う。
　　5, 私は餃子を食べる方がよいと思う。
② 1, 私は飲酒が体にとてもよいと考えている。
　　2, A 私は今回の事故は君の責任だと考えている。
　　　B 私はあれが私の責任だとは考えていない。

3,私は第三中学校の教育方針に問題があると考えている。
　　4,私はお茶を飲むことが身体によくないとは考えていなかった。
③1,私は毎日肉を食べることは、身体にあまりよくないと思う。
　　2,A 私は今回の事故は彼のミスだと思うのですが。あなたはどう思いますか。
　　　 B 私はあれが彼のミスだとは思わない。
　　　 C 私も彼のミスだとは思わなかった。
　　3,私はあの中学の教育方法はあまりよくないと思う。

31　推量・推察

①1,丁麗さんは北京出身のような気がする。
　　2,あなたはまたタバコを吸いましたね。
　　3,彼女はまだ怒っているようだ。
　　4,彼女は調子が悪そうだ。
　　5,スイカはあまり新鮮ではなさそうだ。
　　6,今日は土曜日のような気がする。
②1,彼は中国人かもしれない。
　　2,今日も雪が降るかもしれない。明日は曇りかもしれない。
　　3,もう十時になったから、彼女は今日来ないかもしれないね。
　　4,パンは味がなかなかよいかもしれない。
③1,あのスイカはあまり新鮮ではなさそうだ。
　　2,もう十時になったから、彼女は今日はたぶん来ないね。
　　3,明日は大雪の恐れがある。
④1,今日はたぶん大雨だ。
　　2,あのスイカはたぶんあまり新鮮ではない。
⑤1,今、だいたい六時半だ。
　　2,コートはだいたい八十元です。
　　3,彼の身長は1メートル80センチぐらいです。
　　4,王さんは六十歳ぐらいだ。
　　5,明日はたぶん雪が降らない。
⑥1,東京はきっと札幌より大きい。
　　2,彼女は中国語を話せないから、きっと中国人ではない。
　　3,北京ダックはきっと高い。
　　4,王君はフランスに留学したことがあるから、きっとフランス語が話せる。
⑦1,A 林さんはまだ来ないの。
　　　 B まだです。十時十五分になりましたから、彼女は来るはずです。
　　　 C もう少し待ちましょう。彼女は来るはずですから。
　　2,A 明日は雪が降るでしょうか。
　　　 B 明日はたぶん雪が降るでしょう。
⑧1,見たところ、君は今日忙しそうだ。また明日来るよ。
　　2,見るからに、丁麗さんは今日具合があまりよくなさそうだ。
　　3,(話し方から察するに) 彼女は大阪人だと思う。
⑨1,私は彼女がイギリス人で、アメリカ人ではないような気がする。
　　2,私は彼がよい人ではないような気がする。
　　3,私は、李君は明日必ず来ると思う。

32 伝聞

① 1,聞くところによると、麗ちゃんは来月結婚するらしい。
　2,A 聞くところによると、肖梅さんは聡明だそうだが、そうなの。
　　B そうです。彼女は実に聡明だ。
　3,聞くところによると、丁麗さんは北京の出身だそうだ。
　4,丁君の話しによると、林さんは病気になったそうだ。
　5,李さんの話しによると、林さんは明日退院するそうだ。
　6,あの人の話しによると、汽車が延着することになったそうだ。

② 1,私たちは皆その件を聞いたことがある。
　2,A 聞くところによると、王易明さんは来月アメリカに留学に行くそうだ。君聞いていたかい。
　　B 知りませんでした。そうですか。彼女はいつ行くのですか。
　3,林さんは入院することになったらしい。
　4,私は張君が新車を買ったという話を耳にしていなかった。

③ 1,(聞くところによると、)第一会社は来年、三支店を開設するそうだ。
　2,(聞くところによると、)本市は去年、三万人あまりの人が結婚したそうだ。
　3,王校長の話しによると、東山小学校は今年340人の学生が卒業するそうだ。
　4,李医師の話しによると、林さんの病気は重くないので、来週にも退院できるそうだ。

33 決意

① 1,私は今日午前中に必ず宿題を書き終える。
　2,日曜日、私は必ず君の家に行く。
　3,私は来年必ずフランスへ旅行に行く。

② 1,苦瓜は苦すぎるので、私は絶対食べない。
　2,広州の夏は暑すぎるので、夏休みには私は絶対あそこへ旅行に行かない。
　3,私は今日きっとこの小説を読み終える。

③ 1,馬君は禁煙を決意した。
　2,彼女は大学卒業後、服飾デザイナーになることを決意した。
　3,私は英会話をマスターすることを決心した。
　4,彼は林美麗さんと結婚することを決心した。

④ 1,馬君は来週から禁煙することを決めた。
　2,第一中学は七月八日から休みに入り、九月一日から授業を始めることを決めた。
　3,私は新しい自転車を買うことを決めた。

34 無念

① 1,あなたたちが誰も行かないなら、仕方がないから私が行きましょう。
　2,食堂は閉店してしまった。仕方なくカップ拉麺を食べた。
　3,私はパソコンを使うのが好きではないが、仕事上必要なので、仕方なく毎日パソコンを使い仕事をする。

② 1,自転車が故障してしまったので、仕方なく歩いて学校に行く。
　2,私達は皆明日用事があるので、仕方がないから、君が行くことになった。
　3,彼女は今結婚したくないが、妊娠したので、仕方なく来月結婚する。
　4,この薬は副作用があるが、他に方法がないので、彼に飲ませることにした。

35 使役・派遣

① 1,部長は王君に郵便局へ手紙を出しに行かせる。

2,母は姉に洗濯をさせ、兄にご飯を作らせる。
　　3,王先生はクラスメートに宿題を書かせる。
　　4,妹はおばあさんにケーキを買わせた。
　　5,丁社長は林さんを北京へ出張に行かせる。
② 1,この小説は人を感動させる。
　　2,アメリカから恋人の手紙が届いたことは、李さんをすごく喜ばせた。
　　3,今年のボーナスが多くないので、本当にがっかりした。
　　4,私は昨日映画を見た。(映画の中の)あの人は実に偉大だ。人を敬服させる。
③ 1,私は王教授にこの文章を翻訳して下さるようお願いする。
　　2,李校長は林さんに第一中学で講演して下さるようお願いする。
　　3,張君は李部長に北京で会議に出席して下さるようお願いする。

36　受身

① 1,王東東君は昨日先生に叱られた。
　　2,彼の財布は泥棒に盗まれた。
　　3,泥棒は警官に逮捕された。
　　4,私の日記は弟にみられた。
　　5,ケーキは姉に食べられた。
　　6,雑誌はお母さんに捨てられた。
　　7,私の辞書は王さんに借りて行かれた。
　　8,カップは打ち壊された。
② 1,王東東君は今日また先生に叱られた。
　　2,財布は泥棒に盗まれた。
　　3,泥棒は警官に逮捕された。
　　4,王小美さんが書いたラブレターは弟にみられた。
　　5,兄は犬に噛まれてけがをした。
　　6,私はケーキを食べたいが、ケーキは彼達に食べられた。
③ 1,王東東君は今日先生に叱られなかった。
　　2,お金は使い切られていなかった。
　　3,アイスクリームは姉に(全部)食べられていなかった。まだ三つ残っていた。
　　4,弟は噛まれてけがをしなかった。

37　授受

① 1,あの映画は人気がある。
　　2,林さんの意見は部長に重視される。
　　3,あの小説は人気がないので、売れない。
　　4,私は第一会社で重用されていないので、辞職し第八会社に移りたい。
② 1,今回のテストは成績が良かったので、両親に褒められた。
　　2,優勝チームは表彰された。
　　3,私は会社から褒賞された。
③ 1,試合の第一位と第二位は表彰されたが、その他の人は表彰されなかった。
　　2,李君の提案は、部長に重視されなかった。

38　贈与・借貸

① 1,A あなたは子供に小遣いをあげますか。
　　　B 私は彼に小遣いをあげません。あなたはどうですか。

Aあげます。毎月彼女に五十元あげます。
　2, Aあの方はあなたに名刺をくれましたか。彼の苗字は何とおっしゃいますか。
　　　B彼は私に名刺をくれませんでした。私は彼の姓名がわかりません。
　3, 李さん、一年あまりの間、色々助けていただきました。本当に感謝しています。

② 1, あなたの写真をくれませんか。
　2, 私は小林さんに辞書を贈る。
　3, 張さんは馬部長にたくさんのプレゼントを贈った。
　4, 私は丁麗さんに誕生ケーキを贈った。

③ 1, A明日は李君の誕生日だ。あなたは彼女に何を贈るの。
　　　B私は彼女に花を贈る。
　2, 丁さん、お誕生日のプレゼントありがとうございます。
　3, A昨日、丁麗さんが私に写真をくれた。彼女はあなたにもくれた？
　　　B彼女は僕には写真をくれなかった。彼女は君が好きだけど、私のことはあまり好
　　　　きではないから。

④ 1, 王君は李さんのお金を借りた。
　2, A昨日どこに行っていたの。
　　　B図書館に雑誌を借りに行っていた。
　　　A本も借りたの。
　　　B借りなかった。
　3, 私は自転車を持っていないので、借りに行って来る。
　4, 最近、彼はお金を借りて車を買った。

⑤ 1, 李さんは王君に千元貸してあげた。
　2, 丁麗さんが私に貸してくれたイギリスの小説は、とても面白い。
　3, あなたは今日辞書を持っていないでしょう。私が貸してあげましょう。
　4, A彼はあなたのところにお金を借りに行ったでしょう。
　　　Bはい。彼はお金を借りに来たけど、私は貸さなかった。
　　　Aどうして。
　　　B彼はあまり信頼できないので、私は彼にお金を貸したくない。

39　依頼・要求・命令

① 1, すみません。私にあなたの辞書をちょっと見せてもらえませんか。
　2, すみません。お茶をいただけませんか。
　3, すみません。ドアをあけてもらえませんか。

② 1, すみませんが、窓を開けてもらえませんか。
　2, すみませんが、帰国後、私に手紙を書いてもらえませんか。
　3, すみませんが、私のパソコンを調べて下さいませんか。
　4, すみませんが、明日私に電話をかけてくれませんか。

③ 1, A李秘書、明日出張に行ってください。
　　　Bわかりました。
　2, 静かにしてください。授業を始めましょう。教科書を開いてください。
　3, ドアを閉めてください。
　4, パスポートを出して見せてください。

④ 1, 座りなさい。苗字を答えなさい。
　2, 火遊びをしないで。

  3,テレビを消して、宿題をしなさい。
  4,早く病院に電話をかけなさい。

40　勧誘・提案

① 1,もう十二時半になったので、書かなくていいよ。休んでください。
 2,餃子の味はなかなか美味しいから、食べてみてください。
 3,明日北京ダックを食べましょう。どうですか。
 4,一緒にコーヒーを飲みに行きませんか。
 5,丁麗さんが買った帽子はなかなか良いから、あなたも買いませんか。

② 1,疲れたでしょう。しばらく休んだ方がいいよ。
 2,顔色が良くないから、できるなら病院へ診察に行った方がよい。
 3,この質問は、丁先生に聞いた方が良い。

③ 1,あなたは野菜をたくさん食べ、たばこを少なめにした方がよい。
 2,あなたは毎日お酒を飲まない方がよい。過度な飲酒は体に悪い。
 3,あなたは食後、公園へ散歩に行った方がよい。

41　難易

① 1,スキーはマスターしやすいが、スケートはマスターしにくい。
 2,あなたのペンは使いやすい、私のペンはあまり使いやすくない。
 3,自家用車は運転しやすいが、大きなトラックは運転しにくい。
 4,今度のレポートは本当に書きにくい。私は一週間も費やしたが、まだ書き終えていない。
 5,私のファイルは多くないので、片付けやすい。

② 1,李先生の話はわかりやすいが、張校長の話はわかりにくい。意味がわからない。
 2,哲学書は非常に読みにくい。
 3,そのソフトは本当に使いにくい。
 4,あなたのパソコンは直しにくい。

③ 1,宿題が多すぎたので、やっとのことで書き終えた。
 2,あなたの家は本当に探しにくいので、私はやっとのことでようやく探しあてた。
 3,私はやっとのことでこの小説を買えた。

42　限界・最上級

① 1,ロシアは（領土が）一番広いが、中国は人口が一番多い。
 2,私達のクラスでは、李文中さんが一番努力して勉強しており、成績も一番良い。
 3,私達の学校の女子生徒では、丁麗さんが一番綺麗で、彼女が一番ぱっとしない。

② 1,世界の中で、ロシアより大きい国はない。
 2,私達の学校の女子生徒のなかで、丁麗さんより綺麗な人はいない。
 3,私達のクラスでは、李文中さんより努力して勉強している人はいないし、成績も彼より良い人はいない。

③ 1,私が一日に受ける授業はせいぜい四コマだ。
 2,私は一日に少なくとも一度はお風呂に入る。
 3,田君は少なくとも高校には通ったことがある。大学に通ったことがあるかどうかは、私にはわからない。
 4,彼は色々な国に行ったことがある。少なくともフランス、イギリス、ドイツ、イタリアに行ったことがある。
 5,田さんは少なくとも六十歳になった。

6,今は、少なくとも九時半になった。
7,彼は少なくともビールを四本飲んだ。

④ 1,私が食べられるホットドッグは、せいぜい三つだ。
2,毎月丁さんは少なくとも一万元を稼ぐが、私はせいぜい一千元しか稼げない。
3,私は最も遠くなら300メートルまで泳げる。
4,彼は最も高くなら1メートル50まで跳べる。
5,飛行機は最も速くなら一時間に何キロ飛べますか。
6,私は遅くても明日午後四時までには戻る。
7,張さんは遅くても十時には眠る。

⑤ 1,時間は限りがないが、命には限りがある。
2,空間は無限だ。
3,資源は限りがある。

43 対象

① 1,喫煙は体に良くない。
2,林さんは丁先生に「どうもありがとうございました」と言った。
3,天候は果物の生産高に明らかな影響を与える。
4,彼女は私に事実を話していなかった。

② 1,おばあさんは妹のために物語を話す。
2,小林さんは通行人にビラを配る。
3,母は私に玩具を買ってくれた。
4,昨日友達は私に電子メールを送ってくれた。
5,王さんは私にはがきを送ってくれたのではなく、手紙を送ってくれた。
6,私は彼女には電話をかけない。

③ 1,私と一緒に行きましょう。
2,弟はお父さんと同じような背丈になった。
3,A あなたは誰に絵を描くことを学びますか。
 B 私は王先生に学びます。
4,昨日、彼女は私達とは一緒に食事に行かなかった。
5,A あなたはテレビで英語の勉強をするの。
 B 私はテレビでは勉強しない。

④ 1,皆さん、お客様のために心からのサービスをしましょう。
2,私が林さんの家に着いた時、彼らはもう私のために昼ご飯を用意していた。
3,A 君は誰のために働くのだ。
 B 私は、祖国のために仕事をする。

⑤ 1,丁先生は患者に薬の服用方法を説明する。
2,私達はお客様に責任を持たねばならない。
3,世界チャンピオンに敬意を表しよう。

44 手段・方法・条件

① 1,アメリカ人は箸を使わないで食事をする。
2,私はパソコンで手紙を書き、ペンを使わない。
3,私達は英語で話をし、中国語を使わなかった。
4,今日、私は白菜で餃子を作った。味をみて。味はどう。
5,鍵をなくしてしまった。どうやってドアを開けましょうか。

② 1, 丁さんは多くのお金を使って株券を買った。
   2, 林美麗さんは毎日たいそうな時間を使って化粧をする。
   3, 私はテレビを見るのに時間を費やさない。
   4, 新しいパソコンを買うのにお金をいくら使ったの。
   5, 私はチケットを買うのにお金を使わなかった。映画のチケットは友達が私にくれたのだ。
③ 1, 丁麗さんは飛行機で北京に行く。
   2, 彼女は自転車で通学する。
   3, 昨日私は地下鉄で美術館に行ったので、バスに乗ったのではない。
   4, 雪が降る時、私は運転して出勤せずに、タクシーに乗って行く。
④ 1, 私はパソコンを買うお金はあるが、自動車を買うお金はない。
   2, 今日私は（とても）忙しいので、映画を見る時間がない。
   3, 私は丁先生にお尋ねする質問がある。
   4, 彼女が用事であなたを探していたことを、あなたは知っているの。
   5, あなたは日曜日のサッカー試合の入場券を手に入れる方法があるの。

45 存在

① 1, 丁麗さんはどこいるの。
   2, ホテルは駅前にある。まっすぐ行けば、左側だ。
   3, 三毛猫は家にいない、（外へ）出ていった。
   4, 私の自転車はここにはない、あそこにある。
② 1, 教室に誰がいるの。
   2, あなたの学校に体育館はありますか。
   3, 車の中に人がいない。
   4, 机の上に雑誌がある。
③ 1, 机の上に写真が並べてある。
   2, あそこに車と二台の自転車が止めてある。
   3, 壁には広告は張っていないが、三枚のお知らせが張ってある。
   4, 部屋に荷物がいくつかおいてある。
④ 1, 教室に十人の学生が座っており、先生が（一人）立っている。
   2, （川の）岸には猫が寝そべっている。川には魚が何匹か泳いでいる。
   3, 屋外には誰もいない。室内には丁さんと林さんが座っている。
   4, 道路を何人かの人が歩いている。
⑤ 1, 今日、第一ホテルからたくさんのお客が出発したが、またたくさんのお客が訪れた。
   2, あちらから犬が走って来る。こちらから鳥が四羽飛んで行く。
   3, 東側から赤い車が走って来た。
   4, 青山マンションから一世帯が引っ越して行ったが、また一世帯が入居してきた。

46 空間

① 1, 駅は病院から遠いですか。
   2, A公園はここから遠いですか。
      B公園はここから遠くない、とても近い。
   3, 京都は神戸からあまり遠くない、大阪からとても近い。
② 1, 林さんの家は我が家から300メートルの距離だ。
   2, A第一大学はここからどのくらいですか。

B 三、四キロです。
　3, 北京から上海までは千キロあまりの距離だ。
③ 1, 学校から映画館までは一キロの距離だ。
　2, 北京から天津までは 100 キロあまりの距離だ。
　3, お宅から空港まではどのくらいの距離ですか。
④ 1, 私の家からスーパーまで歩いて五分だ。
　2, 東京から札幌まで飛行機でどのくらいかかりますか。
　3, 自転車で図書館から体育館まで三十分かかる。
⑤ 1, マンションは銀行の傍です。まっすぐ歩いて、それから右に曲ればすぐです。
　2, ホテルは駅の傍だ。ずっとまっすぐ歩いて、左側だ。
　3, 山の上の方を見て、山頂にはまだ雪が残っている。
　4, 彼は右へではなく、左の方へ走った。
⑥ 1, 私の部屋は長さが3メートル、幅が4メートルだ。
　2, あのトラックは高さが2.5メートル、幅が8メートルだ。
　3, ノートパソコンは長さが25センチ、幅が18センチ、厚さが3センチだ。
　4, 私達の学校のプールは、長さは60メートルだ、50メートルではない。
⑦ 1, そのケースの体積は 1.8 立方メートルだ。
　2, 九州の面積は何平方キロメートルですか。
　3, 第一大学のグラウンドの面積は6万平方メートルだ、8万平方メートルではない。

47　順番

① 1, 今日学校が終わったら、私はアルバイトに行く。アルバイトの後、家に帰りご飯を食べる。
　2, 立冬の前に、私はオーバーコートを買いたい。
　3, 去年自転車を買ってから、私はずっと自転車で通学している。
　4, バスに乗る前に、まず小銭を用意してください。
② 1, 授業の後、私は先生に（いくつかの）質問をした。
　2, この薬は食前に服用する。その薬は食後に服用する。
　3, 午後四時会議の予定だ。会議の前に、これらの資料を準備してください。
③ 1, 一八八一年以来、ここでは地震がおきたことがない。
　2, 両国が外交関係を結んで以来、経済協力は絶え間なく発展している。
　3, 立冬以来、気候はずっと暖かく、まだ雪が降っていない。
④ 1, 小学生の時、私達は親友だった。
　2, 小学生の時、私達は親友だった。
　3, 昨日買い物をした時、丁麗さんに出会った。
　4, 昨日買い物をした時、私は丁麗さんもスーパーにいるのを見かけた。
　5, 日曜日あなたが図書館に行く時、私に雑誌を借りて来てくれませんか。
　6, 日曜日あなたが図書館に行く時、『火星の故事』があるかどうかみてくれませんか。
　7, 子供の時、僕はよく川で泳いだ。
　8, 暇な時、テレビを見たり、テニスをしたりする。
　9, 昨日、私が彼の家に着いた時、彼は晩ご飯を食べているところだった。
⑤ 1, まず薬を飲み、それからご飯を食べる。
　2, 私は毎日まず散歩してから朝食をとる。
　3, 病院につきました。お降りの方が下りられてからご乗車ください。

⑥ 1, 朝から晩まで、ずっと雪が降っている。
   2, 朝九時から午後四時まで授業を受ける。
   3, 一九九八年から去年まで、第一テレビ会社は50万台のテレビを製造した。
⑦ 1, ちょうど寝ていた時、電話が鳴った。
   2, 食事の最中に、誰かがドアをノックした。
   3, ちょうど食事をしている時、李さんが来た。

48 疑問

① 1, あなたは学生ですか。
   2, テレビを持っていますか。
   3, あなたは唐辛子を食べますか。
   4, 今日は水曜日ですか。
   5, あなたはパソコンを持っていないのですか。
   6, あなたはビールを飲まないのですか。
   7, あなたはサッカーをするのが好きではないのですか。
   8, 暑くないのですか。
② 1, あなたは北京出身ですか。
   2, あなたはガールフレンドがいますか。
   3, 苦瓜を食べますか。
   4, 今日は金曜日ですか。
   5, 今日コーヒーを飲みましたか。
   6, インターネットを利用するのが好きですか。
   7, 寒いですか。
   8, のどが渇いてますか。
   9, 土曜日あなたは休みますか。
③ 1, あなたは北京出身ですか。
   2, 郵便局は銀行の東側にありますか。
   3, あなたはパソコンを持っていますか。
   4, 昨日、あなたは牛乳を飲みましたか。
   5, あなたは泳げますか。
   6, あなたは今日映画を見に行けますか。
   7, あなたはバスケットボールをしたくないですか。
   8, 苦瓜を食べますか。
   9, 今日は金曜日ですか。
   10, インターネットを利用するのが好きですか。
④ 1, あなたは学生ですか、それとも教師ですか。
   2, 明日は土曜日ですか、それとも日曜日ですか。
   3, あなたはコーヒーを飲みますか、それとも紅茶を飲みますか。
   4, 彼女は中国人ですか、それとも日本人ですか。
   5, 来年あなたはどこへ留学に行きますか。アメリカですかそれともイギリスですか。
   6, 明日の天気はどうでしょうか。晴れでしょうかそれとも曇りでしょうか。
   7, あなたはテニスをするのが好きですか、それともバスケットボールをするのが好きですか。
⑤ 1, 誰があなたたちに英語を教えますか。
   2, どれが大きいですか。

3，彼は誰ですか。
　　4，鍵はどこにありますか。
　　5，あなたは何を買いますか。
　　6，あなたはどうして学校にいかないのですか。
　　7，いつあなたは街へ映画を見に行きますか。
　　8，あなたはどうやってインターネットを利用しますか。
　　9，どの辞書があなたのですか。
　　10，どのコートが良いですか（綺麗ですか）。
　　11，どの人が校長先生ですか。
　　12，あなたは自転車を何台持っていますか。
　　13，あなたのクラスには何人の生徒がいますか。
　　14，スイカは一個いくらですか。
　　15，あなたはどのくらいテレビを見ましたか。
　　16，あなたはどのスーパーに行きますか。
　　17，今日は何曜日ですか。今何時ですか。
　　18，昨日の試合はどうでしたか。
　　19，バスがまだこないですね、どうしましょう。
⑥　1，あなたは天津出身ですよね。
　　2，明日雨が降るかもしれませんよね。
　　3，あなたはコーヒーを飲むのが嫌いだよね。
　　4，あなたはまだ結婚していないですよね。
⑦　1，一緒にお酒を飲みに行きましょうか。
　　2，日曜日我が家へ麻雀をしに来ませんか。
　　3，家でタバコを吸わないでよ。（わかった？）

49　蓋然

①　1，天気予報によると、明日は雨か雪らしい。
　　2，日曜日の午前中、私は本を読むか手紙を書く。
　　3，あなたが来るか私が行くか、どちらでもかまいません。
　　4，土曜日か日曜日、李君は我が家に遊びに来る。
　　5，暇の時、私は図書館に行く。新聞か雑誌、或いはグラフ雑誌を見る。
　　6，卒業してから、学校で働いても会社で働いても、どちらもなかなかよろしい。
②　1，丁麗さんは毎日お茶を飲む。緑茶を飲まなければウーロン茶を飲む。
　　2，林さんは最近、身体の具合がよくない。頭痛でなければ咳がでる。
　　3，李さんは三階に住んでいる。303号室でなければ305号室だ。

50　任意・限定・指定

①　1，彼女は大金持ちなので買いたいものは何でも買える。
　　2，このレストランの料理（の種類）はとても多いから、あなたは食べたいものは何でも食べられますよ。
　　3，買い物に行かなくてもいいよ。冷蔵庫にあるもので済ませましょう。
　　4，図書館にはたくさん雑誌があるので、面白いものは何でも見れる。
　　5，あなたが飲むお酒を私も飲みます。
　　6，あの作家が書く小説は何でも人気がでる。
②　1，定年退職した。たくさん時間があるので、行きたい所へ行ける。
　　2，お休みになりました。あなたはどこでも行きたい所へ行きましょう。

3, A 卒業したら、あなたはどこで働きますか。
B エンジニアを必要とする所ならどこでも、私はそこで働きます。
4, 美しい所ならどこでも、私はそこへ旅行に行きます。
5, 人がたくさんいる所ならどこでも、そこがにぎやかだ。
6, あなたが行く所へ私も行きます。
7, 土地の安い所ならどこでも、私はそこで家を買います。

③ 1, 考えたように話す。
2, 前回そこへ行った方法で、今回も行く。
3, 簡単な方法で書く。
4, 私について読んでください。私が読む(朗読する)ように、あなたたちも読みましょう。

④ 1, 時間のある人が行く。
2, 休みたい人が休んでください。
3, 先にゴールに着く人が優勝だ。
4, あなたが好きな人と結婚しましょう。
5, 広い車なら誰のでも、私達はその人の車に乗って行く。

⑤ 1, 暇な時に映画を見に行く。
2, 航空チケットが安い時に海外旅行に行く。
3, 涼しい時にテニスをする。

⑥ 1, 品物が多いスーパーへ行って買い物をする。
2, 綺麗なオーバーならどれでも、私は今日それを着る。
3, 実用的な外国語ならどれでも、私はその外国語を学ぶ。
4, 先にゴールに着く人が優勝だ。
5, 厚い絨毯ならどれでも、その絨毯が暖かい。
6, 張先生が使う辞書をわたしも使う。

51 強調・誇張

① 1, 白さんは実にものぐさだから、仕事を全然しない。
2, 丁麗さんは風邪をひいたので、何も食べたくない。
3, 彼は最近お金がないので、どんな洋服も買わない。
4, 馬君はヘビースモーカーだから、煙草なら何でも吸う。
5, A 冷蔵庫には何もないけど、何を食べるの。
B 何でもいいよ。大したことではないから。

② 1, 日本人の姓名はとても覚え難いから、どうしても覚えられない。
2, 彼は本当に頑固な人だ。いくら説明しても役に立たない。依然として怒ったままだ。
3, 今日の大皿はとても多いから、いくら洗っても洗い終わらない。
4, 日記は自由文だから、どのように書いてもよい。

③ 1, A あなたは何処へ行ったことがありますか。
B わたしは何処へも行ったことがない。
2, A 何処へ行ってご飯を食べるの。
B 何処でもいいよ。
3, すごく寒いので、私は家でテレビを見て、何処へも行かない。

④ 1, あの人はとても有名だから、誰もが知っている。
2, 彼女は絶えずうそをつくので、誰も彼女を信じない。
3, 丁麗さんの性格は実に良いので、誰でも彼女が好きだ。

4,誰も旭川へ行ったことがない。
⑤ 1,あなたは明日いつ来てもよろしい。
　　2,A 私達はいつでかけますか。
　　　B いつでもいいよ。
　　3,今日は如何なる時も暇がない。
⑥ 1,どの雑誌も面白くない。
　　2,どのペンを使ってもよい。
　　3,どの車もなかなか良い。
　　4,A どの料理が美味しいの。
　　　B どれも美味しくない。
　　　C そう。私はどの料理も美味しいと思うけど。
⑦ 1,林さんは魚の骨ですら食べる。
　　2,このことは子供でさえも知っているというのに、あなたは知らないの！
　　3,広州人は蛇ですら食べる。
　　4,現在の携帯電話はカメラの機能ですら内蔵している。
⑧ 1,あなたはリンゴすらも食べたことがないの！
　　2,減量のために、丁麗さんは牛乳ですら飲まない。
　　3,太郎は旅行が好きでないので、東京ですら行ったことがない。
　　4,林さんはイギリスに五年留学した。今日の英語のテストはとても難しかったので、林さんですらわからなかった。
　　5,私は今日非常に忙しいので、水を飲む時間すらない。
⑨ 1,あの人に私は一度も会ったことがない。
　　2,彼は一冊の辞書も持っていない。
　　3,教室には一人もいない。
　　4,テレビゲームを私は一度たりとも遊ばない。

52 逆接

① 1,野菜は栄養が豊富だけれども、妹は食べたくない。
　　2,王君はあまり聡明ではないが、一生懸命勉強しているので、成績はとてもよい。
　　3,夏だが、札幌はとても涼しい。
② 1,英語を話せないが、私はアメリカへ旅行に行きたい。
　　2,昨日雪が降ったけれども、今日はあまり寒くない。
　　3,今日はすごく寒いのに、林美麗さんはミニスカートを穿いている。
③ 1,李君は、背は高くないが、バスケットバールをするのがとてもうまい。
　　2,新車は非常に見た目がいいが、すごく高い。
　　3,馬さんは丁麗さんが好きだが、丁さんは馬さんが好きではない。
　　4,白君は、頭は悪くないが、遊んでばかりいるので、成績がかなり悪い。
　　5,フランスのワインはとても美味しいが、すこし高い。
④ 1,この子は年端はいかないのに、分別がある。
　　2,白さんはたくさんお金を持っているが、非常にけちだ。
　　3,今日の餃子はとても美味しいのに、彼女は食べない。
　　4,この地方は絶えず雨が降るのに、空気はすこし乾燥している。

53 仮定

① 1,お金があれば、新しいパソコンを買う。

2，明日晴れたら、あなたは海へ魚釣りに行きますか。
　3，日曜日時間があれば、私は公園に散歩に行く。
　4，私があなたなら、そこへ旅行に行かない。
② 1，魚を食べるのが好きでないなら、無理に食べなくてもよい。
　2，用事があるなら、行かなくてもよろしい。
　3，誰かが私を訪ねてきたら、十時には帰って来ると伝えてください。
　4，緑茶を飲みたくないなら、紅茶を飲んでください。
③ 1，もしあなたが市長なら、どうしますか。
　2，もし私が市長なら、図書館を新設する。
　3，もし大学院に合格したら、私は辞職します。
④ 1，君がこのスカートを好きなら、あなたにプレゼントしましょう。
　2，雪が降れば、私達は汽車で行く。
　3，フランス語をマスターしたいなら、フランスに留学に行ったほうがよい。
⑤ 1，万一事故がおきたら、すぐ110番に電話をかけて下さい。
　2，万一大雨なら、ドライブに行かないことにする。
　3，私は万一くじに当たったら、あなたに金のネックレスをプレゼントする。

54 並列

① 1，王小美さんは父似で、王小東さんは母似だ。
　2，彼は魚を食べ、私はニワトリを食べる。
　3，午前中数学を勉強し、午後物理を勉強する。
　4，教室で王文中さんは手紙を書いており、丁新林さんは本を読んでいる。
　5，彼らは皆きちんと英語を勉強していない。李さんは宿題をしないし、張さんは録音を聞かない。
② 1，小林さんは中国語を学び、英語を学び、その上フランス語も学ぶ。
　2，私は新聞を読み、雑誌を読み、さらに画報も読む。
　3，林雨山さんはピアノを弾けるし笛も吹ける。その上二胡も弾ける。
③ 1，日曜日洗濯をしたり、掃除をしたり、庭を片付けたりする。
　2，休み中、毎日散歩をしたり、釣りをしたり、テニスをしたりする。
　3，英語の授業の時、単語を暗唱したり、本文を朗読したり、録音を聞いたり、練習したりする。
④ 1，スイカは冷たくてしかも甘い、本当に美味しい。
　2，丁麗さんは賢くてしかも綺麗だ。
　3，あなたの自転車は軽くてしかも速く走れる。
　4，第一病院の看護師さんはやさしいし親切だ。
　5，今日買ったケーキはまずいし高い。
⑤ 1，喫煙はお金をむだにするだけでなく、健康にも害を与える。
　2，田さんは英語を話せるだけではなく、フランス語も話せる。
　3，丁麗さんは歌を歌うのが好きなだけでなく、ダンスを踊るのも好きだ。
　4，保健室には彼女一人しかいないので、彼女は医師として、そして看護師としても働く。
⑥ 1，夏休み私は北海道へ旅行に行く予定だ。北海道は美しいし、そして非常に涼しいから。
　2，明日私の家に来てください。一つには、田さんたちも来るし、二つには、母が餃子を作るから。
　3，このセーターを買いたくない。一つには、色は良くないし、二つには、すこし長いし、

三つにはちょっと高いから。
4，私達は船で行きましょう。一つには、景色が眺められるし、二つには、安いですから。

⑦ 1，大学を卒業した。私は早く仕事場に入りたい一方で、大学を離れたくない（気持ちもある）。
2，栄養をとる一方で、減量にも注意しましょう。

55 累加

① 1，丁麗さんは美しいだけでなく、モダンだ。
2，この店の料理は美味しいだけでなく、安い。
3，豆腐は美味しいだけでなく、栄養がある。
4，中国語を学習することは、役に立つだけでなく面白い。

② 1，李冬さんはスキーが滑れるだけでなく、滑るのがとても上手だ。
2，童雨山さんは音楽を聞くのが好きなだけでなく、ピアノも弾ける。
3，肖梅さんはケーキを食べるのが好きなだけでなく、作ることもできる。
4，馬くんは毎日タバコを吸うだけでなく、よくお酒も飲む。とても身体に不注意だ。
5，喫煙は個人の健康に害を与えるだけでなく、公共の環境をも汚染する。
6，林さんは英語を話せるだけでなく、フランス語とスペイン語も話せる。

③ 1，林さんはアメリカに行ったことがあるし、カナダにも行ったことがある。
2，丁さんは日本語を話せるだけでなく、ドイツ語も話せる。
3，彼はビールを飲むのが好きなだけでなく、蒸留酒を飲むのも好きだ。

④ 1，今日のおかずはかなり辛いのに、彼は文句を言わないばかりか、かえって美味しいと言った。
2，私は寒いと思わないだけでなく、かえって熱いと感じる。
3，弟は教室を掃除して服を汚した。お母さんは彼をしからなかっただけでなく、かえって彼をほめた。

56 原因・理由

① 1，タバコを吸いすぎたため、馬君は病気になった。
2，すごく忙しいので、私は一ヶ月あまり家に戻っていない。
3，彼は減量を決めてから、肉も魚も食べなくなった。
4，今日すごく寒いので、みんなコートを着ている。

② 1，林さんは丁麗さんが好きなので、よく彼女にプレゼントをする。
2，彼は新しいパソコンを買いたいので、一生懸命アルバイトをする。
3，牛肉は高かったので買わなかったが、鶏肉を買った。

③ 1，丁麗さんはお酒を飲むと顔が真っ赤になり、怒ると顔が蒼白になる。
2，私はスイカと相性がよくない。スイカを食べるとお腹が痛くなる。
3，彼女は試験場に入ると緊張する。
4，馬さんは怒ると、死に物狂いで酒を飲む。

④ 1，今日天気が良くないので、私は花見に行かないことにした。
2，王さんはイギリスに三年留学したから、英語がすごくうまい。
3，田中さんは中国語を学ぶことは将来性があると考え、中国へ留学に行くことを決意した。

⑤ 1，雪のため、試合は延期された。
2，自転車が故障したので、私は今日歩いて学校に来た。
3，弟は彼のカメラを壊したので、彼はすごく怒った。

⑥ 1, 彼は今日の新聞を読みたかったので、図書館に行った。
　 2, 王小麗さんは財布にお金がなくなったので、銀行にお金をおろしに行く。
⑦ 1, 林さんが非常にがっかりしたのは、丁麗さんが彼を好きでないからだ。
　 2, 大東さんがよく中国人とおしゃべりをするのは、彼女が中国語を上手に話したいからだ。
　 3, 張さんがお母さんに薬を送ったのは、お母さんが最近身体の具合があまり良くないからだ。
　 4, 王さんが今日たくさん食べたのは、お腹がすごく空いたからだ。
⑧ 1, 彼が今日来なかったのも無理もない、病気だったのだから。
　 2, 彼女の話す英語があんなにも上手なのも無理もない、彼女はイギリス人だから。
　 3, 最近白さんを見かけなかったのも無理もない、彼は上海へ出張に行ったのだから。
⑨ 1, 試験が不合格だったのだから、なるほど彼の気分は最悪なはずだ。
　 2, 彼女は風邪をひいたから、なるほどオーバーコートを着ているはずだ。
　 3, 彼女は中国人だから、なるほど中国語を話すのがあんなにも流暢なはずだ。
　 4, 林さんは丁麗さんが好きだから、なるほど絶えず彼女にプレゼントするはずだ。

57　条件

① 1, 絶えずタイプを練習してはじめて、速く（タイプを）打つことができるようになる。
　 2, 自動車学校に通ってはじめて、運転免許書を取得できる。
　 3, 努力して勉強してこそはじめて、良い成績を獲得できる。
　 4, 絶えず英語を話してこそはじめて、英会話をマスターできる。
　 5, あなたが正午に（そこへ）着いてはじめて、林部長に会うことができる。
② 1, 彼女が言うには、中国に留学しさえすれば、きっと中国語をマスターできる。
　 2, よく休み、薬を飲みさえすれば、風邪はよくなる。
　 3, きちんと検査さえすれば、ミスをなくせるはずだ。
③ 1, このボタンを押せば、明かりはつく。
　 2, 雪が降ったので、寒くなった。
　 3, あなたは早く禁煙しましょう。禁煙すれば、体はだんだん良くなりますよ。
　 4, あなたはお酒を飲まなければ、胃病が治ります。
　 5, あなたが彼女に電話をかければ、彼女は来る（と思う）。
④ 1, 刺身は新鮮なら新鮮なほど美味しい。
　 2, 都市（規模）が大きければ大きいほど人口も多い。
　 3, 鍛えれば鍛えるほど、身体は良くなる。
　 4, 勉強すればするほど、知識が豊富になる。
　 5, 本を読めば読むほど、自分が無知だとわかる。
　 6, A 商品は、（値段が）高ければ高いほど品質がよくなりますか。
　　　B そうとも言えない。

58　目的

① 1, 海外旅行に行くために、李君は毎日アルバイトをする。
　 2, 減量のために、白さんは毎日泳ぐ。
　 3, A あなたはなぜ一生懸命勉強するのですか。
　　　B 有名な大学に進学するために、私は一生懸命勉強する。
　 4, 環境を保護するために、公共交通機関を発展させなければならない。
② 1, 李君が毎日アルバイトをするのは、海外旅行に行くためだ。

2,白さんが毎日泳ぐのは、減量のためだ。
3,丁麗さんがよく東京に行くのは綺麗な服を買うためだ。
4,イギリスに留学に行くのは、英会話をマスターするためだ。
5,李さんがタバコも吸わないし、お酒も飲まないのは、健康を維持するためだ。

③ 1,呉梅さんは車を運転して郊外へドライブに行く。
2,A 林海さんは何のために京都に来るのですか。
B 彼は京都へ展覧会を見に来るのです。
3,王さんはバス停に行って、バスに乗って、会社に出勤する。

59 譲歩・妥協

① 1,家で用事があるなら、さきに帰って下さい。
2,子どもがスイカを食べたがっているから、買いましょう。
3,彼女が大学に入りたくないなら、彼女に受験させなくてよい。

② 1,雨が降ったら、花見には行かないことにする。
2,あなたは風邪をひいたから、ゆっくり休みましょう。
3,李君は西洋料理が好きでないなら、私達は中華料理を食べましょう。

③ 1,雪が降ったとしても、私は車を運転してドライブに行く。
2,たとえ寒くて震えたとしても、林美麗さんはスカートをはく。
3,部長が取りなしても、私は彼を注意する。
4,たとえ優勝できなくても、ゴールまで走りとげる。

④ 1,このスカートはとても綺麗なので、どんなに高くても買う。
2,雪がどんなに激しく降っても、車を運転して山へスキーに行く。
3,あのオーバーコートは見た目がよくないので、どんなに安くても買わない。
4,新幹線がどんなに速くても飛行機より速いことはない。

⑤ 1,何がなんでも、私は来年留学に行く。
2,何がなんでも、あなたはここで駐車してはいけない。
3,何がなんでも、今日は西洋料理を食べない。
4,何がなんでも、あなたは出張に行かないといけない。

60 範囲

① 1,王さんは蒸留酒だけで、ほかのお酒を飲まない。
2,私は北京と上海には行ったことがあるが、ほかの都市には行ったことがない。
3,林君はスキーを学んだことはあるが、スケートは学んだことがない。
4,私は中国語しか話せない。
5,彼は菜食主義者なので、野菜と果物だけは食べるが、肉や魚は絶対食べない。

② 1,教室では田中さん一人だけが日本人だ。
2,私達は皆北京出身で、彼女だけが上海出身だ。
3,日本人だけが和服を着る。
4,中国にだけ野生のパンダが生息している。

③ 1,病気の人は一人もいない。すべての学生がとても元気だ。
2,すべての大皿を洗ってきれいにした。
3,私はすべての資料を読んだ。

④ 1,ご飯はすべて食べ終えた。
2,全員がそろいましたから、会議を始めましょう。
3,囲碁クラブのメンバーは全員男子学生だ。

    4，リンゴはすべて赤くなった。
⑤ 1，童南雲さん以外、クラス全員がそろった。
    2，白さん以外、皆努力して仕事をする。
    3，田さん以外、彼らは皆献血した。
    4，彼以外、私達は誰も沖縄に行ったことがない。
    5，王鉄さん以外、全員女子生徒だ。
⑥ 1，林さんはお酒を飲むのが好きだ。ビールの他に、焼酎も蒸留酒も好きだ。
    2，田さんはお茶を飲むのが好きだ。緑茶の他に、紅茶もウーロン茶も好きだ。
    3，今回の旅行で私達は色々な所へ行った。京都と大阪の他に、奈良や神戸にも行った。
⑦ 1，教室の中の学生は、日本人もいれば中国人もいる。
    2，今日の料理は、美味しいものもあれば、美味しくないものもある。
    3，東京へ行く人もいれば、京都へ行く人もいる。
    4，公園には大勢の子供がいる。走っている子もいれば、飛び跳ねている子もいるし、水を飲んでいる子もいる。
⑧ 1，王さんと林君はご飯を食べ、その他三人は餃子を食べる。
    2，私達は東京だけで、他の所へは行かなかった。
    3，テニスクラブには八人の人がいる。私以外、他の人は皆一年生だ。
    4，李君、他のテキストは買ったの。
    5，他の料理はとても美味しい。

61 取捨

① 1，コーヒーを飲むより、紅茶を飲む方がよい。
    2，(あなたは)アメリカへ留学に行くより、イギリスへ行くほうがよい。
    3，ここでタクシーを待つより、地下鉄に乗るほうがよい。
    4，このようにするより、あのようにする方がよい。
    5，あの展覧会はとても有名なので、映画を見に行くより、展覧会を見に行くほうがよい。
② 1，私は今日寝なくても、報告書を書き上げる。
    2，A 今日はバスがもうないので、あなたは明日改めてそこへ行ったら。
      B 私は歩いてでも、今日そこまで行く。
③ 1，私はご飯を食べなくても、納豆を食べるようなことはしない。
    2，蒸留酒は強すぎるので、お酒を飲めなくても、蒸留酒だけは飲まない。
    3，林美麗さんは寒くて身震いしても、オーバーコートは着ない。

キーワード索引

数字は**各表現の番号**を示したものです。

A
爱 ài 22,23
爱好 àihào 23

B
吧 ba 40
把 bǎ 21
被 bèi 36
比 bǐ 4
变 biàn 8
遍 biàn 17
边…边… biān...biān... 14
变得 biànde 8
别 bié 28
必须 bìxū 28
不 bù 7,26,48
不可以 bù kěyǐ 27
不能 bù néng 27
不必 búbì 28
不比 búbǐ 4
不但 búdàn 55
不过 búguò 52
不好 bùhǎo 41
不仅 bùjǐn 55
不了 bùliǎo 26
不如 bùrú 4
不难 bùnán 41
不容易 bùróngyì 41
不是 búshì 1
不是…而是 búshì...érshì 1
不是…就是 búshì...jiùshì 49
不许 bùxǔ 27
不要 búyào 28
不应当 bùyīngdāng 28
不应该 bùyīnggāi 28
不用 búyòng 28

C
长 cháng 46
朝 cháo 46
出 chū 19
除了…都 chúle...dōu 60
除了…还 chúle...hái 60
次 cì 17
从…到 cóng...dào 46
从不 cóngbù 7
错 cuò 20

D
大概 dàgài 31
但是 dànshì 52
到 dào 20
打算 dǎsuàn 24
得 de 3,26,28
得多 deduō 4
的时候 de shíhou 47
得很 dehěn 3
的话 dehuà 53
得 děi 28
得了 deliǎo 26
都 dōu 51,60
对 duì 43
对不对 duìbúduì 48
多半 duōbàn 31
多了 duōle 4
多少 duōshǎo 48

E
而且 érqiě 55

F
反而 fǎnér 55
非常 fēicháng 3
分钟 fēnzhōng 16

G
感兴趣 gǎnxìngqu 23
高 gāo 46
给 gěi 36,38,43

跟	gēn	43	禁止 jìnzhǐ	27
更	gèng	4	既然 jìrán	59
怪不得	guàibude	56	即使 jíshǐ	59
过	guò	11,19	就 jiù	53,57,59
过了	guòle	9	就要 jiùyào	12
			既…又 jì...yòu	54

H

觉得 juéde	29,30,31	
还 hái	4,55	决定 juédìng	33
还是 háishì	48	绝对 juéduì	33
还 huán	54	决心 juéxīn	33
好 hǎo	20,29,41	据说 jùshuō	32
好不好 hǎobuhao	40,48		

K

好不容易才 hǎoburóngyìcái	41	
好吗 hǎoma	39	看来 kànlái	31
好容易才 hǎoróngyìcái	41	肯定 kěndìng	31
好像 hǎoxiàng	31	可能 kěnéng	31
和…一样 hé...yíyàng	5	可是 kěshì	52
和…差不多一样		可以 kěyǐ	27
hé...chābuduō yíyàng	5	可以吗 kěyǐ ma	39
恨 hèn	22	恐怕 kǒngpà	31
很 hěn	3	快…了 kuài...le	12
后 hòu	47	快要 kuàiyào	12
厚 hòu	46	宽 kuān	46
花 huā	44		

L

回 huí	19	
会 huì	26,31	来 lái	19,45
或者 huòzhě	49	劳驾 láojià	39
		了 le	8,9,10

J

离 lí	46	
几 jǐ	48	连…都 lián...dōu	51
见 jiàn	20	连…也 lián...yě	51
将 jiāng	12	令 lìng	35
叫 jiào	36		

M

假如 jiǎrú	53	
借 jiè	38	吗 ma	48
借给 jiègěi	38	没 méi	10,48
接着 jiēzhe	18	没…着 méi...zhe	15
计划 jìhuà	24	没办法 méi bànfa	34
极了 jíle	3	没必要 méi bìyào	28
进 jìn	19	没…过 méi...guo	11
经常 jīngcháng	7	没听说 méi tīngshuō	32
尽管 jǐnguǎn	52	没有 méiyou	2,4,44

没有…比 méiyou...bǐ 42
梦想 mèngxiǎng 25
面积 miànjī 46

N

哪 nǎ 48,50
难 nán 29,41
哪儿 nǎr 48,50
呢 ne 13,15
能 néng 26
年 nián 16
宁可…也要 níngkě...yě yào 61
宁肯…也不 níngkěn...yě bù 61

P

派 pài 35

Q

起 qǐ 19
请 qǐng 35,39
其他 qítā 60
去 qù 19
全都 quándōu 60
却 què 52

R

让 ràng 35,36
然后 ránhòu 18
然而 rán'ér 52
认为 rènwéi 30
容易 róngyi 41
如果 rúguǒ 52

S

上 shàng 19
什么 shénme 48,50
什么时候 shénme shíhou 48,50
是 shì 1
使 shǐ 35
是…的 shì...de 1,2,10
是不是 shìbushi 48
受 shòu 37

嗜好 shìhào 23
受到 shòudào 37
谁 shuí/shéi 48,50
说不定 shuōbudìng 31
送 sòng 38
送给 sònggěi 38
虽然 suīran 52
所以 suǒyǐ 56
所有 suǒyǒu 60

T

太 tài 3
讨厌 tǎoyàn 22
天 tiān 16
体积 tǐjī 46
听起来 tīngqǐlái 31
听说 tīngshuō 31,32

W

完 wán 20
晚 wǎn 20
往 wǎng 46
完了 wánle 9
万一 wànyi 53
为 wèi 43
为的是 wèideshì 58
为了 wèile 58
为什么 wèishénme 48
无论如何 wúlùn-rúhé 59

X

下 xià 19
先 xiān 47
向 xiàng 43
想 xiǎng 25,30,31
像…一样 xiàng...yíyàng 6
小时 xiǎoshí 16
喜欢 xǐhuan 22,23
星期 xīngqī 16
希望 xīwàng 25
需要 xūyào 28

Y

要	yào	12,25,28
要是	yàoshì	53
也	yě	51,54
也许	yěxǔ	31
一…就	yī…jiù	18,56
一边…一边…	yìbiān…yìbiān…	14
一定	yídìng	33
以后	yǐhòu	47
以来	yǐlái	47
一来…二来	yìlái…èrlái	54
因此	yīncǐ	56
应当	yīngdāng	28
应该	yīnggāi	28,31,40
因为	yīnwèi	56
以前	yǐqián	47
一样	yíyàng	5
用	yòng	44
拥有	yōngyǒu	2
又	yòu	17
有	yǒu	2,44,45
有必要	yǒu bìyào	28
有…那么	yǒu…nàme	5
又…又	yòu…yòu	54
有点儿	yǒudiǎnr	3
有兴趣	yǒuxìngqu	23
由于	yóuyú	56
于是	yúshì	56
原来	yuánlái	56
愿意	yuànyì	25
月	yuè	16
越…越	yuè…yuè	57
越来越	yuèláiyuè	8
与其…不如	yǔqí…bùrú	61

Z

再	zài	17
在	zài	13,45
再…也要	zài…yěyào	59
早	zǎo	20
怎么	zěnme	48,50
怎么样	zěnmeyàng	48
着	zháo	20
着	zhe	15,20,45
着…着	zhe…zhe	14
正	zhèng	13
正要	zhèngyào	12
正在	zhèngzài	13,47
只	zhǐ	60
只得	zhǐdé	34
只好	zhǐhǎo	34
至少	zhìshǎo	42
只要	zhǐyào	57
只有	zhǐyǒu	57,60
住	zhù	20
准备	zhǔnbèi	24
走	zǒu	45
最	zuì	42
最多	zuìduō	42
最好	zuìhǎo	40
最少	zuìshǎo	42

索引

数字は**各表現の番号**を示したものです。

A

阿拉斯加	Ālāsījiā	2
按	àn	57
按钮	ànniǔ	57
奥林匹克	Àolínpǐkè	12

B

把	bǎ	21
摆	bǎi	45
白酒	báijiǔ	練習5,6
班	bān	42
搬	bān	45
办法	bànfǎ	44
帮助	bāngzhù	38
保护	bǎohù	58
包子	bāozi	1
背	bèi	54
北极光	běijíguāng	練習60,61
北京烤鸭	Běijīng kǎoyā	11
杯子	bēizi	36
笨	bèn	52
笔	bǐ	28
遍	biàn	11
表扬	biǎoyáng	37
别	bié	21,28
别的	biéde	60
别人	biéren	22
比较	bǐjiào	30
笔记本电脑	bǐjìběn-diànnǎo	46
比赛	bǐsài	8
毕业	bìyè	32
博物馆	bówùguǎn	練習26,27
不	bù	7
部	bù	17
不必	búbì	28
补充	bǔchōng	54
不断	búduàn	47
不过	búguò	29

不见	bújiàn	練習48,49
不要	búyào	28
不应当	bùyīngdāng	28
不应该	bùyīnggāi	28
不用	búyòng	28

C

操场	cāochǎng	46
差不多	chàbuduō	練習37,38
尝	cháng	44
产量	chǎnliàng	43
炒	chǎo	21
城里	chénglǐ	練習54,55
城市	chéngshì	57
成熟	chéngshú	練習8,9
成为	chéngwéi	12
迟	chí	42
迟到	chídào	練習35,36
出	chū	19
船	chuán	11
窗户	chuānghu	練習39,40
出差	chūchāi	10
吹	chuī	54
除了	chúle	60
出示	chūshì	39
出院	chūyuàn	32
次	cì	17
辞职	cízhí	37
从不	cóngbù	7
从来	cónglái	11
聪明	cōngming	4
错	cuò	20
错儿	cuòr	30

D

打	dǎ	14
打工	dǎgōng	7
打官司	dǎguānsī	14
打开	dǎkāi	44
当	dāng	54
蛋糕	dàngāo	25
大鸟	dàniǎo	26

但是 dànshì	22
到 dào	20,50
岛屿 dǎoyǔ	2
打破 dǎpò	36
打扫 dǎsǎo	9
打算 dǎsuàn	24
得 dé	59
得很 dehěn	3
得 děi	28
德语 Déyǔ	5
电视剧 diànshìjù	13
电影院 diànyǐngyuàn	練習16,17
电子邮件 diànzǐ-yóujiàn	43
电子游戏 diànzǐ-yóuxì	13
掉 diào	19,21
钓鱼 diàoyú	練習22,23
敌人 dírén	22
笛子 dízi	54
懂 dǒng	26
动画片 dònghuàpiān	23
懂事 dǒngshì	52
都 dōu	60
兜风 dōufēng	18
读 dú	50
肚子 dùzi	56
锻炼 duànliàn	57
短裙 duǎnqún	52
赌博 dǔbó	練習28
多半 duōbàn	31

E

饿 è	56
俄罗斯 Éluósī	2
儿子 érzi	17

F

发 fā	43
发抖 fādǒu	59
方便面 fāngbiànmiàn	34
放假 fàngjià	33
翻译 fānyì	練習33,34
发生 fāshēng	11,47

发型 fǎxíng	5
法语 Fǎyǔ	練習29,30
飞 fēi	7
飞机票 fēijīpiào	50
份 fèn	練習9,10
封 fēng	10
分公司 fēngōngsī	練習24,25
复习 fùxí	28
负责 fùzé	43

G

干 gàn	25
刚才 gāngcái	10
钢琴 gāngqín	54
干燥 gānzào	52
告诉 gàosu	21
给 gěi	25
歌剧 gējù	23
个子 gèzi	3
鸽 gē	19
工厂 gōngchǎng	2
工程师 gōngchéngshī	50
供电局 gōngdiànjú	練習52,53
公里 gōnglǐ	46
功能 gōngnéng	51
公司 gōngsī	2
工学院 gōngxuéyuàn	練習1,2
公寓 gōngyù	45
工作需要 gōngzuòxūyào	34
狗 gǒu	7
刮 guā	8
刮风 guāfēng	21
拐 guǎi	46
广告 guǎnggào	43
光盘 guāngpán	20
关门 guānmén	12
顾客 gùkè	43
贵宾 guìbīn	27
过 guò	19
国土 guótǔ	練習1,2
股票 gǔpiào	2
骨头 gútou	51

固执 gùzhí	......	51

H

还 hái	......	60
好 hǎo	......	21,29
好好 hǎohāo	......	28
好喝 hǎohē	......	3
好看 hǎokàn	......	3
好像 hǎoxiàng	......	31
河 hé	......	47
黑 hēi	......	15
候车室 hòuchēshì	......	27
后天 hòutiān	......	12
画报 huàbào	......	49
画画儿 huàhuàr	......	43
坏 huài	......	10
坏了 huàile	......	3
怀孕 huáiyùn	......	34
花猫 huāmāo	......	45
还给 huángěi	......	21
环境 huánjìng	......	58
画儿 huàr	......	15
花完 huāwán	......	36
滑雪 huáxuě	......	11
回 huí	......	19
灰 huī	......	19
护士 hùshi	......	1
护照 hùzhào	......	19

J

鸡 jī	......	54
记 jì	......	51
家 jiā	......	2
加班 jiābān	......	3
家常豆腐 jiāchángdòufu	......	5
见 jiàn	......	20
件 jiàn	......	5
加拿大 Jiānádà	......	2
检查 jiǎnchá	......	40,57
间谍 jiāndié	......	43
减肥 jiǎnféi	......	56
讲故事 jiǎnggùshi	......	43
奖金 jiǎngjīn	......	35
奖励 jiǎnglì	......	37
讲演 jiǎngyǎn	......	35
建交 jiànjiāo	......	47
叫 jiào	......	7
假期 jiàqī	......	24
价钱 jiàqián	......	5
驾驶执照 jiàshǐzhízhào	......	57
加油 jiāyóu	......	28
鸡蛋 jīdàn	......	10
节 jié	......	42
解渴 jiěkě	......	4
借钱 jièqián	......	練習60,61
解释 jiěshì	......	51
戒烟 jièyān	......	33
接着 jiēzhe	......	18
借走 jièzǒu	......	36
及格 jígé	......	56
计划 jìhuà	......	24
季节 jìjié	......	1
极了 jíle	......	3
进 jìn	......	19
进口 jìnkǒu	......	1
经常 jīngcháng	......	7
金融 jīnróng	......	練習48,49
谨慎 jǐnshèn	......	8
进一步 jìnyíbù	......	28
旧 jiù	......	練習24,25
酒后 jiǔhòu	......	27
集邮 jíyóu	......	23
举办 jǔbàn	......	12
觉得 juéde	......	29
俱乐部 jùlèbù	......	25

K

卡车 kǎchē	......	41
开 kāi	......	12,13,16,17,26
开办 kāibàn	......	24
开车 kāichē	......	練習1,2
开会 kāihuì	......	28
开门 kāimén	......	12
开心 kāixīn	......	14

看 kàn	17
看病 kànbìng	27
看不惯 kànbuguàn	26
看不起 kànbuqǐ	26
看到 kàndào	25
考 kǎo	59
考场 kǎochǎng	56
考上 kǎoshàng	25
考试 kǎoshì	13
棵 kē	5
可靠 kěkào	38
可乐 kělè	練習5,6
肯定 kěndìng	31
可能 kěnéng	31
课文 kèwén	18
恐怕 kǒngpà	31
空儿 kòngr	50
哭 kū	17
块 kuài	練習35,36
快点儿 kuàidiǎnr	39
筷子 kuàizi	44
夸奖 kuājiang	37
宽 kuān	46
旷课 kuàngkè	27
苦瓜 kǔguā	33

L

拉 lā	54
来 lái	19
懒 lǎn	51
浪费 làngfèi	54
劳动 láodòng	7
劳驾 láojià	39
了 le	10
累 lèi	3
脸 liǎn	15
连环画 liánhuánhuà	6
亮 liàng	15
辆 liàng	2
凉快 liángkuài	50
脸色 liǎnsè	40
立方米 lìfāngmǐ	46

厉害 lìhai	61
离开 líkāi	54
零花钱 línghuāqián	38
零钱 língqián	47
流利 liúlì	3
礼物 lǐwù	38
楼 lóu	19
录音 lùyīn	18

M

慢慢 mànmān	15
毛 máo	1
毛衣 máoyī	1
麻雀 máquè	4
马上 mǎshàng	18
没 méi	10
没必要 méibìyào	28
美丽 měilì	3
煤炭 méitàn	28
门 mén	28
米 mǐ	練習3,4
面积 miànjī	42
勉强 miǎnqiáng	52
名牌 míngpái	58
名片 míngpiàn	38
明显 míngxiǎn	43
明星 míngxīng	25
明信片 míngxìnpiàn	19
秘书 mìshū	39

N

那么 nàme	56
年纪 niánjì	8
年轻 niánqīng	10
鸟 niǎo	7
弄坏 nònghuài	56
暖和 nuǎnhuo	8
暖气 nuǎnqì	10
女儿 nǚ'ér	6

P

盘子 pánzi	51

315

跑 pǎo	16	
跑步 pǎobù	7	
跑到 pǎodào	59	
佩服 pèifu	35	
碰见 pèngjiàn	47	
烹调 pēngtiáo	練習22,23	
票 piào	44	
平方公里 píngfānggōnglǐ	46	
平路 pínglù	練習41,42	
平时 píngshí	4	
拼命 pīnmìng	56	
葡萄酒 pútaojiǔ	練習22,23	

Q

起 qǐ	19
钱包 qiánbāo	2
墙 qiáng	15
敲门 qiāomén	13
起飞 qǐfēi	8
清楚 qīngchu	13
情书 qíngshū	36
轻松 qīngsōng	4
晴天 qíngtiān	25
情绪 qíngxù	56
穷 qióng	練習50,51
穷人 qióngrén	26
秋天 qiūtiān	8
汽油 qìyóu	28
去 qù	19
全都 quándōu	60
裙子 qúnzi	3

R

然后 ránhòu	練習9,10
热狗 règǒu	26
热闹 rènao	50
扔 rēng	21,36
认真 rènzhēn	57
热情 rèqíng	43
热水 rèshuǐ	練習43,44
日子 rìzi	練習41,42
软件 ruǎnjiàn	41

入内 rùnèi	27

S

嗓子 sǎngzi	26
山顶 shāndǐng	46
山路 shānlù	練習41,42
上 shàng	47
上车 shàngchē	18
上岛 shàngdǎo	練習56,57
上大学 shàngdàxué	8
上街 shàngjiē	10
上网 shàngwǎng	17
上衣 shàngyī	13
杉树 shānshù	4
烧酒 shāojiǔ	26
蛇 shé	51
设计师 shèjìshī	25
剩 shèng	21
生产 shēngchǎn	47
生气 shēngqì	51
生日蛋糕 shēngrìdàngāo	38
生鱼片 shēngyúpiàn	57
时髦 shímáo	55
是…的 shì...de	10
失败 shībài	17
嗜好 shìhào	23
实话 shíhuà	43
受欢迎 shòuhuānyíng	37
售票员 shòupiàoyuán	47
收音机 shōuyīnjī	13
束 shù	38
刷牙 shuāyá	17
蔬菜 shūcài	25
书法 shūfǎ	16
睡觉 shuìjiào	8
暑假 shǔjià	24
说 shuō	7
说不定 shuōbudìng	31
说话 shuōhuà	26
说情 shuōqíng	59
树叶 shùyè	8
属于 shǔyú	2

死了 sǐle	3	
松树 sōngshù	4	
损害 sǔnhài	54	
锁 suǒ	21	
锁门 suǒmén	28	
所有 suǒyǒu	60	
素食主义者 sùshí-zhǔyìzhě	60	

T

太空 tàikōng	25
弹 tán	54
烫 tàng	8
躺 tǎng	15
探视 tànshì	28
贪玩儿 tānwánr	52
毯子 tǎnzi	51
疼 téng	26
条 tiáo	25,50
跳 tiào	3
体积 tǐjī	46
停 tíng	8
听 tīng	7
听懂 tīngdǒng	17
踢足球 tīzúqiú	4
通知 tōngzhī	45
偷 tōu	21
头疼 tóuténg	8
退休 tuìxiū	24

W

完 wán	20,26
晚 wǎn	20
晚点 wǎndiǎn	32
晚饭 wǎnfàn	47
网球 wǎnqiú	5
玩火 wánhuǒ	39
玩具火车 wánjùhuǒchē	25
玩具汽车 wánjùqìchē	25
玩儿 wánr	13
味道 wèidao	22
卫生室 wèishēngshì	54
胃疼 wèiténg	練習29,30
蚊子 wénzi	22
窝 wō	19
乌龟 wūguī	4
污染 wūrǎn	55
无所谓 wúsuǒwèi	51
无知 wúzhī	57

X

系 xì	2
下 xià	15,19,47
下班 xiàbān	18
咸 xián	練習3,4
像 xiàng	54
响 xiǎng	13
想 xiǎng	17,31
相机 xiàngjī	56
香蕉 xiāngjiāo	練習50,51
项链 xiàngliàn	53
香烟 xiāngyān	22
小鸟 xiǎoniǎo	26
小气 xiǎoqì	52
小事 xiǎoshì	28
小偷 xiǎotōu	21
校张 xiàozhǎng	17
西班牙语 Xībānyáyǔ	55
西餐 xīcān	59
行 xíng	52
新干线 xīngànxiàn	練習11,12
行李 xíngli	45
兴趣 xìngqù	23
行人 xíngrén	43
洗手间 xǐshǒujiān	17
休息 xiūxi	11
学好 xuéhǎo	52
学会 xuéhuì	26
雪橇 xuěqiāo	練習54,55
血型 xuèxíng	5
学院 xuéyuàn	2
需要 xūyào	28

Y

烟鬼 yānguǐ	51

样子 yàngzi	練習52,53	在意 zàiyì	28
眼睛 yǎnjing	練習13-15	脏 zāng	3
研究生 yánjiūshēng	14,53	攒钱 zǎnqián	15
演员 yǎnyuán	5	早 zǎo	20
燕子 yànzi	6	早上 zǎoshang	練習7,8
药 yào	9	噪音 zàoyīn	22
要 yào	28	责任 zérèn	30
药物 yàowù	43	长 zhǎng	5
也许 yěxǔ	21	张 zhāng	15
一 yī	18	展览 zhǎnlǎn	18
一半 yíbàn	2	着 zháo	20
异常 yìcháng	練習29,30	找 zhǎo	13
意大利 Yìdàlì	42	着急 zhāojí	28
应当 yīngdāng	28	照片 zhàopiàn	38
应该 yīnggāi	28,31	照相 zhàoxiàng	練習26,27
英国 Yīngguó	4	着 zhe	14
樱花 yīnghuā	17	挣 zhèng	42
营养 yíngyǎng	54	蒸 zhēng	1
阴天 yīntiān	1	整理 zhěnglǐ	41
艺术 yìshu	練習52,53	只 zhǐ	22,60
一直 yìzhí	21,練習45-47	支 zhī	練習26,27
用 yòng	44	致敬 zhìjìng	43
拥有 yōngyǒu	2	质量 zhìliàng	57
又 yòu	17	知识 zhīshí	57
有必要 yǒubìyào	28	执照 zhízhào	練習28・57
有点儿 yǒudiǎnr	3	重 zhòng	32
邮递员 yóudìyuán	17	中彩 zhòngcǎi	53
游乐园 yóulèyuán	15	中餐 zhōngcān	59
有事 yǒushì	練習7,8	终点 zhōngdiǎn	50
有用 yǒuyòng	50	重视 zhòngshì	37
游泳池 yóuyǒngchí	46	住 zhù	20
元 yuán	1	煮 zhǔ	1
圆 yuán	1	专业 zhuānyè	5
原来 yuánlái	22	准备 zhǔnbèi	43
院子 yuànzi	54	准时 zhǔnshí	12
越来越 yuèláiyuè	8	住院 zhùyuàn	17
运动会 yùndònghuì	12	字 zì	17
浴室 yùshì	12	自家车 zìjiāchē	41
		资料 zīliào	練習28
Z		走 zǒu	10
再 zài	17	走红 zǒuhóng	50
灾区 zāiqū	28	坐 zuò	4

作业　zuòyè 9
足球　zúqiú 25

著者略歴

蘇　氷　Su Bing
中国社会科学院大学院博士課程修了、文学博士。1998年来日。
現在、北海道文教大学大学院教授。
www.do-bunkyodai.ac.jp/~sb2k

山内 智恵美　Yamauchi Chiemi
中国西北大学大学院博士課程修了、文学博士。
現在、北海道文教大学大学院助教授。
www.do-bunkyodai.ac.jp/~chiemik

中国語表現法マニュアル

2009. 7. 1　3版発行
2005. 5. 20　初版第1刷発行

発行者　井　田　洋　二

発行所　株式会社　駿河台出版社
〒101-0062 東京都千代田区神田駿河台3の7
電話　03(3291)1676　FAX　03 (3291) 1675
振替　00190-3-56669
製版　欧友社／印刷・製本　三友印刷

ISBN 4-411-03012-8 C1087 ￥2300E
http://www.e-surugadai.com